논어와 오상(仁, 義, 禮, 智, 信)을 논하다

논어와 오상(仁, 義, 禮, 智, 信)을 논하다

초판 1쇄 발행 2025년 6월 3일

지은이 허종준
펴낸이 장길수
펴낸곳 지식과감성#
출판등록 제2012-000081호

교정 이주희
디자인 오정은
편집 오정은
검수 이주연, 정윤솔
마케팅 김윤길

주소 서울시 금천구 벚꽃로298 대륭포스트타워6차 1212호
전화 070-4651-3730~4
팩스 070-4325-7006
이메일 ksbookup@naver.com
홈페이지 www.knsbookup.com

ISBN 979-11-392-2622-5(03140)
값 17,000원

- 이 책의 판권은 지은이에게 있습니다.
- 이 책 내용의 전부 또는 일부를 재사용하려면 반드시 지은이의 서면 동의를 받아야 합니다.
- 잘못된 책은 구입하신 곳에서 바꾸어 드립니다.

지식과감성#
홈페이지 바로가기

기본이 잘되어야 건강한 사회를 만들 수 있다

논어와 오상(仁, 義, 禮, 智, 信)을 논하다

허종준 지음

머리말

기본이 잘되어야
건강한 사회를 만들 수 있다

지금 우리 모두는 '우리'라는 공동체 안에서 살고 있다. 혼자만 살아가고 있다면 고민할 필요조차 없는 것들이 많을 것이다. 법과 질서와 규범도 필요하지 않을 것이며, 배려와 존중과 겸양도 필요하지 않다. 어느 누구에게도 피해를 주지 않고 불편하게 하지도 않으며, 누구도 의식할 필요가 없기 때문이다. 그러나 지금 우리는 가족이라는 학교라는 직장이라는 국가라는 공동체 안에서 다른 사람들과 더불어 살아가고 있다. 그 공동체를 통제하는 것은 법과 질서와 규범과 같은 것들이다. 그러한 강제적 통제 수단을 동원하지 않아도 건강한 공동체를 만들어 갈 수 있는 방법이 있다면 그것은 무엇일까? 그리고 강제적 통제 수단을 지배할 수 있는 근본적인 방법이 있다면 그것은 무엇일까?

❖ 어려운 시대적 환경

저자가 글을 쓸 당시에는 사회적, 정치적으로 '인간의 기본 덕목이 무엇인지? 왜 기본 덕목을 갖추는 것이 우선인지?'를 고민하게 하는 사건 사고가 많은 시기였다. 사회적으로는 이태원 참사, 사회 각 분야의 인사들에 의한 마약 투약 사건, 다양한 갈등에 의한 분쟁, 무차별적인 살인 사건, 친족 간의 살인 및 상해 행위, 음주 운전 및 뺑소니, 딥페이크 성 착취물 제작 및 배포, 의대생 증원과 관련한 사회적 갈등과 의료 분야의 어려움, 저출산의 문제 등이 있었다. 군사·외교적으로는 세계 곳곳에서 군사적 충돌이 발생하였고, 남북 관계는 최고 위기 단계에 이르러 무력

충돌의 가능성이 더욱 높아지고 있었다. 2022년 2월 24일 러시아가 우크라이나를 침공하면서 유류, 가스, 곡물, 철강 등 물류와 자원 공급 제한으로 전 세계 국가의 물가가 급등하였다. 불가피하게 금리 인상이 이루어졌고 이러한 이유로 주가는 끝을 모르고 하락하였으며, 결국 경제적 침체로 이어지면서 국민적 고통으로 다가왔다.

❖ 글을 쓰게 된 배경

2022~2024년 기간 중에는 경제적 어려움으로 사회적 문제와 해결 방안에 대해 관심을 갖기조차 어려운 시기였으며, 먹고사는 문제로 열심히 공부를 해야 했고 경쟁 또한 치열했다. '무엇을 공부하는 것이 또는 어떤 직업을 선택하는 것이 경제적으로 행복한 미래를 보장할 수 있을까?' 하는 고민에 입시경쟁은 더욱 치열해졌다. '어떻게 사는 것이 바르게 사는 것일까? 인간의 기본 덕목은 무엇일까? 기본 덕목을 갖추는 것이 왜 필요할까?' 하는 문제에 대해 고민할 겨를이 없었다. 그러는 사이에 사회는 병들어 가고 살찐 인간들이 모여 사는 괴물 사회가 되어 가고 있는 것은 아닌지 걱정을 하지 않을 수가 없었다. 그러나 이러한 때일수록 기본으로 돌아가라는 선각자들의 말씀을 되새기며, 인간이 갖추어야 할 기본 덕목의 중요성에 대한 인식을 갖지 않을 수가 없었.

저자는 이 책을 쓰면서 나 자신에게 수많은 질문을 던져 보곤 했다. '사회가 병들어 가고 있다고 하는데 나는 과연 어떠한 상태에 있을까? 나는 어떤 사람일까? 나는 기본 덕목을 잘 갖추고 있는 사람일까? 공군사관학교라는 훌륭한 교육기관에서 배우고 익혔음에도, 나는 군이란 엄격한 규율 속에서 배우고 익힌 것을 바르게 실천하며 살았을까?' 이러한 질문 가운데 "경제적으로 풍요로운 자본과 사회적으로 높은 지위가 우선시되는 현 사회에서 지금 이 순간 우리에게 우선적으로 필요한 것이 무엇일까?"라는 문제에 대해 더 많은 고민을 하게 되었다. 그리고 그러한 문제를 해결하는 데 조금이나마 도움이 될 수 있는 길을 찾고자 노력하였다. 결론은, 인간의 기본 덕목을 배우고 익혀 바르게 실천하는 것이 최선의 방법이라고 생각하였다. 이에 『논어』를 통해 우리에게 가르침을 주고자 했던 공자를 받들어 인간의 기본 덕목을 주제로 한 집필을 하기로 결심하였다.

❖ 주제와 참고 문헌

저자가 이 책을 집필하는 데는 몇 가지 단계가 있었다. 우선 참고 문헌들을 확인하면서 『논어』를 전면적으로 재해석하였다. 그리고 『논어』의 가장 주요한 부분을 차지하고 있는 몇 가지 주제를 선정하였다. 저자는 공자가 『논어』에서 하고자 하는 말을 이렇게 해석하였다. 우선 배움이 중요하다. 무엇을 배우고 익힐 것인가? 그것은 인과 의와 예와 지와 신이다. 이 오상을 배우고 익혀 실천하는 자가 군자가 된다. 그리고 군자가 될 대상은 젊은이들이다. 군자는 군주를 도와 나라를 다스리는 일, 곧 정치를 하게 된다. 따라서 주요 주제는 배움과 오상(인, 의, 예, 지, 신), 오상을 배우고 익힌 군자, 바른 정치, 젊은이에게 당부하고 싶은 말로 구분하였다.

저자는 이 글을 쓰기 위해 『논어』를 수도 없이 읽었다. 그럴 때마다 한 문장 한 문장에 새로운 의미가 있다는 것을 느끼게 되었다. 당시의 시대 배경을 이해하지 못한다고 하더라도 공자는 우리에게 주고자 했던 가르침으로 은유적인 표현을 많이 사용했다는 것을 깨우치면서 해석의 의미가 달라지곤 했다. 거기에 비해 『맹자』나 『순자』, 『정관정요』 등과 같은 오상과 군자와 정치에 대한 유사한 내용을 담고 있는 책들은 비교적 이해하기 쉽다는 것을 알 수 있었다.

『맹자』나 『순자』, 『정관정요』 등과 같은 책을 많이 인용하고 비교하게 된 배경은 이들 사상이 공자의 사상을 기초로 하면서 유사한 주제들을 다루고 있기 때문이다. 공자는 춘추시대 유학(儒學)자로, 주나라의 예(禮)와 악(樂)을 정리하여 유학의 기초 경전을 정립하였으며, 기본 사상은 인(仁)을 바탕으로 하였다. 맹자는 공자가 사망하고 백여 년 후쯤(기원전 372~289년) 태어났다. 공자의 고향 노나라로 가서 공자의 손자인 자사라는 문인에게서 공자가 편찬한 육경을 배웠으며, 공자의 학통을 이어받아 유가 사상을 확립하였다. 맹자는 의(義)를 강조하여 인(仁)의 위치에 같이 놓음으로써 공자의 사상을 보충하고 발전시켰다. 순자는 맹자가 사망한 후 70여 년 이후에 활동한 전국시대 후기의 유학자로 그의 사상은 공자(孔子)의 사상을 기초로 인(仁)으로 백성을 감화시키면서 예(禮)에 따라 사회적 질서를 정립하여 나라를 다스릴 것을 강조하면서, 공맹사상(孔孟思想)을 가다듬고 체계화하였다. 그가 주장한 예치(禮治)에 따르면, 군주가 어진 마음(仁)으로 백성들을 살피고 예(禮)로써 사회질서를 확립하며, 능력 있는 자를 등용한다면 천자의 나라가 될 수 있다는 것이다. 유가의 중심사상이 공자, 맹자, 순자로 이어지고 있으나 도(道)와 성(性) 등 일부 사상적 측면에서는 다소 다른 주장을 하고 있다.

당 태종 이세민(李世民)은 A.D.626~649년까지 약 23년간 중국의 역사에서 가장 위대한 정치의 시대를 열었으며, 중국인들이 최고의 현군(賢君)으로 꼽는 인물이다. 그의 치세인 '정관의 치(貞觀之治)'는 중국 역사상 최고의 태평성대로 평가되며, 그가 남긴 신하들과의 문답집 『정관정요(貞觀政要)』는 '소통하는 리더십'의 대명사처럼 쓰이고, 지금도 현실 정치인들과 정치에 뜻을 둔 젊은이들에게 큰 영향을 미치고 있다. 공자 시대와 비교해 볼 때 1,200여 년이 지났지만 태종과 신하들과의 대화의 내용은 결국 배움과 인, 의, 예, 지, 신을 바탕으로 함으로써 공자와 맹자, 순자의 사상을 바른 정치를 실현하는 근거로 삼았음을 알 수 있다.

『논어』를 비롯하여 『맹자』, 『순자』, 『정관정요』가 공통적으로 다루고 있는 것은 배움과 오상(五常) 그리고 규자와 올바른 정치와 같은 것들이다. 따라서 공자의 『논어』에서 제시하고 있는 주요 내용들을 『맹자』, 『순자』, 『정관정요』의 내용과 비교하면서 평가해 보는 것은 매우 흥미 있고 유익할 것이라고 생각한다.

❖ 필요하신 분들

『논어』는 보면 볼수록 의미가 있고 유익하다. 대신 주제가 일관되지 않고 이곳저곳에 유사한 주제들이 산만하게 수록되었다는 점이 이 책을 읽는 독자에게는 다소의 아쉬움이 될 수 있다. 이러한 몇 가지 배경을 고려해 볼 때 본 저서는 독자로 하여금 공자의 사상과 『논어』가 우리에게 전하고자 하는 뜻을 쉽게 이해할 수 있는 좋은 기회를 제공하게 될 것이다. 또한 내용면에서는, 이 시대를 살아감에 있어 무엇이 우선이고 어떻게 사는 것이 바람직한지 등 우리가 살아가야 할 방향을 제시하게 될 것이다. 특별히 자녀를 키우는 부모님, 학생을 가르치는 선생님, 군 장병과 군을 지휘하는 간부 그리고 국가에 봉사하고자 하는 뜻을 가지고 있는 젊은이들에게 많은 도움이 되길 기대해 본다.

저자 허 종 준

추천의 글

허종준의 『논어』,
'검색'의 시대에 '사색'을 이끌기를

공자와 그의 제자들이 한 말을 엮은 『논어』는 한자문화권 고전 중의 고전이다. 실지 생활 속의 이야기를 바탕으로 삶의 지혜를 일깨워 주는 책이므로 다른 어느 책보다도 많은 사람이 읽어 왔고 후대 사람의 글에서도 많이 인용되어 온 책이다. 국내에서 나온 번역서나 해설서만 해도 수백 종이 넘는다. 너무 유명한 책이다 보니 사람들의 가슴속에 '아무리 독서를 안 한다 해도 최소한 『논어』는 읽어야 하는데…' 하는 부담감으로 자리하고 있는 책이기도 하다.

『논어』를 비롯한 한문으로 쓰인 중국 고전은 누가 어떤 시각과 태도로 번역했느냐가 매우 중요하다. 원전을 보는 시각과 태도에 따라 고전에 대한 해석의 깊이가 판이해지기 때문이다. 『논어』의 내용을 몸으로 직접 체험한 사람이라면 더 말할 나위 없고, 어떤 계기에 간접 경험을 해 본 사람의 번역은 한문을 한문으로만 보고서 그저 문장 해석에 급급한 해석과는 근본적으로 다르다. 저자 허종준은 지난 수년간 『논어』를 끌어안고 살았다. 읽고 또 읽고, 유추하고 또 유추하고, 체험해 보고 또 체험해 보고…. 그렇게 수 년 동안 『논어』와 씨름한 결과를 이 책 『논어와 오상(仁, 義, 禮, 智, 信)을 논하다』에 담았다.

허종준은 공군사관학교를 졸업한 후, 군인의 길을 걸어온 사람이다. 군인과 『논어』, 얼핏 보기에도 그다지 어울릴 것 같지 않은 조합이다. 그러나 따지고 보면 『논어』는 어떤 사람의 어떤 일과도 참 잘 어울리는 책이다. 바로 공자와 그 제자들의 일상생활을 기록한 책이기 때문이다.

군인 허종준도 『논어』를 일상에서 만났다. 그리고 군인의 길을 걸어온 36여 년간 늘 곁에 두고 살았다. 장병들을 엄하게 교육할 때에도 부드럽게 감싸 줄 때에도 허종준의 곁에는 『논어』가 있었다. 그러므로 허종준이 정리한 『논어』는 공자와 그의 제자라는 옛사람의 기록이자 오늘을 사는 현대인 허종준 삶의 거울이기도 하다. 오랜 세월 『논어』를 마주 보며 살아온 허종준은 자신이 느낀 대로 『논어』를 재구성했다. '배움과 익힘'이라는 주제 아래 재구성하고, 인간의 기본 덕목인 오상(五常), 즉 인(仁), 의(義), 예(禮), 지(智), 신(信)을 편목으로 삼아 재구성하는 등 현대인들이 알고자 하는 덕목을 쉽게 찾아볼 수 있도록 재구성하였다. 재구성한 덕목이자 편목별로 공자와 제자들의 말을 모아 허종준 자신이 몸과 마음으로 느낀 그대로 생생하게 해석하다 보니 자연스럽게 인, 의, 예, 지, 신 등에 대한 허종준 나름의 답을 내놓게 되었다. 더불어 오상의 덕목을 배우고 익힌 군자 또는 젊은이는 어떠한 자세로 살아야 하며, 군주와 군자는 나라를 어떻게 다스려야 하는가를 현실 정치와 비교될 수 있도록 재구성하였다. 현대인이 읽기 편하고 찾아보기 편하도록 재구성한 기획이 돋보이는 책이다. 물론 내용 설명의 핍진함이 크게 돋보이는 책이기도 하다.

온라인상에서 각종 검색이 세밀하게 이루어지고, 생성 AI를 통해 쉽게 답을 얻게 되면서 사람들은 상대적으로 사색을 게을리하게 되었다. 학생들은 물론이고 일반인들도 생활에서 사색이 멀어지다 보니 삶이 성급해지는 등 부작용이 많이 발생하고 있다. 지금은 '검색'을 활용하면서도 '사색'을 가까이해야 할 때이다. 허종준이 『논어』를 머리로도 읽고 가슴으로도 읽으며 얻은 바를 몸으로 체험한 대로 재구성하여 내놓은 이 책 『논어와 오상(仁, 義, 禮, 智, 信)을 논하다』는 현대인들을 잠시 잊어버렸던 '사색'의 진지함 속으로 이끌어 갈 것이다. 사색의 진지함 속에 깊이 감추어진 진한 행복을 찾기 위해 많은 분들이 일독하시기를 권한다.

전북대학교 명예교수(중어중문학) 김병기

차례

　　머리말　　　　　　　　　　　　　　　　　　　　4
　　추천의 글　　　　　　　　　　　　　　　　　　　9

제1편 공자와 논어
　　1. 공자　　　　　　　　　　　　　　　　　　　16
　　2. 논어　　　　　　　　　　　　　　　　　　　17

제2편 배우고 익힘(학문)
　　1. 배움의 즐거움　　　　　　　　　　　　　　　23
　　2. 배움에 대한 열정　　　　　　　　　　　　　　31
　　3. 배움이 왜 필요한가?　　　　　　　　　　　　35
　　4. 배우기를 좋아하지 않으면 어떤 폐단이 생기는 것인가?　48
　　5. 무엇을 배울 것인가?　　　　　　　　　　　　51
　　6. 배워서 어디에 활용할 것인가?　　　　　　　　57

제3편 인간의 기본 덕목, 오상(仁, 義, 禮, 智, 信)
　　1. 인(仁, 어짊)　　　　　　　　　　　　　　　64
　　2. 의(義, 올바른 도리)　　　　　　　　　　　　93
　　3. 예(禮, 지켜야 할 도리)　　　　　　　　　　　98
　　4. 지(智, 지혜)　　　　　　　　　　　　　　　114
　　5. 신(信, 신의/ 믿음)　　　　　　　　　　　　117

제4편 군자(君子)
1. 군자가 갖추어야 할 도(道, 근본이 되는 사상)   123
2. 군자가 갖추어야 할 덕목(도덕적 품성)과 이상적인 자세   128
3. 군자가 다른 사람을 대하는 태도   164
4. 군자가 해서는 안 되는 일   171
5. 군자가 경계해야 할 것들   179
6. 군자와 선비   185
7. 군자와 소인의 차이   189

제5편 나라를 다스리는 일(정치)
1. 정치란 무엇인가?   204
2. 정치에서 필요한 덕목들   209
3. 정치에서 가장 중요한 것들   234
4. 정치를 잘하려면 어떻게 하여야 하는가?   258

제6편 젊은이들에게 하고 싶은 말과 바라는 자세
1. 젊은이가 가져야 할 품성   289
2. 매일매일 반성하고 경계해야 할 일들   298
3. 무슨 일을 어떻게 할 것인가?   308
4. 일하는 자세   312
5. 대인관계   321

제1편
공자와 논어

1. 공자
2. 논어

제1편
공자와 논어

1. 공자

　공자는 춘추시대 유학(儒學)자이며, 유학(유교)의 창시자로 일컬어진다. 주나라의 예(禮)와 악(樂)을 정리하여 유학의 경전을 정립하였으며, 예악을 바탕으로 하는 정치 실현을 목표로 많은 제자들을 가르쳤다. 공자는 기원전 551년 노(魯)나라 양공(襄公) 22년에 태어났다. 가난에 시달리고 어려운 일에 종사하면서도 15세에 학문에 뜻을 두어 부지런히 이치를 탐구하고 실천에 힘써 위대한 성인으로 추앙받았다. 지천명(하늘의 뜻을 안다는 뜻, 나이 50세)을 지난 51세에 대사구(大司寇)까지 올랐지만 뜻을 펼치지 못하고 물러나 천하를 두루 다니면서 자신이 추구하고자 하는 정치를 실현하고자 노력하였으나, 이루지 못하고 결국 68세에 고국인 노나라로 돌아와 제자들을 가르치면서 육경을 편찬했다.

　공자는 인(仁)의 실천에 바탕을 둔 개인적 인격의 완성과 예(禮)로 표현되는 사회질서의 확립을 강조하였으며, 궁극적으로는 도덕적 이상 국가를 건설하려 하였다. 말년에 육경(六經) 편찬에 힘쓴 것은 후세에게나마 그의 이상을 전하고 실현을 기약하려는 뜻에서였다.

2. 논어

『논어(論語)』는 공자와 그 제자들의 대화를 기록한 책으로 모두 20편으로 나뉘어 있고, 각 편의 머리 두 글자를 따서 편명으로 삼고 있다. 예컨대, 첫 편인 「학이(學而)」는 '학이시습지불역열호(學而時習之不亦說乎)'에서 따왔다. 『논어』의 내용 구성은 '배움'에서 시작해 '하늘의 뜻을 아는 것(知命)'까지로 되어 있다. 『논어』의 내용은 공자의 말씀, 공자와 제자 사이의 대화, 공자와 당시 사람들과의 대화, 제자들의 말, 제자들 간의 대화 등으로 구성되어 있다. 물론 이들 모두는 공자라는 인물의 사상과 행동을 보여 주려는 데 초점이 맞추어져 있다.

『논어』의 제1편은 「학이편」이다. 그 내용은 배움과 인, 의, 예, 신, 덕, 충, 효를 간략하게 논하고 군자와 정치에 대해서도 간략하게 기술하였다. 결국 『논어』가 우리에게 주고자 하는 교훈은 "배움은 기본이고, 배움을 통해 오상(인, 의, 예, 지, 신)을 깨치고 익히며, 이를 통해 군자를 양성하여 올바른 정치를 하는 데 배움의 목적이 있다."라고 해석할 수 있다. 그리고 나머지 많은 부분은 제자들과 젊은이들에게 당부하고 싶은 글들로 구성되어 있다.

『논어』의 전체 내용을 주제별로 구분하여 강조한 정도를 분석해 보면 공자가 추구하고자 하는 것이 무엇인가를 알 수 있다. 편별 주제별로 볼 때 가장 많은 분량을 차지하는 주제는 지도자의 자세이다. 그리고 군자, 정치, 인(仁), 학문, 예(禮) 순이다. 공자는 이상적인 정치를 하기 위해서는 올바른 지도자와 군자가 필요하고 그러한 지도자를 양성하기 위하여 배우고 익히는 학문의 중요성을 강조하였으며, 배우고 익혀야 할 분야 중 가장 큰 비중을 차지하는 분야는 인과 예라는 것을 알 수 있다. 다소 놀라운 사실은 의(義), 지(智), 신(信)에 대한 가르침이 적다는 것이다.

『논어』에 대한 주석서들이 다른 사서에 비해 많은 것은 특이한 사항이다. 논어에 대한 주석서로는 『논어집해』, 『논어집해의소』, 『논어필해』, 『논어주소』, 『논어집부』, 『논어정의』, 『논어평의』, 『논어집석』, 『논어석의』, 『논어질서』, 『논어고금주』 등 상상했던 것보다 많다는 걸 알 수 있다. 물론 『논어』라는 책 자체가 가지고 있는 내용 때문에 많은 학자들이 많은 관심을 가졌기 때문일 수 있다. 그러나 그것보다는 오히려 『논어』가 가지고 있는 해석상의 난해성 때문이 아닐까 생각한다. 『논어』는 다른 고전과 비교해 볼 때 읽는 이에 따라 전혀 다른 뜻으로 해석되는 경우가 있다. 당시 시대적인 배경을 이해하지 못한 데서 오는 오류도 있을 수 있으나, 『논어』라는 저서 자체가 지나치게 함축성 있게 기술되어 있고 은유적 표현들이 많기 때문일 가능성이 크다. 반면에 인과 예, 군자, 정치에 관한 논의에 대해서는 『맹자』와 『순자』, 『정관정요』를 보면 장문으로 쉽게 설명되어 있어 이해가 쉬운 장점이 있다. 이러한 이유로 『맹자』나 『순자』, 『정관정요』와 같은 저서를 참고하여 해설에 인용하였다.

제2편
배우고 익힘(학문)

1. 배움의 즐거움
2. 배움에 대한 열정
3. 배움이 왜 필요한가?
4. 배우기를 좋아하지 않으면 어떤 폐단이 생기는 것인가?
5. 무엇을 배울 것인가?
6. 배워서 어디에 활용할 것인가?

제2편
배우고 익힘(학문)

『논어』의 제1편인 「학이편(學而篇)」의 첫 구절은 "배우고 그리고 때에 맞추어 익히면 또한 기쁘지 아니한가."라는 말로 시작한다. 배움은 기본이다. 결국은 배우고 가르치는 것이 모든 것을 결정한다고 하면서 배우기를 기뻐하고 즐거워하라 하였다.

『순자』의 제1편인 「권학편(勸學篇, 학문을 권함)」의 첫 구절도 "학문을 중단해선 안 된다(學不可以已)."라는 말로 시작된다. 장자(莊子)가 말하기를 "사람이 배우지 않는 것은 재주도 없이 하늘에 오르려는 것과 같다. 배워서 지혜가 멀리 미치면, 상서로운 구름을 헤치고 푸른 하늘을 보는 것 같고, 높은 산에 올라 사해를 바라보는 것과 같다." 하였다. 『예기(禮記)』에서 말하기를 "옥은 다듬지 않으면 그릇을 이루지 못하고, 사람은 배우지 않으면 옳음을 알지 못한다."라고 하였다. 또한 태공(太公)이 말하기를 "사람이 배우지 아니하면 캄캄한 밤길을 가는 것과 같다."라고 하였다. 중국 남송의 유학자 주문공(朱文公, 주희)은 권학문(勸學文)에서 "집이 만일 가난할지라도 가난함으로 인하여 배움을 폐해서는 안 되고, 집이 만일 부유할지라도 부유함을 믿고 배움을 게을리해서는 안 된다. 배우는 것은 곧 몸의 보배요, 배운 사람은 곧 세상의 보배다. 그러므로 배우면 이에 군자가 되고 배우지 아니하면 소인이 되나니 후세의 배우는 사람들은 마땅히 각자 힘써야 할 것이다."라고 하였다.

'배움(학, 學)'이란 보거나 듣거나 하여 배운 지식이나 교양을 말한다. '학문(學問)'은 지식을 배워서 익힘을 말한다. '교육(敎育)'은 지식을 가르치고 품성과 체력을 키움이라 하였다. '배움'과 '학문'이 배우는 사람의 입장이라면 '교육'은 가르치는 사람의 입장까지 포함하고 있다고 볼 수 있다.

「교육기본법」 제2조(교육이념)에 "교육은 홍익인간(弘益人間)의 이념 아래 모든 국민으로 하여금 인격을 도야(陶冶)하고 자주적 생활능력과 민주시민으로서 필요한 자질을 갖추게 함으로써 인간다운 삶을 영위하게 하고 민주국가의 발전과 인류공영(人類共榮)의 이상을 실현하는 데에 이바지하게 함을 목적으로 한다."라고 하고 있다. 초·중등교육법 제38조(목적)에는 "초등학교는 국민생활에 필요한 기초적인 초등교육을 하는 것을 목적으로 한다."라고 하고 있으며, 제41조(목적)에서는 "중학교는 초등학교에서 받은 교육의 기초 위에 중등교육을 하는 것을 목적으로 한다."라고 하고 있다. 제45조(목적)에서는 "고등학교는 중학교에서 받은 교육의 기초 위에 중등교육 및 기초적인 전문교육을 하는 것을 목적으로 한다."라고 하고 있다. 그러나 실제 이루어지고 있는 교육 현실과 비교해 볼 때「교육기본법」에서 제시한 '인격 도야(陶冶)', '민주시민으로서 필요한 자질', '인간다운 삶', '민주국가의 발전', '인류공영(人類共榮)의 이상 실현' 등의 교육 이념이 교육의 목적으로 충분하다고 이해하고 있는 분은 드물 것이다. 오직 대학 입시를 목표로 하고, 일등만을 추구하는 등 능력주의 경쟁 교육으로 이해를 하고 있지 않을까 우려되는 부분이다.

독일이 학교 교육을 통해 키워야 할 능력으로 세 가지를 꼽았는데 첫째는 저항하는 능력, 둘째는 분노하는 능력, 셋째는 교감하는 능력이라 한다. 이는 잘못된 억압과 권력에 저항하는 능력, 불의한 권력에 분노하는 능력, 약자의 고통에 공감하는 능력이다. 미 하버드대의 교육 목표는 '기여할 줄 아는 인재 양성'이라 한다. 『논어』에서의 교육은 인(仁), 의(義), 예(禮), 지(智), 신(信) 등이고 그 실천은 충(忠)과 효(孝), 덕(德), 겸(謙), 서(恕) 등과 같은 것들이다. 나라마다 시대에 따라 교육의 목표가 달라질 수 있다. 그럼에도 불구하고 '근본적이고 기본적인 교육의 목표는 무엇인가?' 하는 고민을 하지 않을 수 없다.

1. 배움의 즐거움

가. 학이(學而) 1-1. 배우고 익히는 것 자체가 기쁘다.

子曰 學而時習之 不亦說乎 有朋自遠方來 不亦樂乎
자왈 학이시습지 불역열호 유붕자원방래 불역락호
人不知不慍 不亦君子乎
인부지불온 불역군자호

공자께서 말씀하셨다. "**배우고 그리고 때에 맞추어 익히면 또한 기쁘지 아니한가**. 친구(벗)가 있어 먼 곳에서 찾아오면 또한 즐겁지 아니한가. 남이 나를 알아주지 않아도 내가 성내지(노여워하지) 않는다면 또한 군자가 아니겠는가."

○ ----------

『맹자(孟子)』의 「진심상편(盡心上篇)」에 이런 말이 있다. "군자에게는 세 가지 즐거움이 있는데, 천하에 왕 노릇 하는 것은 거기에 끼지 않는다. 부모가 모두 살아 계시고 형제가 무고(無故)한 것이 첫 번째 즐거움이고, 위로 하늘을 우러러 부끄럽지 않고 아래로 굽어보아 사람들에게 부끄럽지 않은 것이 두 번째 즐거움이며, 천하의 영재(英才)를 얻어 가르치는 것이 세 번째 즐거움이다."라고 하였다.

君子有三樂 而王天下不與存焉 父母俱存 兄弟無故 一樂也 仰不愧於天 俯不怍於人 二樂也 得天下英才 而教育之 三樂也

추사 김정희 선생도 인생의 세 가지 즐거움을 말했다. 그는 인생삼락을 "일독이색삼주(一讀二色三酒)"라고 했다. '일독(一讀)'은 책을 읽고 글을 쓰며 항상 배우는 선비 정신을 간직하는 일이고, '이색(二色)'은 사랑하는 사람과 변함없는 사랑을 나누며 고락을 같이하는 일이며, '삼주(三酒)'는 벗을 청해 술잔을 기울이며 인생사에 대한 이야기를 나누고 가무와 풍류를 즐기는 일이라고 했다.

순자도 제1편인 「권학편」의 첫마디를 "학문을 중단해서는 안 된다(君子曰 學不可以已)."라는 말로 시작한다. 또한 "나는 일찍이 종일토록 사색에 잠긴 일이 있었으나, 잠시 동안 공부하여 얻은 것만 못하였다(吾嘗終日而思矣 不如須臾之所學也)."라고 하였다. 학문은 끊임없이 이루어져야 하며, 배우고 익히는 것만이 모든 것을 구할 수 있다는 의미일 것이다.

공자가 "배우고 그리고 때에 맞추어 익히면 또한 기쁘지 아니한가."라고 한 반면에, 맹자는 "천하의 영재(英才)를 얻어 가르치는 것 또한 즐거움"이라고 하였다. 추사 김정희 선생도 책을 읽고 글을 쓰고 항상 배우는 정신을 간직하는 일이 즐거움이라고 하였다. 그러고 보면 배우고 익히며 가르치는 것 모두가 즐거움이 아닌가 생각한다.

나. 배우기를 좋아하라.
1) 공야장(公冶長) 5-27. 배우기를 좋아하다.
子曰, 十室之邑 必有忠信如丘者焉 **不如丘之好學也**
자왈, 십실지읍 필유충신여구자언 불여구지호학야

공자께서 말씀하셨다. "열 집쯤 되는 조그만 마을에도 분명히 나처럼 충성과 믿음이 있는 사람은 있겠지만, 나처럼 배우기를 좋아하지는 못할 것이다."

2) 옹야(雍也) 6-2. 배우기를 좋아하다.

哀公問, 弟子孰爲好學 孔子對曰, 有顔回者好學 不遷怒
애공문, 제자숙위호학 공자대왈, 유안회자호학 불천노
不貳過 不幸短命死矣 今也則亡 未聞好學者也
불이과 불행단명사의 금야즉무 미문호학자야

애공이 물었다. "제자 중에 누가 배우기를 좋아합니까?" 공자께서 대답하셨다. "안회라는 사람이 배우기를 좋아해서 노여움을 남에게 옮기지 않고, 같은 잘못을 두 번 저지르지 않았는데 불행히도 단명하여 죽었습니다. 이제는 그런 사람이 없으니, 그 후로는 아직 배우기를 좋아한다는 사람을 들어 보지 못했습니다."

3) 자장(子張) 19-5. 항상 배우기를 좋아하다.

子夏曰, 日知其所亡 月無忘其所能 可謂好學也已矣
자하왈, 일지기소무 월무망기소능 가위호학야이의

자하가 말하였다. "날마다 자신이 알지 못하던 것을 알아 가고, 달마다 자신이 할 수 있던 것을 잊지 않는다면, 가히 배우기를 좋아한다고 할 수 있다."

4) 공야장(公冶長) 5-14. 배우기를 좋아하고, 묻는 것을 부끄러워하지 마라.

子貢問曰, 孔文子 何以謂之文也 子曰, 敏而好學
자공문왈, 공문자 하이위지문야 자왈, 민이호학

不恥下問 是以謂之文也
불치하문 시이위지문야

자공이 여쭈었다. "공문자는 무엇 때문에 '문(文)'이라는 시호를 받게 되었습니까?" 공자께서 말씀하셨다. "영민하면서도 배우기를 좋아하고, 아랫사람에게 묻는 것을 부끄러워하지 않았으므로, '문'이라고 한 것이다."

○ ----------

송(宋)나라 목암선경(睦庵善卿)이 펴낸 『조정사원(祖庭事苑)』에 "공자천주(孔子穿珠)"라는 성어가 나온다. "공자(孔子)가 구슬을 꿴다."라는 뜻이다. 어진 사람도 남에게 배울 점이 있다는 말로 자기보다 못한 사람에게 모르는 것을 묻는 것이 부끄러운 일이 아님을 가르쳐 주는 말이다. 『논어』에서 말하는 모르는 것을 물어보는 것에 부끄러워하지 말라는 '불치하문(不恥下問)'의 가르침과 같을 것이다. 이 가르침의 실제적인 예가 되는 것이 바로 이 성어이며, 『조정사원(祖庭事苑)』에 실려 있는 이야기를 소개하면 다음과 같다.

孔子가 어떤 사람에게서 진귀한 구슬을 얻었는데, 여기에는 구멍이 아홉 구비나 꼬불꼬불 나 있었다. 이 구슬에 실을 꿰어야 가지고 다니기가 편할 텐데 아무리 생각을 해 봐도 꿰기가 쉽지 않았다. 뽕밭에서 한 여인이 뽕잎을 따고 있었는데 이 여인은 알 수 있을 것이라 생각하여 민망함을 무릅쓰고 구슬 꿰는 방법을 물었다. 구슬을 살펴보던 아낙이 "꿀을 가지고 생각해 보라."라고 하자 공자는 그 말대로 천천히 생각하고 말의 뜻을 깨닫게 되었다. 그리고 구슬의 구멍 한쪽에 꿀을 바르고 개미를 잡아 허리에 실을 묶고선 반대쪽 구멍으로 넣었다. 꿀 냄새를 맡은 개미가 그곳으로 기어 들어가더니 저쪽 구멍으로 나왔다. 이리하여 구슬에 실을 꿸 수 있게 되었다. 공자는 뽕잎을 따는 아낙을 통해 구슬에 실을 꿰는 방법을 알게 된 것이다. 孔子는 모르는 것이 있으면 묻고 배우는 것이 중요하지 부끄럽다고 생각하지 않았던 것이다.

공부나 연구 활동을 재미있는 것이라고 답변하는 젊은이는 드물 것이다. 나는 군을 떠난 후 약 12년간 연구 기관에서 일했다. 2016년부터 일하기 시작한 연구 기관에서는 주로 한국항공우주산업(KAI)의 KF-21 개발과 관련한 기술 개발 분야의 연구를 수행해 왔다. 2020년 중반부터 2년 6개월에 걸쳐 수행한 어떤 과제는 그 성과가 특별하여 우리 연구원 원장은 나에게 연구 결과를 요약하여 미 SCI(Science Citation Index)[1]에 게재하기를 권고했다. 그러나 이 연구보고서의 지적재산권이 연구 비용을 부담한 기관에 있다는 관련 기관 측 주장에 따라 연구 결과를 SCI에 게재하고자 했던 계획은 무산되었다.

---

1) SCI는 미국 학술정보회사 톰슨사이언티픽이 선정하는 우수 과학 학술지 데이터베이스를 의미하는 '과학기술논문 인용 색인'의 줄임말이다. 국내 과학계에서는 SCI에 포함된 학술지에 논문을 얼마나 많이 게재했느냐에 따라 과학자의 연구 업적을 평가하는 관행이 있다.

그러나 연구 결과가 SCI에 실릴 정도의 연구 가치가 있다고 하는 주변의 평가에 대해 기쁜 마음은 이루 말할 수 없었다. 연구 과정에서 알지 못했던 특별한 원리를 만들어 냈다는 것도 큰 기쁨이고, 그 어려운 과제를 완수했다는 성취감도 기쁨의 하나였다. 단지 배우고 익히는 데만 즐거움을 느끼는 게 아니라 새로운 사실을 알아내고 이치를 깨달았다는 사실에도 큰 기쁨이 있는 것이다.

다. 술이(述而) 7-2. 배움에 싫증 내지 말고, 남을 가르치기를 게을리하지 마라.

子曰, 黙而識之 **學而不厭 誨人不倦** 何有於我哉

자왈, 묵이지지 학이불염 회인불권 하유어아재

공자께서 말씀하셨다. "묵묵히 마음속에 새겨 두고, **배움에 싫증 내지 않으며, 남을 가르치기를 게을리하지 않는 것**, 이 세 가지를 행하는데 어찌 나에게 어려움이 있겠는가."

○ ----------

중국 오경 중 하나인 『예기(禮記)』 「학기편(學記篇)」에 "교학상장(教學相長)"이란 성어가 나온다. "비록 좋은 안주가 있다 하여도 먹어 보지 않으면 그 맛을 모르며, 비록 지극한 도가 있다 하여도 배우지 않으면 그것이 좋은지 알지 못한다. 이런 까닭으로 배워 본 이후에야 부족함을 알고, 가르쳐 본 이후에야 어려움을 알게 된다. 부족함을 알게 된 이후에야 스스로 반성하게 되고, 어려움을 알게 된 이후에야 스스로 힘쓰게 되는 것이다. 그러므로 가르치고 배우면서 더불어 성장하는 것이다." 라고 하였다. 가르치고 배우면서 더불어 성장한다는 뜻으로 해석된다.

雖有嘉肴 不食不知其旨也 雖有至道 不學不知其善也 是故學然後知不足 然後知困 知不足然後能自反也 知困然後能自强也 故曰**教學相長**也

이런 까닭으로 옛날 어진 임금은 가르침과 배움을 우선으로 삼았다. 배워 본 이후에 자기의 부족함을 알 수 있으며, 가르친 후에야 비로소 어려움을 알게 될 것이다. 공자는 "남을 가르치기를 게을리하지 마라." 하였지만 가르치는 자체가 배움의 일부일 수 있다. 알지 못하면서 가르칠 수 없으며 가르치려면 스승도 깨우쳐야 하기 때문이다.

라. 학이(學而) 1-4. 배운 것을 제대로 익히지 못한 것은 없는지 반성하라.

曾子曰, 吾日三省吾身 爲人謀而不忠乎 與朋友交而不信乎
증자왈, 오일삼성오신 위인모이불충호 여붕우교이불신호
傳不習乎
전불습호

증자가 말하였다. "나는 날마다 세 가지 점에 대해 나 자신을 반성한다. 남을 위하여 일을 꾀하면서 진심을 다하지 못한 점은 없는지, 벗과 사귀면서 신의를 지키지 못한 일은 없는지, **배운 것을 제대로 익히지 못한 것은 없는지**…."

○ ----------

어린이를 키워 본 부모들은 한 번쯤 느껴 본 일이기도 하다. "우리 아이가 어느 날부턴가 책 읽기를 좋아하고, 밥 먹을 때나 화장실 갈 때나 항시 책을 가까이한다."라고 자랑하는 경우가 흔히 있다. 입시에서 우수한 성적을 거둔 학생의 부모를 인터뷰하다 보면 "우리 아이는 어릴 때부터 책 읽기를 좋아하고 책을 가까이했다."라고 하는 경우가 많이 있다. 이 어린이에게는 책 읽는 것이 무척 재미있었고, 그러다 보니 즐거웠을 것이다. 배우고 익히는 것 또한 마찬가지이다.

『논어』「위정편(爲政篇)」에 "온고이지신 가이위사의(溫故而知新 可以爲師矣)"라는 글이 나온다. '옛것을 익혀 새로운 것을 알면 스승이 될 만하다.' 또는 '옛것을 익혀 새로운 것을 알게 된다'는 뜻이다. 정조는 '온고이지신'이란 "옛것을 익히면 그 가운데서 새로운 뜻을 알게 되어 자기가 몰랐던 것을 더 잘 알게 된다는 것이다."라고 말했다. 배우고 익히는 것만으로는 충분하지 않다. 그 속에서 새로운 창의적인 것을 찾는 것이 중요하다.

2. 배움에 대한 열정

가. 술이(述而) 7-8. 배움에는 열의가 있어야 한다.
子曰, 不憤不啓 不悱不發 擧一隅 不以三隅反 則不復也
자왈, 불분불계 불비불발 거일우 불이삼우반 즉불부야

공자께서 말씀하셨다. "배우려는 열의가 없으면 가르쳐 주지 않고, 표현을 하지 않으면 일깨워 주지 않으며, 한 모퉁이를 들어 보였을 때 나머지 세 모퉁이를 미루어 알지 못하면 반복해서 가르쳐 주지 않는다."

나. 술이(述而) 7-16. 계속해서 공부를 해야 한다.
子曰, 加我數年 五十以學易 可以無大過矣
자왈, 가아수년 오십이학역 가이무대과의

공자께서 말씀하셨다. "나에게 몇 년의 시간이 더 주어져서 쉰 살까지 역(易)을 공부한다면 큰 허물이 없을 것이다."

다. 학이(學而) 1-4. 매일매일 배운 것을 익혀야 한다.
曾子曰, 吾日三省吾身 爲人謀而不忠乎 與朋友交而不信乎
증자왈, 오일삼성오신 위인모이불충호 여붕우교이불신호
傳不習乎
전불습호

증자가 말하였다. "나는 날마다 세 가지 점에 대해 나 자신을 반성한다. 남을 위하여 일을 꾀하면서 진심을 다하지 못한 점은 없는지, 벗과 사귀면서 신의를 지키지 못한 일은 없는지, **배운 것을 제대로 익히지 못한 것은 없는지.**"

라. 계씨(季氏) 16-9. 어려움에 처하기 전에 미리 배우는 것이 중요하다.

孔子曰, 生而知之者上也 學而知之者次也 困而學之
공자왈, 생이지지자상야 학이지지자차야 곤이학지

又其次也 困而不學 民斯爲下矣
우기차야 곤이불학 민사위하의

공자께서 말씀하셨다. "태어나면서부터 아는 사람은 으뜸이고, 배워서 아는 사람은 그다음이며, 어려움에 처하여 배우는 사람은 또 그다음이고, 어려움에 처하여도 배우려 하지 않는 사람은 최하이다."

○ ----------

"맹자의 어머니가 베틀의 실을 끊었다."라는 말로 "맹모단기(**孟母斷機**)"라는 성어가 있다. 맹자가 공부를 하기 위해 집을 떠나 있었는데 어느 날 갑자기 아무런 기별도 없이 집에 돌아왔다. 맹자의 어머니는 아들을 보고 기뻤으나 기쁜 감정을 나타내지 않고 베틀에 앉아 길쌈을 하고 있었다. "배움이 어디에 이르렀느냐?" 하고 어머니가 묻자 맹자는 대답했다. "그럭저럭합니다." 그러자 어머니는 실을 끊어 버리고는 이렇게 꾸짖었다. "네가 배움을 그만두는 것은 내가 베틀의 실을 끊어 버리는 것과 같다." 이 말에 맹자는 깨달은 바가 있어 다시 돌아가 열심히 공부하여 대유학자가 되었다.

孟子之少也 旣學而歸 孟母方績 問曰, 學何所至與 孟子曰, 自苦也 母以刀斷其機曰, 子之廢學 苦吾斷斯織矣 孟子懼 旦夕勤學

중국 동진 시대의 유명한 시인 도연명은 「잡시」에서 "젊은 날은 다시 오지 않고, 하루는 두 번 새벽이 되기가 어렵다. 때맞춰 힘써야 할 것이니, 세월은 사람을 기다리지 않는다(一日難再晨 及時當勉勵 歲月不待人)."라고 하였다. 『예기』의 「학기편」에서는 "때를 놓친 다음에 공부한다면, 아무리 애를 써도 성공하기 어렵다(時過然後學 則勤苦而難成)."라고 하였다. 북송의 소동파도 「춘소(春宵)」라는 시에서 "봄밤의 일각은 천금에 해당한다(春宵一刻值千金)." 하면서 때와 시간의 귀중함을 강조했다. 송나라의 대유학자 주희도 권학문에서 "나이를 먹기는 쉬우나 학문을 이루기는 어려우니, 한순간의 짧은 시간도 가볍게 여기지 말라(少年易老學難成 一寸光陰不可輕)." 하였다. 순자도 "반걸음이라도 쉬지 않고 절룩거리며 가는 자는 천리를 갈 수 있고, 흙을 멈추지 않고 쌓아 가면 언덕이나 산을 이룰 것이다. 학문은 기다리는 것이라 한다. 기다림은 멈추는 곳이 있어 우리를 기다리는 것이니 우리가 가면 이에 도달할 것이요, 혹시 늦거나 빠르거나 앞서거나 뒤서거나 할 뿐 누가 함께 도달하지 못할 것인가."라고 말하면서 학문은 끊임없이 정진해야 한다고 말했다.

시도 때도 없이 놀기만 해도 좋은 일은 아니지만, 시도 때도 없이 공부만 할 수는 없는 것이다. 배움이란 때가 있는 것이다. 세월도 젊음도 한번 가면 되돌아오지 않는다. 배우는 시기 또한 다시 돌아오지 않는다. 때를 놓친 다음에 아무리 애를 써도 성공하기 어려운 만큼 때맞춰 배우고 익히는 것이 중요하다 할 수 있다. 공자도 "배우려는 열의가 없으면 가르쳐 주지 않고, 표현을 하지 않으면 일깨워 주지 않는다." 하면서 매일매일 공부를 하라고 강조하였으며, 매일매일 배운 것을 익히라 하였다.

3. 배움이 왜 필요한가?

가. 배우는 것은 기본이다.

1) 자장(子張) 19-13. 배움은 기본이며, 상시 이루어져야 한다.

   子夏曰, 仕而優則學 學而優則仕

   자하왈, 사이우즉학 학이우즉사

   자하가 말하였다. "벼슬하면서 여유가 있으면 공부를 하고, 공부를 하면서 여유가 있으면 벼슬을 한다."

2) 자로(子路) 13-9. 결국은 배움이 필요하다.

   子適衛 冉有僕 子曰, 庶矣哉 冉有曰, 旣庶矣 又何加焉

   자적위 염유복 자왈, 서의재 염유왈, 기서의 우하가언

   曰, 富之 曰, 旣富矣 又何加焉 曰, 敎之

   왈, 부지 왈, 가부의 우하가언 왈, 교지

   공자께서 위나라로 가실 때 염유가 마차를 몰고 있었다. 공자께서 말씀하셨다. "백성들이 많구나." 염유가 여쭈었다. "백성이 많은 다음에는 거기에 무엇을 더해 줘야 합니까?" "부유하게 해 주어야 한다." "부유하게 된 다음에는 또 무엇을 더해 주어야 합니까?" "그들을 가르쳐야 한다."

◯ ----------

성악설을 주장한 순자는 "군자는 날 때부터 (보통 사람과) 다른 것이 아니고, (학문이라는) 힘을 잘 이용한 것이다(君子生非異也 善假於物也)."라고 하였으며, 「유효편(儒效篇)」에서는 "천하면서 귀해지고 싶고 어리석으면서 지혜로워지고 싶으며, 가난하면서 부자가 되고 싶은데 가능할 것인가? 말하자면 오로지 배우는 길밖에 없다."라고 하였다. 배우고 익히는 것만이 기본이며, 어떤 문제도 해결할 수 있는 근본이 되는 것이다.

나. 배우는 것은 바른길로 나아가고 자기 수양을 위해 필요하다.
1) 술이(述而) 7-28. 바른길로 나아가고자 하는 자에게는 반드시 배움이 필요하다.

互鄕難與言 童子見 門人惑 子曰, 與其進也 不與其退也
호향난여언 동자현 문인혹 자왈, 여기진야 불여기퇴야
唯何甚 人絜己以進 與其絜也 不保其往也
유하심 인결기이진 여기결야 불보기왕야

호향이라는 마을은 주민들이 거칠어 아무도 그 마을 사람들과 이야기하려 하지 않았다. 그런데 그곳의 한 아이가 공자를 찾아오니 제자들이 이상하게 생각하였다. 이에 공자께서 말씀하셨다. "바른길로 나아가는 자는 받아들이고 바른길에서 물러나는 자는 받아들이지 않는 법인데, (배우겠다고 찾아온 사람을) 어찌 지나치게 대하겠느냐? 사람이 자신을 깨끗이 하고 바른길로 나아가려 하여 그 깨끗함을 받아들인 것이니 지난 일에 연연할 것이 없다."

2) 헌문(憲問) 14-25. 공부는 자신을 수양하기 위한 것이며, 인정받기 위한 것은 그다음이다.

子曰, 古之學者爲己 今之學者爲人

자왈, 고지학자위기 금지학자위인

공자께서 말씀하셨다. "옛날에 공부하는 사람들은 자신의 수양을 위해 학문을 닦았는데, 요즘에 공부하는 사람들은 남에게 인정받기 위해 학문을 한다."

3) 위령공(衛靈公) 15-31. 도를 추구하기 위해 공부를 해야 한다.

子曰, 君子謀道不謀食 耕也 餒在其中矣 學也 祿在其中矣

자왈, 군자모도불모식 경야 뇌재기중의 학야 녹재기중의

君子憂道不憂貧

군자우도불우도

공자께서 말씀하셨다. "군자는 도(道)를 추구하지 먹을 것을 추구하지 않는다. 농사를 지어도 굶주림에 대한 걱정은 그 안에 있지만, 공부를 하면 녹봉이 그 안에 있다. 그러므로 군자는 도를 걱정하지 가난을 걱정하지 않는다."

4) 자장(子張) 19-7. 배움으로 도(道)를 이루어야 한다.
   子夏曰, 百工居肆以成其事 君子學以致其道
   자하왈, 백공거사이성기사 군자학이치기도

   자하가 말하였다. "모든 기술자들이 작업장에서 그 일에 전념하듯이, 군자는 배움으로써 그 도(道)를 이루어야 한다."

5) 양화(陽貨) 17-2. 배우고 익힘에 따라 본성이 달라진다.
   子曰, 性相近也 習相遠也
   자왈, 성상근야 습상원야

   공자께서 말씀하셨다. "타고난 본성은 서로 비슷하지만, 배우고 익힘에 따라 서로 달라지게 된다."

6) 학이(學而) 1-7. 인과 효와 충과 신의를 갖추었다면 배운 사람이라 할 수 있다.
   子夏曰, 賢賢易色 事父母 能竭其力 事君 能致其身
   자하왈, 현현이색 사부모 능갈기력 사군 능치기신
   與朋友交 言而有信 雖曰未學 吾必謂之學矣
   여붕우교 언이유신 수왈미학 오필위지학의

   자하가 말하였다. "어진 이를 어진 이로 대하기를 마치 아내(여색)를 좋아하듯이 하고, 부모를 섬길 때는 자신의 힘을 다할 수 있으며, 임금을 섬길 때는 자신의 몸을 다 바칠 수 있고, 벗과 사귈 때에 말에 믿음이 있다면, 비록 배운 게 없다고 하더라도 나는 반드시 그를 배운 사람이라고 할 것이다."

7) 자로(子路) 13-29. 누구든지 가르침을 잘 받는다면 애국하는 마음을 가질 수 있다.
子曰, 善人敎民七年 亦可以卽戎矣
자왈, 선인교민칠년 역가이즉융의

공자께서 말씀하셨다. "선인이 백성을 7년 동안 가르친다면, 그들도 무기를 들고 (전쟁에) 나아가게 할 수 있다."

○ ----------
안중근 의사를 주제로 한 김훈 작가의 『하얼빈』이라는 소설이 있다. "안중근 의사는 어떤 사람인가?"라는 질문에 김훈 작가는 "그는 당대의 현실, 자기가 처한 시대를 들여다보고 이 시대의 모순이 무엇이고 여기에 어떻게 대처해야 하는지를 터득하신 분 같았다. 현실을 보면서 배우고, 현실을 보면서 어떤 길로 가야 하는지를 스스로 터득하고, 몸으로 부딪치면서 실천해서 길을 열어 가는 분이라는 생각을 하게 됐다."라고 말한 바 있다.

1894년 일어난 동학농민운동은 외세로부터 나라를 구하고, 모든 사람이 바라는 세상을 만들자는 취지였지만 가짜 동학군이 기승을 부리면서 안중근의 아버지 안태훈이 이를 막기 위해 군대를 만들었다. 이때 안중근도 16세의 나이로 아버지와 함께 가짜 동학군을 진압했다는 기록이 있다. 이후 안중근 의사는 나라가 어려울 때 교육이 얼마나 중요한가를 깨닫고 자신의 재산을 털어 '삼흥학교'를 설립하여 후세를 양성하였다. 안중근 의사가 어린 시절 누구로부터 어떤 가르침을 얼마나 받았는지 알지는 못한다. 어쩌면 김훈 작가의 말대로 현실을 보면서 배우고, 현실을 보면서 어떤 길로 가야 하는지를 스스로 터득하고 몸으로 부딪치면서 깨달았으며, 그 깨달음 속에서 바른길로 나아가는 방향을 찾게 되었고 애국하는 마음도 생기지 않았을까 생각한다.

 『순자』「권학편(勸學篇)」에서는 "배우기를 좋아하는 마음이 극치에 이르게 되면, 눈은 다섯 가지 색을 보는 듯 기쁘고, 귀는 다섯 가지 소리를 듣는 듯 좋아하며, 입은 다섯 가지 맛을 느끼는 듯 달고, 마음은 온 천하를 차지하는 것보다 더 의롭게 여기게 한다. 그리하여 권력과 이익으로도 그를 기울게 할 수 없고, 많은 사람들도 그의 마음을 변하게 하지 못하며, 온 천하도 그를 움직이지 못하게 될 것이다. 삶에 있어서도 학문을 추구하고 죽음에 있어서도 학문을 추구하게 되는데, 이런 것을 가리켜 덕으로 절개를 지킨다고 하는 것이다."라고 하였다. 배움이 극에 달하면 눈은 기쁘고 귀는 좋아하며, 입은 달고 마음은 의롭게 여긴다고 하였으니 이보다 더한 표현이 어디에 있겠는가?

 及至其致好之也目好之五色耳好之五聲口好之五味心利之有天下是故權利不能傾也 群衆不能移也 天下不能蕩也 生乎由是 死乎由是 夫是之謂德操

『논어』에서는 "바른길로 나아가고자 하는 자에게는 반드시 배움이 필요하다. 공부는 자신을 수양하고 도를 추구하기 위해 해야 한다."라고 하였다. 그리고 "배우고 익힘에 따라 본성이 달라지며, 누구든지 가르침을 잘 받는다면 애국하는 마음을 가질 수 있다."라고 하였다. 안중근 의사의 배우고 익혀 실천하는 방향과 다르지 않을 것이다.

다. 배움은 이치와 원리를 깨닫게 한다.

1) 위령공(衛靈公) 15-2. 배움은 이치를 깨닫게 하는 것이다.

   子曰, 賜也 女以予爲多學而識之者與 對曰, 然 非與

   자왈, 사야 여이여위다학이지지자여 대왈, 연 비여

   曰, 非也 予一以貫之

   왈, 비야 여일이관지

   공자께서 말씀하셨다. "사(자공)야, 너는 내가 많은 것을 배워서 그것들을 기억하고 있는 사람이라고 생각하느냐?" 자공이 대답하였다. "그렇습니다. 아닙니까?" 공자께서 말씀하셨다. "아니다. 나는 (학문을) 하나의 이치로 모든 것을 꿰뚫고 있을 따름이다."

2) 술이(述而) 7-19. 부지런히 옛것을 탐구하여 지식을 구하라.

   子曰, 我非生而知之者 好古敏以求之者也

   자왈, 아비생이지지자 호고민이구지자야

   공자께서 말씀하셨다. "나는 태어나면서부터 (세상의 도리를)

안 사람이 아니라, 옛것을 좋아하여 부지런히 지식을 구하는 데 힘쓴 사람이다."

3) 위정(爲政) 2-11. 옛것을 익혀 새로운 것을 알게 된다.
子曰, 溫故而知新 可以爲師矣
자왈, 온고이지신 가이위사의

공자께서 말씀하셨다. "옛것을 익혀 새로운 것을 알면 스승이 될 만하다."

○----------

사서(四書, 『논어』, 『맹자』, 『중용』, 『대학』)의 하나인 『대학(大學)』에 "격물치지(格物致知)"라는 성어가 나온다. 대학에는 여덟 가지 수행의 조목(8조목)이 있는데 8조목은 격물(格物: 사물의 이치를 철저히 연구함), 치지(致知: 깨달아 경지에 이름), 성의(誠意: 뜻을 정성스럽게 함), 정심(正心: 마음을 바로잡음), 수신(修身: 자신을 닦음), 제가(齊家: 집안을 가지런히 함), 치국(治國: 나라를 다스림), 평천하(平天下: 천하를 평화롭게 함) 등이다. 사물의 이치를 철저히 연구해야 깨달음의 경지에 이를 수 있고, 깨달음의 경지에 이르러야 뜻을 정성스럽게 할 수 있으며, 뜻을 정성스럽게 한 이후라야 마음을 바로잡을 수 있고, 자신의 몸과 마음을 바르게 해야만 가정을 다스릴 수 있으며, 집안을 다스릴 수 있는 자만이 나라를 다스릴 수 있고, 나라를 다스릴 수 있는 자만이 천하를 평화롭게 할 수 있다는 말이다.

『순자』「권학편」에서는 "군자는 나날이 배워 지식을 넓히고 또 자신을 반성하면 지혜는 밝아지고 행동에 과실이 없어지게 될 것이다(君子博學而日參省乎己 則知明而行無過矣)."라고 하였으며, "군자가 학문을 하는 것은 그 자신을 아름답게 하기 위해서이고, 소인이 학문을 하는 것은 남에게 내놓아 이용하기 위해서이다(古之學者爲己 今之學者爲人 君子之學也 以美其身 小人之學也 以爲禽犢)."라고 하였다. 또한 "높은 산에 오르지 않으면 하늘이 높은 줄을 모르고, 깊은 골짜기에 가 보지 않고는 땅이 두터운 것을 모르며, 선대의 임금들이 남긴 말씀을 들어 보지 않고는 학문의 넓고 위대함을 알지 못한다(故不登高山 不知天之高也 不臨深溪 不知地之厚也 不聞先王之遺言 不知學問之大也)."라고 하였다. 배워 지식을 넓히면 지혜로워지고 행동에 과실이 없어지며, 자신이 아름다워지고 세상의 이치를 깨달을 수 있다는 뜻이다.

장자가 말하기를 "사람이 배우지 않으면 하늘에 오르려 하나 재주가 없는 것과 같고, 배워서 지혜가 원대해지면 상서(祥瑞)로운 구름을 헤치고 푸른 하늘을 보며 산에 올라 사해를 바라보는 것과 같다(莊子曰, 人之不學 如登天而無術 學而智遠 如披祥雲而覩靑天 登高山而望四海)."라고 하였다. 배움이 많으면 재주가 있고 지혜가 원대해지며, 세상의 이치를 깨달을 수 있다는 뜻이다.

『예기(禮記)』에 이르길 "옥은 다듬지 않으면 그릇을 이루지 못하고, 사람은 배우지 않으면 도의(道義)를 알지 못한다(禮記曰, 玉不琢 不成器 人不學 不知道)."라고 하였으며, 태공이 말하기를 "사람이 살면서 배우지 않으면 어둡고 어두운 밤길을 가는 것과 같으니라(太公曰, 人生不學

冥冥如夜行)."라고 하였다.

『논어』에서는 "배움은 이치를 깨닫게 하는 것이니 부지런히 옛것을 탐구하여 지식을 구하고, 옛것을 익혀 새로운 것을 알게 된다."라고 하였다. 사물의 이치를 철저히 연구해야 깨달음의 경지에 이를 수 있다는 말과 같을 것이다.

라. 배우면 능력을 갖게 되며 유익한 게 있다.

1) 태백(泰伯) 8-17. 열심히 배우고 익히면 능력이 생긴다.

子曰, 學如不及 猶恐失之
자왈, 학여불급 유공실지

공자께서 말씀하셨다. "배울 때는 능력이 미치지 못할까 안타까워하며 열심히 배우고, 배운 것은 그것을 잃어버릴까 두려워하며 간직해야 한다."

2) 위령공(衛靈公) 15-30. 배움은 유익하다.

子曰, 吾嘗終日不食 終夜不寢以思 無益 不如學也
자왈, 오상종일불식 종야불침이사 무익 불여학야

공자께서 말씀하셨다. "나는 일찍이 종일토록 먹지 않고, 밤새도록 자지 않고 사색을 해 보았지만 유익함은 없었고, 공부하는 것만 못했다."

3) 양화(陽貨) 17-9. 시경(詩經)을 공부하면 도움이 되는 것들이 있다.

子曰, 小子何莫學夫詩 詩 可以興 可以觀 可以羣
자왈, 소자하막학부시 시 가이흥 가이관 가이군
可以怨 邇之事父 遠之事君 多識於鳥獸草木之名
가이원 이지사부 원지사군 다식어조수초목지명

공자께서 말씀하셨다. "얘들아(소자), 왜 『시경(詩經)』을 공부하지 않느냐? 시를 배우면 흥을 불러일으킬 수 있고, 사물을 잘 볼 수 있으며, 사람들과 잘 어울릴 수 있고, 사리에 어긋나지 않게 원망할 수 있다. (『시경』을 공부하면) 가까이는 어버이를 섬기고, 멀리는 임금을 섬기며, 새와 짐승과 풀과 나무의 이름에 대해서도 많이 알게 된다."

4) 옹야(雍也) 6-2. 배우면 노여움을 남에게 옮기지 않고 같은 잘못을 두 번 저지르지 않는다.

哀公問, 弟子孰爲好學 孔子對曰, 有顔回者好學 不遷怒
애공문, 제자숙위호학 공자대왈, 유안회자호학 불천노
不貳過 不幸短命死矣 今也則亡 未聞好學者也
불이과 불행단명사의 금야즉무 미문호학자야

애공이 물었다. "제자 중에 누가 배우기를 좋아합니까?" 공자께서 대답하셨다. "안회라는 사람이 배우기를 좋아해서 노여움을 남에게 옮기지 않고, 같은 잘못을 두 번 저지르지 않았는데, 불행히도 단명하여 죽었습니다. 이제는 그런 사람이 없으니, 그 후로는 아직 배우기를 좋아한다는 사람을 들어 보지 못했습니다."

○ ----------

『삼국지(三國志)』「위서(魏書)」왕숙전(王肅傳)에 "독서백편의자현(讀書百遍義自見)"이란 성어가 나온다. "책이나 글을 백 번 읽으면 그 글이 담고 있는 속뜻이 저절로 이해된다."라는 말이다. 후한 말 헌제 때 동우(董遇)라는 학자가 있었는데, 그는 가난한 생활을 하면서도 공부에 열중하여 황문시랑(黃門侍廊) 벼슬에 올라 헌제(獻帝)의 글공부 상대가 되었으며, 위(魏)나라 명제(明帝) 때에는 시중(侍中), 대사농(大司農) 등의 벼슬에까지 올랐다. 동우의 명성이 높아지자 많은 사람이 그에게 글을 배우겠다고 몰려들었으나 그는 선뜻 가르치려고 하지 않고 "반드시 먼저 책을 백 번을 읽어라. 백 번 읽으면 그 뜻이 저절로 드러난다(必當先讀百遍 言讀書百遍其義自見)."라고 말했다. 또 동우를 좇아 배우려는 자가 힘들게 사느라 책 읽을 겨를이 없다고 하자, 동우는 "세 가지 여가만 있으면 책을 충분히 읽을 수 있다."라고 대답했다. 어떤 사람이 세 가지 여가의 뜻을 묻자 동우가 대답했다. "겨울은 한 해의 여가이고, 밤은 하루의 여가이고, 비가 올 때는 한때의 여가이다(冬者歲之餘 夜者日之餘 陰雨者時之餘也)."라고 대답했다. 공부할 시간은 언제든지 있으니 열심히 학문을 연마하라는 가르침이다. 공부를 게을리하는 자들은 공부를 하지 못하는 이유가 있는 것처럼 핑계를 댄다. 그러나 시간이 없어 또는 다른 여건이 좋지 않아 공부를 못 하는 것이 아니라 배우기를 좋아하지 않거나 공부하겠다는 의지와 신념이 부족하여 그런 것은 아닌지 생각할 필요가 있다.

중국 남송의 유학자 주문공(朱文公, 주희)은 권학문(勸學文)에서 "가난한 사람이 부지런히 배우면 입신출세할 것이며, 부유한 사람이 부지런히 배우면 이름을 빛내고 영예롭게 될 것이다(貧若勤學可以立身 富若勤學名乃光榮)."라고 하며, 열심히 공부하면 출세하고 영예롭게 될 수 있다는 매우 현실적인 답을 해 주기도 하였다.

공자는 배울 때는 열심히 배우고, 배운 것을 잃지 않게 익히라 하면서, 배우는 것만큼 유익한 것은 없다고 하였다. 또한 사람이 배우기를 좋아하면 노여움을 남에게 옮기지 않고, 같은 잘못을 두 번 저지르지 않는다고 하면서 『시경(詩經)』을 공부할 것을 권하였다.

4. 배우기를 좋아하지 않으면 어떤 폐단이 생기는 것인가?

가. 술이(述而) 7-3. 학문(學文)을 탐구하지 않는 것이 우려된다.

子曰, 德之不脩 學之不講 聞義不能徙 不善不能改
자왈, 덕지불수 학지불강 문의불능사 불선불능개
是吾憂也
시오우야

공자께서 말씀하셨다. "덕을 수양하지 못하는 것, 학문을 탐구하지 않는 것, 의를 알면서도 실천하지 못하는 것, 선하지 않은 것을 고치지 못하는 것, 이것이 내가 우려하는 것이다."

나. 양화(陽貨) 17-8. 배우기를 좋아하지 않으면 생기는 폐단이 있다 (愚/ 어리석음, 蕩/ 방탕, 賊/ 남을 해침, 絞/ 성급해짐, 亂/ 어지럽힘, 狂/ 경솔해짐).

子曰, 由也 女聞六言六蔽矣乎 對曰, 未也 居 吾語女
자왈, 유야 여문륙언육폐의호 대왈, 미야 거 오어녀
好仁不好學 其蔽也愚 好知不好學 其蔽也蕩 好信不好學
호인불호학 기폐야우 호지불호학 기폐야탕 호신불호학
其蔽也賊 好直不好學 其蔽也絞 好勇不好學 其蔽也亂
기폐야적 호직불호학 기폐야교 호용불호학 기폐야란
好剛不好學 其蔽也狂
호강불호학 기폐야광

공자께서 말씀하셨다. "유야, 너는 여섯 가지 덕목과 그것들을 가리는 여섯 가지 폐단에 대해 들어 보았느냐?" 자로가 대답하였다. "아직 들어 보지 못했습니다." "앉아라. 내가 너에게 말해 주겠다.

인(仁)을 좋아하되 배우기를 좋아하지 않으면 그 폐단은 어리석게 되는 것이다. 알기를 좋아하나 배우기를 좋아하지 않으면 그 폐단은 방탕하게 되는 것이다. 신의를 존중하나 배우기를 좋아하지 않으면 그 폐단은 남을 해치게 되는 것이다. 곧기만 하고 배우기를 좋아하지 않으면 그 폐단은 성급해지는 것이다. 용맹스럽기만 하고 배우기를 좋아하지 않으면 그 폐단은 (주변을) 어지럽히게 된다. 굳세기만 하고 배우기를 좋아하지 않으면 그 폐단은 경솔해지는 것이다."

○ ----------

당 태종이 정관 2년에 황문시랑 왕규에게 다음과 같은 질문을 한다. "근래에 이르러 군주와 신하가 나라를 다스리는 데 이전 시대 군주와 신하보다 뒤떨어지는 편인데 이것은 무엇 때문이요?" 왕규가 대답하기를 "옛날의 제왕이 나라를 다스릴 때는 마음으로 청정무위(淸靜無爲, 마음을 비우고 순리에 따른다)를 숭상했고 백성이 무엇을 원하는지를 생각했습니다. 그러나 요즘의 군주와 신하는 백성의 이익을 손상시켜 가면서 자기 욕망을 채우고 대신들은 경학에 정통한 자들이 없습니다. 한나라 조정의 대신 중에는 경전에 정통하지 않은 자가 한 명도 없어 조정에 어려운 문제가 발생하면 모두 경전에 근거해 결정했습니다. 그러나 요즘에는 무예를 중시하고 유학을 경시하며, 어떤 이는 법령과 형벌을 사용하여 유가의 도덕규범은 이미 무너졌으며, 순박하고 아름다운 풍습도 많이 파괴되었습니다." 태종은 그 말이 참으로 옳다고 생각하여 학식이 뛰어나고 정치의 근본을 아는 사람을 중요시하였다 한다.

그렇다면 배우기를 좋아하지 않으면 어떠한 폐단이 있을까? 공자는 "배우기를 좋아하지 않으면 어리석게 되고 방탕하게 되며, 남을 해치게 되고 성급해지며, 주변을 어지럽게 하고 경솔해진다."라고 하였다. 배움이 다소 적다고 하여 모두 이렇게 되는 것은 아닐 것이다. 대학을 나오지 않았다고 어리석고 방탕해지며, 난폭하고 거만해지지는 않을 것이다. 배움이란 학교에서도 직장에서도 가정에서도 군대에서도 이루어진다. 배움이란 스승을 통해서도 부모를 통해서도 친구를 통해서도 선·후배를 통해서도 이루어진다. 대신 옳고 그름과 어짊과 의로움과 예의와 신의를 가르치는 장소와 스승은 흔하지 않다. 치열한 경쟁 사회에 들어오면서 더더욱 오상을 배우고 익힐 그럴 기회가 많지 않다는 것이다. 먹고살기 위한 학문에 치우치다 보면 공자가 염려하는 일들이 일어날 수 있을 것이다.

5. 무엇을 배울 것인가?

가. 술이(述而) 7-24. 공자의 네 가지 가르침(文, 行, 忠, 信)

子以四教 文行忠信
자이사교 문행충신

공자께서는 네 가지를 가르치셨으니, 그것은 바로 글과 덕행, 충성(정성)과 신의였다.

나. 자장(子張) 19-6. 인(仁)을 가르쳐야 한다.

子夏曰, 博學而篤志 切問而近思 仁在其中矣
자하왈, 박학이독지 절문이근사 인재기중의

자하가 말하였다. "배우기를 널리 하고 (배우려는) 뜻을 굳게 하며, 절실하게 묻고 생각을 딱 들어맞게 한다면, 인(仁)은 그 가운데 있다."

다. 술이(述而) 7-33. 성인과 인자의 도리를 배우고 가르쳐야 한다.

子曰, 若聖與仁 則吾豈敢 抑爲之不厭 誨人不倦
자왈, 약성여인 즉오개감 억위지불염 회인불권
則可謂云爾已矣 公西華曰, 正唯弟子不能學也
즉가위운이이의 공서화왈, 정유제자불능학야

공자께서 말씀하셨다. "내가 감히 성인(聖人)이나 인자(仁者)가 될 수 있겠느냐. 하지만 성인과 인자의 도리를 배우고 본받는 데 싫증 내지 않고, 이를 다른 사람에게 가르치는 데 게을리하지 않았다고는 말할 수 있다." 공서화가 말하였다. 그렇습니다. 이 점이 바로 제자들이 따라 하지 못하는 것입니다.

라. 양화(陽貨) 17-10. 「시경」의 「주남」과 「소남」을 공부하라.

子謂伯魚曰, 女爲周南 召南矣乎 人而不爲周南召南

자위백어왈, 여위주남 소남의호 인이불위주남소남

其猶正牆面而立也與

기유정장면이립이여

공자께서 아들 백어에게 말씀하셨다. "너는 (『시경』의) 「주남」과 「소남」을 공부하였느냐? 사람으로서 주남과 소남을 공부하지 않는다면, 그것은 바로 담벼락을 마주하고 서 있는 것과 같은 것이다."

마. 계씨(季氏) 16-13. 「시(시경)」를 공부하지 않으면 남들과 말을 잘할 수가 없다.

陳亢問於伯魚曰, 子亦有異聞乎 對曰, 未也 嘗獨立

진항문어백어문, 자역유이문호 대왈, 미야 상독립

鯉趨而過庭 曰, 學詩乎 對曰, 未也 不學詩 無以言
이추이과정 왈, 학시호 대왈, 미야 불학시 무이언

鯉退而學詩
이퇴이학시

진항이 백어에게 물었다. "당신은 아버님께 특별한 가르침을 들은 것이 있습니까?" 백어가 대답하였다. "없습니다. 예전에 홀로 서 계실 때 제가 종종걸음으로 걸어서 뜰을 지나가는데, '시를 공부했느냐?' 하고 물으셨습니다. '아직 못 했습니다' 하고 대답했더니, '시를 공부하지 않으면 남들과 말을 잘할 수가 없다'라고 하셔서 저는 물러나 시를 공부했습니다."

바. 계씨(季氏) 16-13. 예를 공부하지 않으면 남들 앞에 설 수가 없다.

他日 又獨立 鯉趨而過庭 曰, 學禮乎 對曰, 未也
타일 우독립 이추이과정 왈, 학례호 대왈, 미야

不學禮 無以立 鯉退而學禮 聞斯二者
불학례 무이립 이퇴이학례 문사이자

"다른 날에 또 홀로 서 계실 때 제가 종종걸음으로 걸어서 뜰을 지나가는데, '예(禮)를 공부했느냐?'라고 물으셨습니다. '아직 못 했습니다' 하고 대답했더니, '예를 공부하지 않으면 남들 앞에 설 수가 없다'라고 하셔서, 저는 물러나 예를 공부했습니다. 제가 들은 것은 이 두 가지입니다."

사. 자장(子張) 19-22. 어디에서든 배울 것이 있다.

衛公孫朝問於子貢曰, 仲尼焉學 子貢曰, 文武之道
위공손조문어자공왈, 중니언학 자공왈, 문무지도
未墜於地 在人 賢者識其大者 不賢者識其小者
미추어지 재인 현자식기대자 불현자식기소자
莫不有文武之道焉 夫子焉不學 而亦何常師之有
막불유문무지도언 부자언불학 이역하상사지유

위나라의 공손조가 자공에게 물었다. "중니(공자)는 어디에서 배웠습니까?" 자공이 말하였다. "문왕과 무왕의 도(道)가 아직 땅에 떨어지지 않고 사람들에게 남아 있습니다. 현명한 자는 그중에서 큰 것을 알아내고 현명하지 못한 자는 그중에서 작은 것을 알아내고 있으니, 문왕과 무왕의 도는 없는 데가 없습니다. 그러니 선생님께서 어디에서든 배우지 않으신 데가 있으시겠습니까? 그러니 또한 어찌 일정한 스승이 있으시겠습니까?"

○ ----------

'무엇을 배울 것인가? 어디까지 배워야 하는가?'에 대한 질문에 답을 하기 위해 『순자』 「권학편」을 인용하면 다음과 같다. "학문은 어디에서 시작하여 어디에서 끝나는가? 그 방법에 있어서는 『시경(詩經)』, 『서경(書經)』의 경문을 외우는 데서 시작하여 『예기(禮記)』를 읽는 데서 끝나며, 그 뜻에 있어서는 선비가 되는 것에서 시작하여 성인(聖人)이 되는 것으로 끝난다. 힘을 다하여 오랫동안 정진한다면 그런 경지에 들어갈 수 있지만, 학문이란 죽은 뒤에야 끝나는 것이다."라고 하였다.

學惡乎始 惡乎終 曰, 其數則始乎誦經 終乎讀禮 其義則始乎爲士 終乎爲聖人 眞積力久則入 學至乎沒而後止也 故學數有終

학문의 방법에 대해서는 "학문의 방법과 순서에는 끝이 있다고 하겠지만, 그 뜻으로 볼 때는 죽을 때까지 잠시라도 포기할 수가 없다. 학문을 하면 사람이 되고, 학문을 버리면 짐승이 되는 것이다. 왜냐하면 『서경(書經)』은 정치에 관한 일을 기록한 것이고, 『시경(詩經)』은 음악에 알맞은 것들을 모아 놓은 것이며, 『예기(禮記)』는 법의 근본이 되며 여러 가지 일에 관한 규정이 되기 때문이다."라고 하면서 학문은 끝이 없으니 죽을 때까지 잠시도 멈추어서는 안 된다고 한 것이다.

若其義則不可須臾舍也 爲之人也 舍之禽獸也 故書者政事之紀也 詩者中聲之所止也 禮者法之大分 類之綱紀也

더불어 "학문의 최고의 목표는 예를 터득하여 실천하는 것으로 끝나게 된다. 대체로 이것을 일컬어 도덕의 극치라고 한다. 예(禮)를 가르치는 것은 남을 공경하는 것과 격식의 차이이고, 악(樂)은 조화를 이루는 것이며, 『시경(詩經)』과 『서경(書經)』은 온갖 사물에 널리 통하는 것이고 『춘추(春秋)』는 유원한 진리를 전하고 있으니 하늘과 땅 사이에 있는 모든 것을 포함하고 있다."라고 하며, 예를 학문의 최고의 목표라고 강조하였다.

故學至乎禮而止矣 夫是之謂道德之極 禮之敬文也 樂之中和也 詩書之傳也 春秋之微也 在天地之間者畢矣

순자는 배움은 선비가 되는 것에서 시작하여 성인(聖人)이 되는 것으로 끝나며, 학문의 방법에 대해서는 『서경(書經)』, 『시경(詩經)』, 『예기(禮記)』 등을 통해 정치와 음악과 법의 근본을 골고루 배우라 하였다. 그리고 학문의 최고의 목표는 예를 터득하여 실천하는 것으로 끝나게 된다고 하였다.

공자는 군자를 양성하여 바른 정치를 하는 데 큰 뜻을 가지고 있는 듯하다. 그렇다면 공자가 가르치고자 하는 것은 군자가 갖추어야 할 덕목과 관련이 있을 것이다. 공자는 네 가지를 가르치셨으니, 그것은 바로 글과 덕행, 충성과 신의와 인이었고, 인자의 도리를 배우고 가르쳐야 한다고 했으며, 『시경』의 「주남」과 「소남」을 공부하라 했다. 『시경』은 유교 경전 중 하나이고 「주남」과 「소남」은 『시경』의 편명인데 모두가 자기 몸을 닦고 집안을 다스리는 데 유익한 일상생활의 기본 지침으로 이루어져 있다. 결국 공자가 가르치고자 하였던 것은 인, 의, 예, 신 등이다. 그리고 가르침을 통해 덕과 효와 충과 신의를 갖추어야 한다고 했다.

지금의 가르침이 먹고사는 문제와 많이 관련되어 있다면 2,500년 전의 교육은 인간의 품성과 덕목에 관련된 것들이었다고 할 수 있다. 인간의 품성과 덕행은 사람의 근본이요, 기본이다. 기본이 잘되어야 그다음의 것도 가능하다고 본 것이다.

6. 배워서 어디에 활용할 것인가?

가. 위정(爲政) 2-15. 배워 뜻을 펼치도록 하라.
子曰, 學而不思則罔 思而不學則殆
자왈, 학이불사즉망 사이불학즉태

공자께서 말씀하셨다. "배우기만 하고 뜻이 없으면 얻는 것이 없고, 뜻은 있으나 배우지 않으면 위태롭다."

나. 공야장(公冶長) 5-13. 배운 것을 실천하라.
子路有聞 未之能行 唯恐有聞
자로유문 미지능행 유공유문

자로는 가르침을 들은 후 아직 그것을 실행하지 못했을 때는 다른 가르침을 듣기를 두려워하였다.

다. 술이(述而) 7-27. 많이 듣고 많이 보면 좋은 것을 선택할 수 있다.
子曰, 蓋有不知而作之者 我無是也 多聞 擇其善者而從之
자왈, 개유부지이작지자 아무시야 다문 택기선자이종지
多見而識之 知之次也
다견이식지 지지차야

공자께서 말씀하셨다. "제대로 알지도 못하면서 새로운 것을 지어내는 사람이 있지만, 나는 그런 일은 하지 않는다. 많이 듣고 그중 좋은 것을 택하여 따르며, 많이 보고 그중 좋은 것을 마음에 새겨 둔다면, 이것이 진실로 아는 것에 버금가는 일이다."

○ ----------

저자는 공군사관학교를 졸업했다. 공군사관학교 교훈은 "배우고 익혀서 몸과 마음을 조국과 하늘에 바친다."이다. "배우고 익혀서"라는 말은 『논어』의 「학이편」에서 인용한 것으로 통솔력이 뛰어난 지휘관 그리고 올바른 참군인이 되기 위하여 필요한 덕목과 지식을 배우고 바르게 실천하기 위하여 익히라는 뜻이다. "몸과 마음을 조국과 하늘에 바친다."라는 말은 살신성인(殺身成仁), 이충보국(以忠報國)에서 따온 것으로, 인(仁)을 이루고 충(忠)으로써 조국에 보답한다는 의미이다.

사관생도들은 특수한 환경 속에서 정직하고 검소한 생활 태도, 긍정적인 사고와 열성, 책임감, 신의, 옳고 그름에 대한 판단, 신상필벌, 솔선수범, 관용과 아량, 기품과 위엄, 투철한 자기 희생정신을 배우고 익힌다. 그리고 배우고 익힌 그대로 실천하여 몸과 마음을 조국과 그들의 생활 터전인 하늘에 바치겠다는 각오를 하게 된다.

공자는 "배우기만 하고 뜻이 없으면 얻는 것이 없고, 뜻은 있으나 배우지 않으면 위태롭다."라고 하면서, 배운 것을 실천하라 하였다. 배우기만 하고 실천하지 못한다면 배운들 무슨 소용이 있겠는가? 배우되 바르게 실천하지 못한다면 무슨 의미가 있겠는가? 배우되 올바른 지식을 바르게 배우고, 배운 그대로 바르게 실천하는 것이 중요할 것이다.

제3편

인간의 기본 덕목, 오상
(仁, 義, 禮, 智, 信)

1. 인(仁, 어짊)
2. 의(義, 올바른 도리)
3. 예(禮, 지켜야 할 도리)
4. 지(智, 지혜)
5. 신(信, 신의/ 믿음)

제3편

인간의 기본 덕목, 오상(仁, 義, 禮, 智, 信)

■ 오상(인/仁, 의/義, 예/禮, 지/智, 신/信)

　사람이 항상 지켜야 할 다섯 가지 도리, 즉 오상지덕(五常之德)은 맹자가 주장한 인(仁), 의(義), 예(禮), 지(智)에 한대(漢代)의 유학자 동중서(董仲舒)[2]가 신(信)의 덕을 보태어 인간이 갖추어야 할 다섯 가지 기본 덕목이 되었다.

　인(仁)은 측은지심(惻隱之心)으로 곤경에 빠진 사람을 가엾고 불쌍하게 여기는 마음이고, 의(義)는 수오지심(羞惡之心)으로 옳지 못함을 부끄러워하고 악한 것을 미워하는 마음이다. 예(禮)는 사양지심(辭讓之心)으로 자신을 낮추고 겸손하며, 다른 사람을 존중하고 양보할 줄 아는 마음이고, 지(智)는 시비지심(是非之心)으로 옳고 그름을 가릴 줄 아는 마음이다. 신(信)은 광명지심(光名之心)으로 중심을 잡고 항상 바르게 위치해 밝은 빛을 냄으로써 믿음을 주는 마음이다.

　다시 말해 측은지심(惻隱之心)은 불쌍한 사람을 보면 안타까운 마음이 생기는 것이고, 안타깝다는 것은 그 사람이 잘되었으면 좋겠다고 느끼는 것이므로 인(仁)의 근원이 되는 것이다. 수오지심(羞惡之心)은 자

---

[2] B.C.136년 한 대에 유교를 중국의 국교로 삼고 정치사상의 바탕을 삼는 데 이바지한 철학자이다. 그 후 유교는 2,000년 동안 국교로 인정되어 왔다. 동중서는 철학자로서 유교 철학과 음양 철학(陰陽 哲學)을 통합하는 데 노력했다.

기가 옳지 않은 것을 하게 되면 부끄러운 마음이 생기고 불의를 행하는 것을 보면 미워하는 마음이 생기는 것이므로 의(義)를 나타냄이 된다. 사양지심(辭讓之心)은 배려 및 사양하는 겸손한 마음이기 때문에 예(禮)의 근원이 되고, 시비지심(是非之心)은 옳고 그른 것을 구분하는 마음이므로 지(智)의 근본이 된다. 그리고 광명지심(光名之心)은 중심을 잡고 항상 가운데에 바르게 위치해 밝은 빛을 냄으로써 믿음을 주는 마음으로 신(信)의 바탕이 된다고 할 수 있다.

■ 오상과 사대문

유교사상을 근간으로 하는 조선 왕조는 백성들이 오대덕목(五大德目)을 섬기라는 뜻으로 경복궁을 건축한 뒤 도성을 쌓고 사대문(四大門)을 만들면서 오대덕목으로 그 이름을 지었다 한다.

동쪽에 있는 동대문은 "어진 마음(仁)을 일으키다."라는 뜻으로 '흥인지문(興仁之門)'이라 하고, 서쪽에 있는 서대문은 "의를 도탑게 하라."라는 의미로 '돈의문(敦義門)'이라 하였다. 남쪽에 있는 남대문은 "예를 숭상하라."라는 뜻으로 '숭례문(崇禮門)'이라 하였으며, 북문은 "지혜를 넓히라."라는 뜻으로 '홍지문(弘智門)'이라 하였다. 중심에는 "신의를 널리 미치다."라는 뜻으로 보신각(普信閣)을 세웠다. 한양 도성을 오상(五常)에 기초하여 명명한 것은 이러한 깊은 뜻이 있는 것이다.

1. 인(仁, 어짊)

가. 인이란 무엇인가?

 1) 안연(顔淵) 12-22. 인(仁)이란 사람을 사랑하는 것이다.
    樊遲問仁 子曰, 愛人
    번지문인 자왈, 애인

   번지가 인(仁)에 대하여 여쭙자, 공자께서 말씀하셨다. "사람을 사랑하는 것이다."

 2) 자로(子路) 13-19. 인(仁)이란 공손(恭)하고 경건(敬)하며 남을 진심(忠)으로 대하는 것이다.
    樊遲問仁 子曰, 居處恭 執事敬 與人忠 雖之夷狄
    번지문인 자왈, 거처공 집사경 여인충 수지이적
    不可棄也
    불가기야

   번지가 인(仁)에 대해 여쭙자, 공자께서 말씀하셨다. "평소에는 공손하고, 일을 할 때는 경건하며, 다른 사람과 어울릴 때는 진심으로 대해야 한다. 이는 비록 오랑캐의 나라에 가더라도 버려서는 안 된다."

3) 양화(陽貨) 17-6. 인(仁)이란 공손함(恭)과 너그러움(寬)과 믿음 직스러움(信)과 총명함(敏)과 은혜로움(惠)을 실천하는 것이다.

子張問仁於孔子 孔子曰, 能行五者於天下 爲仁矣
자장문인어공자 공자왈, 능행오자어천하 위인의
請問之 曰, 恭寬信敏惠 恭則不侮 寬則得衆 信則人任焉
청문지 왈, 공관신민혜 공즉불모 관즉득중 신즉인임언
敏則有功 惠則足以使人
민즉유공 혜즉족이사인

자장이 공자에게 인(仁)에 대하여 여쭙자, 공자께서 말씀하셨다. "세상에서 다섯 가지를 실천할 수 있으면 그것이 인이다." 그 내용을 여쭙자, 공자께서 말씀하셨다. "공손함(恭), 너그러움(寬), 믿음직스러움(信), 총명함(敏), 은혜로움(惠)이다. 공손하면 업신여김을 받지 않고, 너그러우면 많은 사람이 따르고, 믿음직스러우면 사람들이 신임하게 되고, 총명하면 공을 세우게 되고, 은혜로우면 사람들을 부릴 수 있게 된다."

4) 안연(顔淵) 12-1. 인(仁)이란 자기를 이겨 내고 예(禮)로 돌아가는 것이다.

顔淵問仁 子曰, 克己復禮爲仁 一日克己復禮
안연문인 자왈, 극기복례위인 일일극기복례
天下歸仁焉 爲仁由己 而由人乎哉
천하귀인언 위인유기 이유인호재

안연이 인에 대해서 여쭙자, 공자께서 말씀하셨다. "자기를 이겨 내고 예(禮)로 돌아가는 것이 인이다. 하루만이라도 자기를 이겨 내고 예로 돌아가면 천하가 인에 귀의할 것이다. 인을 실천하는 것이야 자신에게 달린 것이지 다른 사람에게 달린 것이겠느냐."

5) 옹야(雍也) 6-20. 인(仁)이란 어려운 일에는 먼저 나서고, 이익을 챙기는 일은 남보다 뒤지는 것이다.
樊遲問知 子曰, 務民之義 敬鬼神而遠之 可謂知矣
번지문지 자왈, 무민지의 경귀신이원지 가위지의
問仁 曰, 仁者先難而後獲 可謂仁矣
문인 왈, 인자선난이후획 가위인의

번지가 지혜에 대하여 여쭙자, 공자께서 말씀하셨다. "사람이 지켜야 할 도의에 힘쓰고, 귀신은 공경하되 멀리하면 지혜롭다 할 수 있다." 인(仁)에 대해서 여쭙자, 공자께서 말씀하셨다. "어진 사람은 어려운 일에는 먼저 나서서 하고 이익을 챙기는 데는 남보다 뒤지는데, 이렇게 한다면 어질다고 할 수 있다."

6) 옹야(雍也) 6-9. 가난을 즐겁게 견뎌 내는 것도 인(仁) 하다 할 수 있다.
子曰, 賢哉回也 一簞食一瓢飮 在陋巷 人不堪其憂
자왈, 현재회야 일단사일표음 재누항 인불감기우

回也 不改其樂 賢哉 回也
회야 불개기락 현재 회야

공자께서 말씀하셨다. "어질도다, 회여! 한 그릇의 밥과 한 표주박의 물을 마시며 누추한 거리에 살고 있구나. 보통 사람이라면 그런 근심을 견뎌 내지 못하겠지만, 안회는 그 즐거움이 변치 않는구나. 어질도다, 회여!"

7) 자로(子路) 13-27. 인(仁)이란 강직함(剛)과 의지가 강함(毅)과 소박함(木)과 과묵함(訥)이 있다.
子曰, 剛毅木訥 近仁
자왈, 강의목눌 근인

공자께서 말씀하셨다. "강직함과 의지가 강함과 소박함과 과묵함은 모두 인(仁)에 가깝다."

8) 인(仁)으로 혼동하는 것들
  가) 자장(子張) 19-15. 어려운 일에 능하다고 인(仁) 하다고 할 순 없다.
    子游曰, 吾友張也爲難能也 然而未仁
    자유왈, 오우장야위난능야 연이미인

    자유가 말하였다. "나의 벗 자장은 어려운 일을 하는 데는 능하지만 아직 인(仁) 하다고는 할 수 없다."

나) 공야장(公冶長) 5-18. 충성과 청렴은 어진 것과는 다르다.

子張問曰, 令尹子文 三仕爲令尹 無喜色 三已之 無慍色
자장문왈, 영윤자문 삼사위영윤 무희색 삼이지 무온색
舊令尹之政 必以告新令尹 何如 子曰, 忠矣 曰, 仁矣乎
구영윤지정 필이고신영윤 하여 자왈, 충의 왈, 인의호
曰, 未知 焉得仁
왈, 미지 언득인

자장이 여쭈었다. "초나라 영윤(벼슬 이름)인 자문은 세 번이나 벼슬에 나아가 영윤이 되었으나 기뻐하는 기색이 없었고, 세 번이나 벼슬을 그만두게 되어서도 성내는 기색이 없이 전에 영윤이 하던 일을 새로운 영윤에게 알려 주었습니다. 그는 어떻습니까?" 공자께서 말씀하셨다. "충성스럽구나." 자장이 여쭈었다. "어진 것입니까?" 공자께서 말씀하셨다. "모르긴 해도 어찌 어질다 할 수 있겠느냐?"

崔子 弑齊君 陳文子有馬十乘 棄而違之 至於 他邦 則曰,
최자 시제군 진문자유마십승 기이위지 지어 타방 즉왈,
猶吾大夫崔子也 違之之一邦 則又曰, 猶吾大夫崔子也
유오대부최자야 위지지일방 즉우왈, 유오대부최자야
違之 何如 子曰, 淸矣 曰, 仁矣乎 曰, 未知 焉得仁
위지 하여 자왈, 청의 왈, 인의호 왈, 미지 언득인

최자가 제나라 임금을 시해하자, 진문자는 사십 필의 말과 재산을 모두 버리고 그곳을 떠났습니다. 그는 다른 나라에 이르러, "여기도 우리나라 대부 최자와 같은 자가 있구나." 하고는 그곳을 떠났습니다. 다른 나라에 가서 또 말하기를 "이 사람도 우리나라 대부 최자와 같다."라고 하며 떠나갔습니다. 그는 어떻습니까? 공자께서 말씀하셨다. "청렴하구나." 자장이 다시 여쭈었다. "어진 것입니까?" 공자께서 말씀하셨다. "모르긴 해도 어찌 어질다 할 수 있겠느냐?"

◯ ----------

2023년 9월 11일 모 일간지에 재미있는 사진과 기사가 소개되었다. 중국 충칭의 한 초등학교에서 7세 소년이 거대한 삼겹살 두 덩어리를 어깨에 메고 등교하는 모습이 화제가 되었다. 중국 충칭의 한 초등학교에 재학 중인 샤오하오가 교사절을 기념해 담임 선생님에게 전달할 선물로 슈퍼마켓에서 구매한 자신의 키만큼 큰 삼겹살 두 덩어리를 어깨에 메고 등교했다. 중국에서는 스승의 날을 기념하기 위해 매년 9월 10일을 '교사절'로 지정해 운영한다. 샤오하오는 등교 하루 전날 우연히 집 근처 슈퍼마켓을 지나다가 질 좋은 삼겹살을 발견했고, 담임 선생님께 삼겹살을 주고 싶다고 생각하게 됐다. 이에 마트 직원에게 가장 질 좋은 삼겹살을 골라 달라고 했고, 싱싱한 삼겹살을 구매한 뒤 등교 당일 고기 두 덩어리를 메고 운동장을 가로질러 교실로 향했다. 샤오하오 군은 "평소 열심히 가르쳐 주신 선생님께 감사해서 삼겹살을 준비했다."라고 말했다. 이 모습을 보고 어떤 생각을 가지게 될까? 이 어린아이는 인(仁)에 대해 배울 기회가 없었을 것이다. 그러나 이 소년은 벌써 어진 마음이 자리 잡고 있는 것 같다. 공자는 "인(仁)이란 공손(恭)하고 경건(敬)하며 남을 진심(忠)으로 대하는 것이다."라고 하였는데 이 어린이야말로 선생님을 진심으로 존경하고 공경하는 어진 마음이 자리 잡고 있는 것 같다.

MBC는 2023년 설 연휴인 1월 23일과 24일 이틀에 걸쳐 「어른 김장하」라는 다큐멘터리를 방영하였다. 그리고 이 방송의 대부분 내용은 김주완 기자가 쓴 『줬으면 그만이지』라는 김장하 선생을 취재한 책을 근거로 하였다.
김장하 선생이 한 일을 간략하게 정리하면 다음과 같다.
- 고등학교를 설립해 지역 명문고로 발돋움하게 한 뒤 국가에 헌납
- 수십 년간 1,000여 명이 넘는 학생들에게 장학금 지원
- 지역 언론사를 설립해 운영비 지원
- 지역 문예단체 지원
- 경상대학교 남명학관 건립 지원
- 진주문화를 발굴하는 도서 발간 지원
- 형평운동기념사업회와 진주문화연구소 등 지역 문화사업 지원
- 진주문고 경영 후원
- 가정폭력 피해 여성 지원
- 여성단체와 극단, 각종 동아리 사업 후원 등이다.

진주 일대에서 김장하 선생의 손길이 닿지 않은 곳이 없을 정도였다. 김주완 기자의 글 속에는 "대가 없는 나눔, 간섭 없는 지원, 바라는 것도 없고 기대할 것도 없는 보시, 이런 걸 실천해 온 사람이 김장하 선생이었다."라는 문장을 강조하면서 다음과 같은 이야기를 전했다. 스님이

고갯마루를 넘다가 얼어 죽기 직전인 거지를 만난다. 스님이 자기 외투를 벗어 거지에게 주었더니 거지가 고맙다는 인사 한마디 없이 그냥 가려고 하여 스님이 거지를 불러 세운다. 그랬더니 거지는 "줬으면 그만이지, 칭찬을 되돌려받겠다는 것이오?" 하고 묻는다. 이에 스님이 거지의 말에 깨달음을 얻고 스스로 탄식을 하면서 그 고개를 넘어왔다는 이야기이다. 이 사례에서는 두 가지 교훈을 주고 있다. 하나는 어렵고 힘들고 불쌍한 사람을 보면 저절로 우러나오는 '측은지심'의 어진 마음(仁)이요, 두 번째는 자신이 한 일을 드러내지 않는 사양지심(辭讓之心)으로 자신을 낮추고 겸손하며 남을 위해 양보하고 배려할 줄 아는 예(禮)의 근본이다.

공자가 인(仁)을 논할 때 다양한 덕목들이 등장한다. 그중에서 주요한 것들은 효(孝, 효도), 애(愛, 사랑), 제(悌, 공경), 예(禮, 겸손), 충(忠, 진심), 서(恕, 용서), 경(敬, 경건), 공(恭, 공손), 관(寬, 관대), 신(信, 신의), 민(敏, 총명), 혜(惠, 은혜) 등이다. 심지어 어려운 일에 먼저 나서고, 이익을 챙기는 일은 남보다 뒤지는 것도 인(仁) 하다 하였으며, 가난을 즐겁게 견뎌 내는 것도 인(仁) 하다 할 수 있다고 하였다. "인(仁)이란 ~하는 것이다."라고 하면서 어떻게 하는 것이 인(仁) 한 것이라고 얘기했다. 그런데 이러한 덕목들은 인(仁) 함으로써 나타나는 행동일 뿐, 인(仁) 자체라 하기는 어려움이 있을 수 있다.

공자가 생각하는 인이란 모든 덕목을 전부 포함하고 있을 정도로 광범위하지만 그 개념은 이것들보다 더 근원적이고, 이것들을 초월하고 있는 듯하다. 공자는 어느 제자도 인(仁) 하다고 인정하지 않았고, 자신도 인(仁) 하다고 자처하지 않았다. 앞에서 제시한 10여 개 이상의 덕목을 다 지켜야만 '어질다' 할 수 있다면 인(仁) 하다 할 수 있는 사람이 몇 명이나 있을 수 있겠는가? 그럼에도 불구하고 인(仁)을 구성하는 여러 덕목 중에서 핵심은 사랑이라 할 수 있다. 사랑이 부모에게 미치면 효(孝)가 되고, 형제나 친구에게 미치면 우(友)가 되며, 남의 부모에게 미치면 제(悌)가 되고, 나라에 미치면 충(忠)이 되는 것이다.

나. 어진 사람의 특징

1) **헌문(憲問) 14-5. 어진 사람은 바른말을 할 줄 알고 용기가 있다.**

   子曰, 有德者必有言 有言者不必有德 仁者必有勇

   자왈, 유덕자필유언 유언자불필유덕 인자필유용

   勇者不必有仁

   용자불필유인

   공자께서 말씀하셨다. "덕(德)이 있는 사람은 (바른) 말을 하지만, (바른) 말을 하는 사람이라고 반드시 덕이 있는 것은 아니다. 어진(仁) 사람은 반드시 용기를 가지고 있지만, 용기 있는 사람이라고 해서 반드시 어진 것은 아니다."

2) 옹야(雍也) 6-28. 어진 사람은 다른 사람에게 은혜를 베풀고 많은 사람들을 구제할 수 있다.

子貢曰, 如有博施於民而能濟衆 何如 可謂仁乎 子曰,
자공왈, 여유박시어민이능제중 하여 가위인호 자왈,

何事於仁 必也聖乎 堯舜其猶病諸
하사어인 필야성호 요순기유병제

자공이 여쭈었다. "만약 백성에게 널리 은혜를 베풀고 많은 사람들을 구제할 수 있는 사람이 있다면 어떻습니까? 어진 사람이라 할 수 있겠습니까?" 공자께서 말씀하셨다. "어찌 어진 사람이라고만 할 수 있겠느냐. 반드시 성인이라 부를 수 있을 것이다. 요임금과 순임금조차도 그렇게 하지 못하는 것을 근심으로 여기셨다."

3) 옹야(雍也) 6-21. 어진 사람은 산을 좋아하고 정적이며, 장수하는 특징이 있다.

子曰, 知者樂水 仁者樂山 知者動 仁者靜 知者樂 仁者壽
자왈, 지자요수 인자요산 지자동 인자정 지자낙 인자수

공자께서 말씀하셨다. "지혜로운 사람은 물을 좋아하고 어진 사람은 산을 좋아하며, 지혜로운 사람은 동적이고 어진 사람은 정적이며, 지혜로운 사람은 즐겁게 살고 어진 사람은 장수한다."

4) 이인(里仁) 4-3. 어진 사람만이 남을 좋아할 수도, 미워할 수도 있다.

子曰, 唯仁者 能好人 能惡人

자왈, 유인자 능호인 능오인

공자께서 말씀하셨다. "오직 어진 사람만이 남을 좋아할 수도 있고, 남을 미워할 수도 있다."

○ ----------

공자는 어진 사람의 특징을 말하면서, 어진 사람은 바른말을 할 줄 알고 용기가 있고, 어진 사람은 다른 사람에게 은혜를 베풀고 많은 사람을 구제할 수 있으며, 어진 사람은 산을 좋아하고 정적이며 장수하는 특징이 있다고 하였다. 어찌 어진 사람이 이 정도의 특징만 가지고 있을까? 보통의 사람들은 몇 분만 대화를 해 보면 대화하는 사람의 품성을 금방 알 수 있다. 똑똑하고 영리하며 공부를 잘한다고 어질다 할 수 없으며, 말을 잘한다고 어질다 할 수도 없다. 어진 사람의 특징은 나보다는 다른 사람, 가진 사람보다는 힘들고 어려운 사람을 먼저 생각하고 배려하고 존중하는 마음이 있다. 곤경에 처한 사람을 보면 그냥 지나치지 않는 용기가 있다고 하였다.

다. 인을 실천하는 근본

1) 팔일(八佾) 3-3. 인(仁)이 모든 것에 우선이다.

子曰, 人而不仁 如禮何 人而不仁 如樂何

자왈, 인이불인 여례하 인이불인 여악하

공자께서 말씀하셨다. "어질지 못한 사람이 예를 배운들 무엇 하며, 어질지 못한 사람이 음악을 배운들 무엇 하겠는가?"

2) **이인(里仁) 4-5. 모든 일을 인(仁)에 근거해야 한다.**
   子曰, 君子去仁 惡乎成名 君子無終食之間違仁
   자왈, 군자거인 오호성명 군자무종식지간위인
   造次必於是 顚沛必於是
   조차필어시 전패필어시

   공자께서 말씀하셨다. "군자가 인을 버리고 어찌 군자로서의 명성을 이루겠는가? 군자는 밥 먹는 순간에도 인을 어기지 말아야 하고, 아무리 급한 때라도 인에 근거해야 하고, 위태로운 순간일지라도 반드시 인에 근거해야 한다."

3) **팔일(八佾) 3-8. 인(仁)이 바탕이 되어야 예(禮)를 행할 수 있다.**
   子夏問曰, 巧笑倩兮 美目盼兮 素以爲絢兮 何謂也
   자하문왈, 교소천혜 미목반혜 소이위현혜 하위야
   子曰, 繪事後素 曰, 禮後乎 子曰, 起予者 商也
   자왈, 회사후소 왈, 예후호 자왈, 기여자 상야
   始可與言詩已矣
   시가여언시이의

자하가 여쭈었다. "아름답게 웃는 모습이 예쁘고, 아름다운 눈에 눈동자가 또렷하니, 흰 바탕에 무늬를 더하였구나 하는 것은 무엇을 말하는 것입니까?"

공자께서 말씀하셨다. "그림 그리는 일은 흰 바탕이 있은 다음이라는 것이다." 자하가 말하였다. "예(禮)는 나중 일이라는 말씀이십니까?" 공자께서 말씀하셨다. "나를 일으켜 주는 자는 상(商)이로구나! 비로소 자네와 함께 시를 말할 수 있게 되었구나."

4) 효(孝)와 제(弟, 형제간의 우애)는 인(仁)을 실천하는 근본이다.

가) 학이(學而) 1-2. 효(孝)와 제(弟)는 인(仁)을 실천하는 근본이다.

有子曰, 其爲人也 孝弟 而好犯上者 鮮矣 不好犯上
유자왈, 기위인야 효제 이호범상자 선의 불호범상

而好作亂者 未之有也 君子務本 本立而道生 孝弟也者
이호작란자 미지유야 군자무본 본립이도생 효제야자

其爲仁之本與
기위인지본여

유자가 말하였다. "그 사람됨이 (부모에게는) 효성스럽고 (형제간에) 우애가 있으면서 윗사람을 범하기를 좋아하는 사람은 드물다. 윗사람을 범하기를 좋아하지 않으면서 질서를 어지럽히기를 좋아하는 그런 자는 아직까지는 있지 않았다.

군자는 근본에 힘쓰고 근본이 서면 바른 도(道)가 생긴다. 효와 제는 아마도 인을 실천하는 근본일 것이다."

나) 양화(陽貨) 17-21. 어버이에 대해 삼년상을 치러야 어질다 할 수 있다.

宰我問, 三年之喪 期已久矣 君子三年不爲禮 禮必壞
재아문, 삼년지상 기이구의 군자삼년불위례 예필상

三年不爲樂 樂必崩 舊穀旣沒 新穀旣升 鑽燧改火
삼년불위락 낙필붕 구곡기몰 신곡기승 찬수개화

期可已矣 子曰, 食夫稻 衣夫錦 於女安乎 曰, 安
기가이의 자왈, 식부도 의부금 어여안호 왈, 안

女安則爲之 夫君子之居喪 食旨不甘 聞樂不樂 居處不安故
여안즉위지 부군자지거상 식지불감 문악불락 거처불안고

不爲也 今女安則爲之
불위야 금녀안즉위지

宰我出 子曰, 予之不仁也 子生三年 然後免於父母之懷
재아출 자왈, 여지불인야 자생삼년 연후면어부모지회

夫三年之喪 天下之通喪也
부삼년지상 천하지통상야

予也有三年之愛於其父母乎
여야유삼년지애어기부모호

재아가 여쭈었다. "(어버이에 대한) 삼년상은 기간이 너무 깁니다. 군자가 삼 년 동안 예(禮)를 행하지 않으면 예가 반드시 무너지고, 삼 년 동안 음악을 하지 않으면 음악이 반드시 무너질 것입니다. 묵은 곡식이 바닥이 날 무렵에 새 곡식이 올라오며, 불씨를 얻을 나무도 다시 바뀌니 일 년이면 될 것입니다." 공자께서 말씀하셨다. "쌀밥을 먹고 비단옷을 입는 것이 너에게는 편안하냐?" 재아가 대답하였다. "편안합니다." "네가 편안하다면 그렇게 하여라. 대체로 군자가 상을 치를 때는 맛있는 것을 먹어도 맛이 없고, 음악을 들어도 즐겁지 않으며, 집에 있어도 편하지 않기 때문에 그렇게 하지 않는 것이다. 지금 네가 편안하다면 그렇게 하여라."

재아가 밖으로 나가자 공자께서 말씀하셨다. "여(재아)는 인(仁)하지 못하구나. 자식은 태어나서 삼 년이 지난 연후에야 부모의 품에서 벗어난다. 대체로 삼년상은 천하에 공통된 상례(喪禮)이다. 여도 그 부모에게서 삼 년간의 사랑을 받았을 것이다."

5) 이인(里仁) 4-2. 어진 사람은 인(仁)을 편안하게 여기고 지혜로운 사람은 인을 이롭게 여긴다.

子曰, 不仁者 不可以久處約 不可以長處樂 仁者安仁

자왈, 불인자 불가이구처약 불가이장처락 인자안인

知者利仁

지자이인

공자께서 말씀하셨다. "어질지 못한 사람은 오랫동안 검약하게 지내지도 못하고 오래도록 즐겁게 지내지도 못한다. 어진 사람은 인을 편하게 여기고, 지혜로운 사람은 인을 이롭게 여긴다."

6) 이인(里仁) 4-4. 어질어야 악한 행동을 하지 않는다.

子曰, 苟志於仁矣 無惡也

자왈, 구지어인의 무악야

공자께서 말씀하셨다. "진실로 인에 뜻을 두면 악한 일은 하지 않을 것이다."

7) 학이(學而) 1-3. 아첨하고 미색을 지나치게 꾸미는 자는 어진 마음(仁)이 드물다.

子曰, 巧言令色 鮮矣仁

자왈, 교언영색 선의인

공자가 말씀하셨다. "말을 교묘하게 하고 얼굴빛을 꾸미는 자들에겐 어진 마음이 드물다."

8) 양화(陽貨) 17-17. 그럴듯하게 꾸민 말과 보기 좋게 꾸민 얼굴에는 어진 마음이 드물다.

子曰, 巧言令色 鮮矣仁

자왈, 교언영색 선의인

공자께서 말씀하셨다. "그럴듯하게 꾸민 말과 보기 좋게 꾸민 얼굴빛에는 어진 마음이 드물다."

○ ----------

『맹자』「진심상편」에 "어버이를 사랑하는 것은 인이고 어른을 공경하는 것은 의이니, 이는 다른 것이 아니라 인과 의가 천하에 두루 도달하기 때문이다."라고 하였으며, 「양해왕상편」에서는 "인 하고서 그 어버이를 버린 자가 없고, 의로우면서 그 군주를 뒤로했던 자는 없다."라고 하였다.

『논어』에서 언급한 오상 중에 가장 많은 분량을 차지하는 것은 단연코 인(仁)이며, 다음이 예(禮)이다. 인의 근본이 무엇인가에 대해서도 인은 모든 것에 우선이며, 모든 일은 인에 근거해야 한다고 하였다. 또한 인(仁)이 바탕이 되어야 예(禮)를 행할 수 있으며, 효(孝)와 제(弟, 형제간의 우애)는 인(仁)을 실천하는 근본이라 하였다. 공자든 맹자든 모든 것에 우선한 것은 인이라고 하였으며, 인으로 나타나는 행동은 효라고 하였으니 효도하는 자는 어질다고 말할 수 있을 것이다.

라. 인을 실천하는 방법
1) 인(仁)을 실천하는 것은 자신에게 달렸다.
  가) 안연(顔淵) 12-1. 인(仁)을 실천하는 것은 자신에게 달렸다.
  顔淵問仁 子曰, 克己復禮爲仁 一日克己復禮 天下歸仁焉
  안연문인 자왈, 극기복례위인 일일극기복례 천하귀인언
  爲仁由己 而由人乎哉
  위인유기 이유인호재

안연이 인에 대해서 여쭙자, 공자께서 말씀하셨다. "자기를 이겨 내고 예(禮)로 돌아가는 것이 인이다. 하루만이라도 자기를 이겨 내고 예로 돌아가면 천하가 인에 귀의할 것이다. 인을 실천하는 것이야 자신에게 달린 것이지 다른 사람에게 달린 것이겠느냐."

나) 술이(述而) 7-29. 인(仁)은 가까운 곳에 있어 실천하고자 하면 곧 다가온다.

子曰, 仁遠乎哉 我欲仁 斯仁至矣

자왈, 인원호재 아욕인 사인지의

공자께서 말씀하셨다. "인(仁)이 멀리 있는가. 내가 인을 실천하고자 하면, 곧 인은 다가온다."

다) 위령공(衛靈公) 15-8. 자신을 희생하여 인을 이룬다.

子曰, 志士仁人 無求生以害仁 有殺身以成仁

자왈, 지사인인 무구생이해인 유살신이성인

공자께서 말씀하셨다. "뜻있는 선비와 어진(仁) 사람은 삶에 연연하여 인을 해치지 않으며, 자신을 희생하여 인을 이룬다."

라) 위령공(衛靈公) 15-35. 인(仁)을 행할 상황에서는 양보하지 말고 행해야 한다.

子曰, 當仁 不讓於師

자왈, 당인 불양어사

공자께서 말씀하셨다. "인(仁)을 행할 상황에서는 스승에게도 양보하지 않는다."

2) 모든 일은 인에 근거하며, 인을 항시 가까이하라.

가) 위령공(衛靈公) 15-34. 인을 항시 가까이하라.

子曰, 民之於仁也 甚於水火 水火 吾見蹈而死者矣

자왈, 민지어인야 심어수화 수화 오견도이사자의

未見蹈仁而死者也

미견도인이사자야

공자께서 말씀하셨다. "백성들에게 인(仁)은 물이나 불보다 훨씬 더 좋다. 물이나 불이라면, 나는 거기에 빠져 죽은 사람을 보았지만, 인에 빠져 죽었다는 사람은 아직 보지 못했다."

나) 이인(里仁) 4-5. 모든 일을 인(仁)에 근거하여 정당한 방법으로 구해야 한다.

子曰, 富與貴 是人之所欲也 不以其道得之 不處也

자왈, 부여귀 시인지소욕야 불이기도득지 불처야

貧與賤 是人之所惡也 不以其道得之 不去也

빈여천 시인지소오야 불이기도득지 불거야

공자께서 말씀하셨다. "재물과 지위는 사람들이 원하는 것이지만, 정당한 방법으로 얻은 것이 아니라면 그것을 누려서는 안 된다. 가난함과 천함은 사람들이 싫어하는 것이지만 부당하게 그렇게 되었다 하더라도 억지로 벗어나려 해서는 안 된다.

다) 안연(顏淵) 12-3. 어진 사람은 말하는 것에 신중해야 한다.

司馬牛問仁 子曰, 仁者 其言也訒 曰, 其言也訒

사마우문인 자왈, 인자 기언야인 왈, 기언야인

斯謂之仁矣乎 子曰, 爲之難 言之得無訒乎

사위지인의호 자왈, 위지난 언지득무인호

사마우가 인에 대하여 여쭙자, 공자께서 말씀하셨다. "인 한 사람은 말하는 것에 신중해야 한다." "말하는 것에 신중하면 곧 그 사람을 인 하다고 할 수 있습니까?" 공자께서 말씀하셨다. "(자신이 말한 것을) 실천하는 것이 어려운데 어찌 말을 신중하지 않을 수 있겠느냐."

3) 어진 사람은 남을 먼저 생각하고 실천한다.

가) 옹야(雍也) 6-28. 어진 사람은 남부터 일어서게 하고, 남부터 뜻을 이루게 한다.

夫仁者 己欲立而立人 己欲達而達人
부인자 기욕립이립인 기욕달이달인

어진 사람이란 자신이 일어서려 할 때 남부터 일어서게 하고, 자신이 뜻을 이루고 싶을 때 남부터 뜻을 이루게 해 주는 것이다.

나) 옹야(雍也) 6-28. 어진 사람은 남이 원하는 것을 이해하고 실행한다.

夫仁者 己欲立而立人 己欲達而達人 能近取譬
부인자 기욕립이립인 기욕달이달인 능근취비
可謂仁之方也已
가위인지방야이

어진 사람이란 자신이 일어서려 할 때 남부터 일어서게 하고, 자신이 뜻을 이루고 싶을 때 남부터 뜻을 이루게 해 주는 사람이다. 자신이 원하는 것을 미루어서 남이 원하는 것을 이해하고 실행하는 것이 바로 인의 실천 방법이다.

다) 안연(顏淵) 12-2. 자신이 바라지 않는 일을 남에게 시키지 말아야 한다.

仲弓問仁 子曰, 出門如見大賓 使民如承大祭 己所不欲
중궁문인 자왈, 출문여견대빈 사민여승대제 기소불욕

勿施於人 在邦無怨 在家無怨 仲弓曰, 雍雖不敏
물시어인 재방무원 재가무원 중궁왈, 옹수불민

請事斯語矣
청사사어의

중궁이 인에 대하여 여쭙자, 공자께서 말씀하셨다. "집 문을 나가서는 큰손님을 대하듯이 하고, 백성을 부릴 때는 큰제사를 받드는 듯이 하며, 자신이 바라지 않는 일을 남에게 시키지 말아야 한다. 이렇게 하면 백성들에게 원망받지 않고, 집안에서도 원망받을 일이 없을 것이다." 중궁이 말하였다. "제가 비록 총명하지는 못하오나, 이 말씀을 명심하고 실천하겠습니다."

라) 옹야(雍也) 6-20. 어진 사람은 어려운 일에는 먼저 나서서 하고, 이익을 챙기는 데는 남보다 뒤지게 한다.

樊遲問知 子曰, 務民之義 敬鬼神而遠之 可謂知矣 問仁
번지문지 자왈, 무민지의 경귀신이원지 가위지의 문인

曰, 仁者先難而後獲 可謂仁矣
왈, 인자선난이후획 가위인의

번지가 지혜에 대하여 여쭙자, 공자께서 말씀하셨다. "사람이 지켜야 할 도의에 힘쓰고, 귀신에 관한 일은 신중하게 대하되 멀리하면 지혜롭다 할 수 있다." 인(仁)에 대해서 여쭙자, 공자께서 말씀하셨다. "어진 사람은 어려운 일에는 먼저 나서서 하고 이익을 챙기는 데는 남보다 뒤지는데, 이렇게 한다면 어질다고 할 수 있다."

마) 안연(顏淵) 12-2. 백성을 부릴 때는 큰제사를 받드는 듯이 해야 한다.

仲弓問仁 子曰, 出門如見大賓 使民如承大祭 己所不欲

중궁문인 자왈, 출문여견대빈 사민여승대제 기소불욕

勿施於人 在邦無怨 在家無怨 仲弓曰, 雍雖不敏

물시어인 재방무원 재가무원 중궁왈, 옹수불민

請事斯語矣

청사사어의

중궁이 인에 대하여 여쭙자, 공자께서 말씀하셨다. "집 문을 나가서는 큰손님을 대하듯이 하고, 백성을 부릴 때는 큰제사를 받드는 듯이 하며, 자신이 바라지 않는 일을 남에게 시키지 말아야 한다. 이렇게 하면 백성들에게 원망받지 않고, 집안에서도 원망받을 일이 없을 것이다." 중궁이 말하였다. "제가 비록 총명하지는 못하오나, 이 말씀을 명심하고 실천하겠습니다."

바) 이인(里仁) 4-6. 어진 것을 좋아하되 어질지 못한 것을 미워하지 않아야 한다.

子曰, 我未見好仁者 惡不仁者 好仁者 無以尙之
자왈, 아미견호인자 오불인자 호인자 무이상지

惡不仁者 其爲仁矣 不使不仁者加乎其身
오불인자 기위인의 불사불인자가호기신

有能一日用其力於仁矣乎 我未見力不足者 蓋有之矣
유능일일용기력어인의호 아미견력부족자 개유지의

我未之見也
아미지견야

공자께서 말씀하셨다. "나는 아직 어진 것을 좋아하고 어질지 않음을 미워하는 사람을 보지 못했다. 어진 것을 좋아하는 사람은 더할 나위가 없겠지만, 어질지 않음을 미워하는 사람은 자신이 인을 실천함에 있어서 어질지 않은 것이 그 자신에게 영향을 미치게 하지 않는다.

하루라도 인을 위해 그 힘을 쓸 수 있는 사람이 있는가? 나는 힘이 모자라서 인을 행하지 못하는 사람을 아직 보지 못했다. 아마도 그런 사람이 있긴 하겠지만, 나는 아직 보지 못하였다."

4) 어진 사람을 가까이 하라.

가) 이인(里仁) 4-1. 어진 마을에서 살아라.

子曰, 里仁爲美 擇不處仁 焉得知

자왈, 이인위미 택불처인 언득지

공자께서 말씀하셨다. "마을이 어진 것은 아름다운 것이다. 어진 마을을 잘 골라서 거처하지 않는다면 어찌 지혜롭다 하겠는가?"

나) 위령공(衛靈公) 15-9. 어진 선비와 벗하라.

子貢問爲仁 子曰, 工欲善其事 必先利其器 居是邦也

자공문위인 자왈, 공욕선기사 필선리기기 거시방야

事其大夫之賢者 友其士之仁者

사기대부지현자 우기사지인자

자공이 인(仁)을 행하는 방법에 대하여 여쭙자, 공자께서 말씀하셨다. "장인(기술자)이 그 일을 잘하려면 반드시 먼저 연장을 잘 손질해 놓아야 한다. 마찬가지로 어떤 나라에 살든 바르게 살려고 하면, 그 나라의 대부 중 현명한 사람을 섬기고, 그 나라의 선비 중 어진 사람과 벗해야 한다."

다) 이인(里仁) 4-17. 어진 사람을 보면 배우고, 어질지 못한 사람을 보면 자신 또한 그렇지 않은지 반성해야 한다.

子曰, 見賢思齊焉 見不賢而內自省也
자왈, 견현사제언 견불현이내자성야

공자께서 말씀하셨다. "어진 이를 보면 그와 같아질 것을 생각하고, 어질지 못한 이를 보면 자신 또한 그렇지 않은지를 반성해야 한다."

라) 자장(子張) 19-16. 자만하는 자와 함께 인(仁)을 실천하기는 어렵다.

曾子曰, 堂堂乎張也 難與並爲仁矣
증자왈, 당당호장야 난여병위인의

증자가 말하였다. "당당하구나. 자장이여! 그러나 함께 인(仁)을 실천하기는 어렵겠구나."

5) 술이(述而) 7-14. 인(仁)이 없으면 도움을 받을 수 없다.

冉有曰, 夫子爲衛君乎 子貢曰, 諾 吾將問之 入曰,
염유왈, 부자위위군호 자공왈, 낙 오장문지 입왈,

伯夷叔齊何人也 曰, 古之賢人也 曰, 怨乎 曰,
백이숙제하인야 왈, 고지현인야 왈, 원호 왈,

求仁而得仁 又何怨 出曰, 夫子不爲也
구인이득인 우하원 출왈, 부자불위야

염유가 자공에게 물었다. "선생님께서 위나라 임금을 위해 일하실까요?" 자공이 말하였다. "좋아요. 제가 여쭈어보겠습니다." 자공이 안으로 들어가 공자에게 여쭈었다. "백이와 숙제는 어떤 사람입니까?" 공자께서 말씀하셨다. "옛날의 현인이다." 자공이 다시 여쭈었다. "세상을 원망했을까요?" 공자께서 말씀하셨다. "인(仁)을 추구하여 인을 얻었으니 또 무엇을 원망했겠느냐?" 자공이 물러 나와 염유에게 말하였다. "선생님께서는 위나라 임금을 위해 일하지 않으실 겁니다."

6) 이인(里仁) 4-7. 잘못을 보면 어진 정도를 알 수 있다.

子曰, 人之過也 各於其黨 觀過 斯知仁矣

자왈, 인지과야 각어기당 관과 사지인의

공자께서 말씀하셨다. "사람의 잘못은 각기 부류가 있다. 그 잘못을 살펴보면 곧 그가 어느 정도 어진지를 알게 된다."

○ ----------

홍콩의 최고 부자인 이가성 회장과 운전기사 이야기를 소개해 본다. 이가성 회장의 운전기사가 30여 년간 회장의 차를 몰다가 마침내 떠날 때가 되었다. 이가성 회장은 운전기사의 노고를 위로하고 노년을 편히 보내게 하기 위해 이백만 위엔(3억 6천만 원)의 수표를 건넸다. 그랬더니, 운전기사는 필요 없다고 사양하며, "저도 이천만 위엔(36억 원) 정도는 모아 놓았습니다."라고 대답했다. 이가성 회장은 기이하게 여겨 물었다. "월급이 5~6천 위엔(100만 원)밖에 안 되는데 어떻게 그렇게 거액의 돈을 저축해 놓았는가?" 운전기사는 "제가 차를 몰 때 회장님이 뒷자리에서 전화하는 것을 듣고 땅을 사실 때마다 저도 조금씩 사 놓았고, 주식을 살 때 저도 약간씩 매수해 놓아 지금 자산이 이천만 위엔(36억 원) 이상에 이르고 있습니다."라고 대답하였다.

『순자』의 「불구편」에서는 "군자는 몸을 청결하게 하여 뜻을 함께하는 사람들을 만나고, 말을 선하게 하여 같은 부류의 사람들과 호응해야 한다(君子絜其身而同焉者合矣 善其言而類焉者應矣)."라고 하였다.

인생에 누구를 만나느냐, 누구와 함께하느냐에 따라 한 사람의 인생이 좌우될 수 있다. 파리의 뒤를 쫓으면 변소 주위만 돌아다닐 것이고, 꿀벌의 뒤를 쫓으면 꽃밭을 함께 노닐게 될 것이다. 새끼줄에 생선을 묶으면 생선 냄새가 나고 종이에 향을 싸면 향기로운 냄새가 난다. 사람도 이와 같이 살면서 누구를 만나느냐에 따라 그 몸에서 향기로운 냄새가 나거나, 아니면 더러운 냄새가 날 수 있다. 물은 어떤 그릇에 담느냐에 따라서 모양이 달라지지만, 사람은 어떤 사람과 함께하느냐에 따라 운명이 결정된다고 할 수 있다. 어질고 덕이 있고 의로운 이를 만나면 군자가 될 수 있으나 어질지 못하고 의롭지 못한 친구를 만나면 곧 죄가 찾아들게 된다. 이와 같이 만나는 사람, 항시 같이하는 사람에 의해 물들어 가는 것이다.

『논어』에서 말하는 인을 실천하는 방법에 대해서는 인(仁)을 실천하는 것은 자신에게 달렸다고 하면서 자신을 희생하여 인을 이루고 인(仁)을 행할 상황에서는 양보하지 말고 행하라 하였으며, 모든 일을 인(仁)에 근거하여 정당한 방법으로 구하고, 말하는 것에 신중해야 한다고 하였다. 남을 먼저 생각하고 실천하며, 어려운 일에 먼저 나서라 하였고, 어진 사람을 가까이하라 하면서 어진 마을에서 살고 어진 이와 벗하여 그 사람을 보고 배우며, 자만하는 자와 가까이하지 말기를 권하였다.

2. 의(義, 올바른 도리)

가. 의란 무엇인가?

1) 팔일(八佾) 3-13. 하늘에 부끄럽지 않게 하라.

王孫賈問曰, 與其媚於奧 寧媚於竈 何謂也
왕손가문왈, 여기미어오 영미어조 하위야

子曰, 不然 獲罪於天 無所禱也
자왈, 불연 획죄어천 무소도야

왕손가가 물었다. "아랫목에 (있는 어른에게) 아첨하기보다는 차라리 부뚜막에 (있는 일하는 사람에게) 아첨하는 것이 낫다고 하는데 그것은 무슨 뜻입니까?" 공자께서 말씀하셨다. "그렇지 않소. 하늘에 죄를 지으면 빌 곳이 없습니다."

2) 양화(陽貨) 17-23. 용(勇)보다 의(義)가 더 우선이다.

子路曰, 君子尙勇乎 子曰, 君子義以爲上
자로왈, 군자상용호 자왈, 군자의이위상

君子有勇而無義爲亂 小人有勇而無義爲盜
군자유용이무의위란 소인유용이무의위도

자로가 여쭈었다. "군자는 용기를 숭상합니까?" 공자께서 말씀하셨다. "군자는 의로움을 우선으로 여긴다. 군자가 용기만 있고 의로움이 없으면 난을 일으키고, 소인이 용기만 있고 의로움이 없으면 도적질을 하게 된다."

○ ----------

『순자』「불구편」에는 "남의 덕을 숭상하고 남의 훌륭한 점을 칭송하는 것은 아첨이 아니다. 남의 잘못을 바르고 곧게 일러 주고 거론하는 것은 헐뜯는 것이 아니며, 자기의 훌륭한 섬을 순임금과 우 임금에 비하고 하늘과 땅의 원리에 합치하는 것은 과장이 아니다. 때에 따라 몸을 굽혀 갈대같이 부드럽게 순종하는 것은 두려워서 그러는 것이 아니며, 굳고 강하고 용맹하여 뜻대로 하지 않는 일이 없지만 교만하고 난폭한 것이 아니니, 이는 의(義)에 적당하게 대처하며 옳고 그름에 잘 대처할 줄 알기 때문이다. 이것이 군자가 의(義)로써 굽히고 나아가며, 모든 사물에 대처해 나가는 도리를 말하는 것이다."라고 하였다.

『논어』에서는 "아첨하지 말라 하였고, 군자는 의로움을 우선으로 여겨야 한다고 하면서 용기만 있고 의로움이 없으면 난을 일으키고, 도적질을 하게 된다."라고 하면서 아첨과 용기보다 의로움이 우선임을 강조하였다. 대신 순자는 어떠한 것이 아첨인지 아닌지를 구분하고, 옳고 그름에 잘 대처할 줄 알아 의(義)로써 굽히고 모든 사물에 대처해 나가야 한다고 강조하였다. 옳은 것만 골라 칭송하고 그릇된 것을 지적하지 않는다면 이 또한 아첨꾼이 될 수 있으니 옳고 그름을 분명하게 식별하여 용기 있게 대처하고 간언하는 것이 필요하다고 할 수 있다.

나. 의(義)를 실천하는 방법

1) 이인(里仁) 4-10. 오직 의(義)를 따르라.

子曰, 君子之於天下也 無適也 無莫也 義之與比

자왈, 군자지어천하야 무적야 무막야 의지여비

공자께서 말씀하셨다. "군자가 천하를 살아감에 있어 반드시 그래야만 한다는 것도 없고 절대로 안 된다는 것도 없으며, 오직 의로움만을 따를 뿐이다."

2) 위령공(衛靈公) 15-16. 의로운 일에 힘쓰라.

子曰, 羣居終日 言不及義 好行小慧 難矣哉

자왈, 군거종일 언불급의 호행소혜 난의재

공자께서 말씀하셨다. "(여럿이) 종일토록 함께 지내면서도 의롭게 미치는 말은 하지 않고, 작은 꾀나 짜내기를 좋아한다면 곤란한 문제로다."

3) 술이(述而) 7-3. 의(義)를 실천하지 못하는 것을 우려한다.

子曰, 德之不脩 學之不講 聞義不能徙 不善不能改

자왈, 덕지불수 학지불강 문의불능사 불선불능개

是吾憂也

시오우야

공자께서 말씀하셨다. "덕을 수양하지 못하는 것, 학문을 탐구하지 않는 것, 의를 알면서도 실천하지 못하는 것, 선하지 않은 것을 고치지 못하는 것, 이것이 내가 우려하는 것이다."

4) 술이(述而) 7-15. 의로움이 있어야 즐거움이 있다.
子曰, 飯疏食飮水 曲肱而枕之 樂亦在其中矣
자왈, 반소사음수 곡굉이침지 낙역재기중의
不義而富且貴 於我如浮雲
불의이부차귀 어아여부운

공자께서 말씀하셨다. "거친 밥을 먹고 물 마신 뒤 팔을 베고 잠을 자도 즐거움이 또한 그 가운데 있다. 의롭지 않게 얻은 부귀를 누리는 것은 나에게는 뜬구름과 같은 것이다."

○ ----------

『순자』「불구편」에서는 "진실된 마음으로 의를 행하면 반드시 도리를 얻게 되고, 도리를 얻게 되면 분명해지며, 모든 것이 분명해지면 능히 스스로 도덕적 변화에 이른다(誠心行義則理 理則明 明則能變矣)."라고 하였다. 또한 "군자는 행함에 있어 구차한 모양으로 어려운 일을 행하는 것을 귀하게 여기지 않는다는 것이요, 말에 있어서 구차스럽게 세밀한 것을 귀하게 여기지 않는다는 것이며, 명성이 구차스럽게 전해지는 것을 귀하게 여기지 않는다는 것이니 가장 귀하게 여기는 것은 바르고 온당한 것이라는 뜻이다."라고 하면서 '바르고 온당함', 곧 의를 귀하게 여기라고 하였다.

『논어』에서 의(義)가 차지하는 부분은 생각보다 부족하며, 그 의미는 '마땅한', '옳은', '정당한', '도리' 등으로 표현한다. 그리고 '인'이나 '예'에 대한 의미를 표현한 것에 비해 다소 가벼우면서도 강한 의미를 부여하지 않는 것처럼 비쳐진다. 『정관정요』 제13편은 「인의(仁義)편」이다. 여기에서는 "인의로써 ~하면"라는 것과 같은 표현을 다수 사용함으로써 인과 의를 유사하게 보거나 의를 인의 일부인 것처럼 표현하였다. 옳고 그름, 당연한 도리, 정당한 조치나 행위 등과 같은 덕목은 가벼워 보이면서도 가장 소중한 기본적인 덕목일 것이다.

3. 예(禮, 지켜야 할 도리)

가. 예(禮)란 무엇인가?

1) 태백(泰伯) 8-2. 예(禮)는 모든 것의 기본이다.

子曰, 恭而無禮則勞 愼而無禮則葸 勇而無禮則亂
자왈, 공이무례즉로 신이무례즉사 용이무례즉난

直而無禮則絞
직이무례즉교

君子篤於親 則民興於仁 故舊不遺 則民不偸
군자독어친 즉민흥어인 고구불유 즉민불투

공자께서 말씀하셨다. "공손하면서도 예(禮)가 없으면 수고롭기만 하고, 신중하면서도 예가 없으면 소심해진다. 용감하면서도 예가 없으면 질서를 어지럽히게 되고, 정직하면서도 예가 없으면 각박해진다.
군자가 친족들을 잘 돌봐 주면 백성들 사이에서는 어진 기풍이 일어나며, 옛 친구를 버리지 않으면 백성들이 각박해지지 않는다."

2) 팔일(八佾) 3-4. 예(禮)의 근본은 검소하고 슬퍼하는 것이다.

林放問 禮之本 子曰, 大哉問 禮與其奢也 寧儉
임방문 예지본 자왈, 대재문 예여기사야 영검

喪與其易也 寧戚
상여기이야 영척

임방이 예의 근본을 여쭙자 공자께서 말씀하셨다. "어려운 질문이로다. 예는 사치스럽다기보다는 차라리 검소한 것이 낫고, 상례는 형식을 잘 갖추는 것보다는 오히려 슬퍼하는 것이 낫다."

3) 태백(泰伯) 8-8. 예(禮)를 통해 근본을 세운다.

子曰, 興於詩 立於禮 成於樂
자왈, 흥어시 입어례 성어악

공자께서 말씀하셨다. "시를 통해 감성을 불러일으키고, 예를 통해 근본을 세우며, 음악을 통해 인격을 완성한다."

4) 위령공(衛靈公) 15-32. 지혜(知)와 인(仁)과 엄숙한 자세(莊)로 임하더라도 예(藝)를 소홀히 해서는 아니 된다.

子曰, 知及之 仁不能守之 雖得之 必失之 知及之
자왈, 지급지 인불능수지 수득지 필실지 지급지
仁能守之 不莊以涖之 則民不敬 知及之 仁能守之
인능수지 부장이리지 즉민불경 지급지 인능수지
莊以涖之 動之不以禮 未善也
장이리지 동지불이례 미선야

공자께서 말씀하셨다. "지혜가 (맡은 직책에) 미치더라도 인(仁)으로 그것을 지킬 수 없으면, 비록 얻는다 하더라도 반드시 잃는다. 지혜가 거기에 미치고 인으로 그것을 지킬 수 있더라도, 엄숙한 자세로 임하지 않으면, 백성들이 공경하지 않는다. 지혜가 거기에 미치고, 인으로 그것을 지킬 수 있고, 엄숙한 자세로 임하더라도, 백성들을 동원할 때 예(禮)로써 하지 않으면, 잘되지 않을 것이다."

5) 학이(學而) 1-15. 아첨하지 않고, 교만하지 않는 것보다 예(禮)가 더 중요하다.
子貢曰, 貧而無諂 富而無驕 何如 子曰, 可也
자공왈, 빈이무첨 부이무교 하여 자왈, 가야
未若貧而樂 富而好禮者也
미약빈이락 부이호례자야

자공이 말하였다. "가난하면서도 아첨하지 않고, 부유하면서도 교만하지 않는다면 어떻습니까?" 공자께서 말씀하셨다. "그 정도면 괜찮은 사람이다. 그러나 가난하면서도 즐거워하고, 부유하면서도 예의를 좋아하는 사람만은 못하다."

○ ----------
『순자』「예론편」에서는 예(禮)가 생겨난 이유를 다음과 같이 설명한다. "사람에게는 나면서부터 욕심이 있는데 욕심을 채우지 못하면 추구하지 않을 수 없고 추구하면서 절제와 한계가 없다면 다투지 않을 수 없다. 다투면 어지러워지고 어지러워지면 궁지에 몰리게 된다. 선왕들(요임금, 순임금, 우임금, 탕임금)은 욕심의 한계를 정하고 나눔으로써 예와 의를 지키는 성군의 역할을 다했다. 욕심을 내되 재물에 궁하지 않도록 하고 재물의 욕망으로 인해 바닥나지 않게 하여서 이 양자를 서로 조화를 유지하도록 하였으니 이것이 예가 생긴 이유이다."라고 하였다.

禮起於何也 人生而有欲 欲而不得 則不能無求 求而無度量分界 則不能不爭 爭則亂 亂則窮 先王惡其亂也 故制禮義以分之

예의 근본에 대해서는 "천지는 생명의 근본이요, 선조(先祖)는 인류의 근본이고 임금과 스승은 다스림의 근본이다."라고 함으로써 위로는 하늘을 섬기고 아래로는 땅을 섬기며, 선조를 공경하고 임금과 스승을 존경하는 것이 예의 근본임을 말하고 있다.

또한 『순자』 「의병편」에서는 "예란 세상을 다스리기 위한 최고의 도덕이요, 나라를 견고하게 만드는 근본이며, 위엄을 떨치는 길이고 공과 명성을 올리는 요체이니 왕이 이 예를 따른다면 천하를 얻게 되지만 예를 따르지 않는다면 사직을 잃게 되는 것이다."라고 하였다.

「수신편」에서는 예(禮)를 다음과 같이 표현하였다. "선한 것을 분별하는 법칙이 있다. 그것으로써 기운을 다스리고 양생을 한다면 오래 살았다는 팽조보다도 더 오래 살고, 그것으로써 몸을 닦고 스스로 노력하면 요임금이나 우임금과 견줄 수 있다. 그러므로 일이 형통할 때도 처신을 잘할 수 있고 곤경에 처했을 때도 이롭게 대처할 수 있다. 예(禮)가 바로 그것이다. 무릇 혈기와 의지와 생각을 활용하는 데 예를 따르면 잘 다스려지고 잘 통하지만, 예법에 의하지 않으면 문란하고 산만해진다. 먹고 마시고 옷을 입고 생활하고 활동하는 데도 예를 따르면 조화가 되고 절도가 있게 되지만, 예를 따르지 않으면 뜻대로 되지 않고 병폐가 생긴다. 용모와 태도와 나아가고 물러나는 것과 일을 행하는 때도 예를 따르면 우아해지지만, 예를 따르지 않으면 오만하고 편벽되고 저속하고 뒤떨어진다. 그러므로 사람으로서 예가 없다면 제대로 살아가지 못하고, 일을 하는 데 예가 없다면 일을 성취시킬 수 없으며, 나라에 예가 없다면 편안하지 못하다.『시경』에 '예의는 모두 법도가 있고, 웃고 얘기하는 것도 모두 이에 따른다'고 한 것은 이를 뜻하는 말이다."라고 하였다.

扁善之度 以治氣養生 則身後彭祖 以修身自強 則配堯禹 宜於時通 利以處窮 禮信是也.

凡用血氣志意知慮 由禮則治通 不由禮則勃亂提僈 食飮衣服居處動靜 由禮則和節 不由禮則觸陷生疾 容貌態度進退趨行 由禮則雅 不由禮則夷固僻違 庸衆而野. 故人無禮則不生 事無禮則不成 國家無禮則不寧. 詩曰, 禮儀卒度 笑語卒獲 此之謂也.

순자는 예를 나라를 다스리는 근본, 가정을 다스리는 근본, 임금과 신하 간의 근본, 곧 충(忠), 효(孝), 제(悌)의 근본이라고 극찬을 하였다. 그리고 세상을 다스리기 위한 최고의 도덕이라 하였고, 선악을 분별하는 법칙이라 하였다. 예를 따르지 않으면 오만하고 편벽되며, 사람으로서 예가 없다면 제대로 살아가지 못하고, 일을 성취할 수 없으며, 나라가 편안하지 못하다고 하였다.

최근 예의가 없다는 말을 많이 사용하고 또한 가볍게 생각하는 경향이 있다. 그리고 윗사람이 아랫사람에게, 스승이 학생에게, 어른이 젊은이에게 많이 사용하곤 한다. 그리고 예(禮)란 하급자가 상급자에게, 신하가 군주에게, 젊은 사람이 나이가 많은 어른에게 행하는 것으로 오해하는 경우가 많다. 예는 겸손에서 출발한다. 상급자도 하급자에게 갖추어야 할 예가 있고, 군주도 신하에게 갖추어야 할 예가 있으며, 노인도 젊은이에게 갖추어야 할 예가 있다. 예를 지키는 것은 수직적인 관계에서 일방적으로 아랫사람이 윗사람에게 행하는 덕목이 아니다. 기본과 근본이 되려면 그 대상이 한정되지 않는다. 군주는 군주대로, 윗사람은 윗사람대로, 스승은 스승대로, 어른은 어른대로, 예를 갖추어야 할 대상이 있고 또 실천을 해야 한다. 『논어』에서는 예(禮)는 모든 것의 기본이며, 예(禮)를 통해 근본을 세울 수 있다고 하였고 인보다 예(藝)가 중요하다고 하였다.

나. 예(禮)를 실천하는 방법
 1) 술이(述而) 7-17. 예를 늘 실천하라.
  子所雅言 詩書執禮 皆雅言也
  자소아언 시서집례 개아언야

  공자께서 평소에 늘 말씀하시는 것은 『시경』, 『서경』과 예(禮)를 실천하는 것이었으며, 이것들은 평소에 늘 말씀하셨다.

2) 학이(學而) 1-12. 예(禮)를 행함에 조화와 절제가 필요하다.

有子曰, 禮之用 和爲貴 先王之道 斯爲美 小大由之
유자왈, 예지용 화위귀 선왕지도 사위미 소대유지
有所不行 知和而和 不以禮節之 亦不可行也
유소불행 지화이화 불이예절지 역불가행야

유자가 말하였다. "예(禮)를 행함에 조화가 가장 귀중하다. 옛 왕들이 세상을 다스리는 이치는 이것을 훌륭하다고 여겨서, 작은 일이나 큰 일이나 모두 (조화를 이루어야 한다는) 이 이치를 따랐다. 일정한 곳이나 지역에서 행해지지 않는 바가 있다면 그것은 조화가 어떤 것인지 알아서 조화를 이루려 했을 뿐, 예로서 그것을 절제하지 않았기 때문이다. 이렇게 되면 역시 세상에서 행해질 수가 없다."

3) 팔일(八佾) 3-6. 지나친 예를 삼가라.

季氏旅於泰山 子謂冉有曰, 女弗能救與 對曰, 不能
계씨여어태산 자위염유왈, 여불능구여 대왈, 불능
子曰, 嗚呼 曾謂泰山不如林放乎
자왈, 오호 증위태산불여임방호

계씨가 태산에서 제사를 지내자 공자께서 염유에게 말씀하셨다. "네가 왜 말리지 못했는가?" 이에 염유가 "제힘으로는 불가능했습니다."라고 대답하였다. 공자께서 말씀하셨다. "아아, 어찌 태산의 신이 임방만도 못하여 이처럼 예에 맞지 않는 제를 받고 좋아한다고 하겠는가."

4) 팔일(八佾) 3-7. 군자는 승부를 겨룰 때도 예를 다한다.
子曰, 君子無所爭 必也射乎 揖讓而升 下而飮 其爭也君子
자왈, 군자무소쟁 필야사호 읍양이승 하이음 기쟁야군자

공자께서 말씀하셨다. "군자는 승부를 겨루는 일은 하지 말아야 한다. 굳이 한다면 활쏘기를 하여라. 경기에 나설 때는 정중히 예를 다하고, 끝나고는 정중히 벌주를 마신다. 그런 승부가 군자답다."

5) 학이(學而) 1-13. 공손함이 예에 가까우면 치욕을 면할 수 있다.
有子曰, 信近於義 言可復也 恭近於禮 遠恥辱也
유자왈, 신근여의 언가복야 공근어례 원치욕야
因不失其親 亦可宗也
인부실기친 역가종야

유자가 말하였다. "믿음이 의로움에 가까우면 그 말을 실천할 수 있고, 공손함이 예에 가까우면 그 사람은 치욕(부끄럽고 욕보임)을 멀리할 수 있다. 가까이 지내면서도 친밀함을 잃지 않고 그 친한 관계를 유지할 수 있다면 그 사람도 역시 본받을 만하다."

6) 위정(爲政) 2-5. 효란 예를 다하고 도리에 어긋남이 없는 것이다.

孟懿子 問孝 子曰, 無違 樊遲御 子告之曰, 孟孫問孝於我
맹의자 문효 자왈, 무위 번지어 자고지왈, 맹손문효어아

我對曰, 無違 樊遲曰, 何謂也 子曰, 生事之以禮
아대왈, 무위 번지왈, 하위야 자왈, 생사지이례

死葬之以禮 祭之以禮
사장지이례 제지이례

맹의자가 효에 대해 묻자 공자께서 말씀하셨다. "(도리에) 어긋남이 없는 것이다." 번지가 수레를 몰고 있을 때 공자께서 그에게 말씀하셨다. "맹손씨가 나에게 효에 대해 묻기에 '(도리에) 어긋남이 없는 것이다.'라고 대답하였다." 번지가 여쭈었다. "무슨 뜻입니까?" 공자께서 말씀하셨다. "(어버이가) 살아 계실 때는 예를 다해 섬기고 돌아가신 후에는 예법에 따라 장례를 치르며, 제사를 지내라는 것이다."

7) 팔일(八佾) 3-15. 예를 갖추어 제사를 지내라.

子入太廟 每事問 或曰, 孰謂鄹人之子知禮乎 入太廟
자입태묘 매사문 혹왈, 숙위추인지자지예호 입태묘

每事問 子聞之曰, 是禮也
매사문 자문지왈, 시예야

공자께서 태묘에 들어가 (제사를 도울 때) 일일이 물으셨다. 그

러자 어떤 사람이 말하였다. "누가 추의 아들이 예를 안다고 하였는가? 태묘에 들어가면 매사를 묻더라." 공자께서 이 말을 듣고 말씀하셨다. "그것이 바로 예이다."

8) 자한(子罕) 9-9. 누구에게나 예를 갖추어야 한다.
子見齊衰者 冕衣裳者與瞽者 見之 雖少必作 過之必趨
자견자최자 면의상자여고자 견지 수소필작 과지필추

공자께서는 상복을 입은 상주나 예복을 갖추어 입은 관리 그리고 시각장애인을 만나시면, 그들이 비록 나보다 어리다 하더라도 반드시 일어나 인사하였으며, 그들의 앞을 지나갈 때에는 반드시 종종걸음으로 빨리 지나가셨다.

9) 팔일(八佾) 3-19. 임금과 신하는 예와 충으로 대하고 섬겨야 한다.
定公問, 君使臣 臣事君 如之何 孔子對曰, 君使臣以禮
정공문, 군사신 신사군 여지하 공자대왈, 군사신이예
臣事君以忠
신사군이충

정공이 물었다. "임금이 신하를 부리고 신하가 임금을 섬기는 일은 어떻게 해야 합니까?" 공자께서 대답하셨다. "임금은 예로써 신하를 부리고, 신하는 충으로써 임금을 섬겨야 합니다."

10) 팔일(八佾) 3-18. 군주를 섬김에 예를 다하는 것은 아첨이 아니다.
子曰, 事君盡禮 人以爲諂也

자왈, 사군진례 인이위첨야

공자께서 말씀하셨다. "임금을 섬김에 예를 다했더니 사람들은 아첨한다고 여긴다."

11) 팔일(八佾) 3-26. 윗사람은 너그러움과 예를 실천하는 마음이 있어야 한다.
子曰, 居上不寬 爲禮不敬 臨喪不哀 吾何以觀之哉

자왈, 거상불관 위례불경 임상불애 오하이관지재

공자께서 말씀하셨다. "윗자리에 있으면서 너그럽지 않고, 예를 실천하는 데 공경스럽지 않으며, 상을 당하여 슬퍼하지 않는다면 내가 무엇으로 그 사람을 인정해 주겠는가?"

12) 팔일(八佾) 3-17. 예(禮)를 보존하라.
子貢欲去告朔之餼羊 子曰, 賜也 爾愛其羊 我愛其禮

자공욕거고삭지희양 자왈, 사야 이애기양 아애기예

자공이 (매월 초하루에 지내는) 고삭의식에서 양을 희생으로 바치는 것을 없애려 하자, 공자께서 말씀하셨다. "사야, 너는 그 양을 아끼지만 나는 그 예를 아낀다."

13) 안연(顔淵) 12-15. 학문을 널리 배우고 예로써 실천하면 도리에 어긋나지 않는다.

子曰, 博學於文 約之以禮 亦可以弗畔矣夫
자왈, 박학어문 약지이례 역가이불반의부

공자께서 말씀하셨다. "학문을 널리 배우고 예로써 실천한다면, 또한 도리에 어긋나지 않을 것이다."

14) 헌문(憲問) 14-44. 예를 존중하면 백성 부리기가 쉬워진다.

子曰, 上好禮 則民易使也
자왈, 상호례 칙민이사야

공자께서 말씀하셨다. "윗사람이 예(禮)를 존중하면 백성들을 부리기가 쉬워진다."

○ ----------
예를 행하고 실천하는 방법에 대하여 순자는 이렇게 말하였다. 『순자』의 「군도편」에 의하면 "공경하면서도 편안하고 일은 간편하고 용이하게 하되 실패가 없으며, 작은 원한은 너그럽게 대하되 아첨하지 않으며, 자신에 대해서는 몸을 닦아 도에서 벗어나지 아니하고, 변화하는 사물에 대해서는 민첩하게 처리하면서도 미혹되지 아니하며, 천지 만물에 대해서는 성급히 그 이치를 설명하려 하지 않으면서도 그 재료를 잘 선용하며, 관리들의 일과 기술자들에 대해서는 그들과 능력을 다투려 하지 않으면서 그들의 공을 선용하며, 윗사람을 모심에 대해서는 충성과 순종을 다하고 게으르지 아니하며, 아랫사람을 부림에 있어서는 고루 직분을 맡기되 사심에 치우치지 아니하며, 교제를 함에 있어서는 의를 기준으로 하여 선의를 가진 사람들과 어울리며, 향리에 있을 때는 관용하며, 예를 어지럽히지 아니한다."라고 하였다.

또한 각자의 위치에서 지켜야 할 예와 도리가 있다고 하면서 "임금은 예에 따라 나누어 베풀고 고르게 베풀어 한쪽으로 치우침이 없는 것이며, 신하는 예로써 임금을 모시며 충성과 순종으로 게으름이 없는 것이다. 아버지는 관용과 은혜를 베풀면서 예가 있는 것이며, 자식은 공경하고 사랑하면서 예의를 잘 지키는 것이다. 형은 자애로우면서 우애를 보이는 것이고, 아우는 공손하게 순종하면서 거스르지 않는 것이다. 남편은 화락하되 음란하지 않으며, 친애하면서도 남녀 간의 구별이 있는 것이고, 아내는 지아비가 예가 있으면 온유하게 따르며 모시고, 지아비가 예가 없으면 두려운 마음으로 자신을 돌아보며 다소곳이 섬기는 것이다."라고 하였다. 예는 아랫사람이 윗사람에게 행하는 것만이 아니다. 윗사람도 아랫사람에게 갖추어야 할 예가 있음을 강조하였다.

『논어』에서 말하는 예는 광범위하다. 충과 효와 공손과 관용과 공경이 모두가 예라고 말하였다. 예를 늘 실천하라고 하시면서 부모님이 살아 계실 때는 예를 다하여 섬기고, 돌아가셨을 때는 예를 다하여 장례를 치르고 제사를 지내라 하셨다. 누구에게나 예를 갖추어야 한다고 하시면서 임금과 신하는 예와 충으로 대하고 섬겨야 하고, 윗사람은 너그러움과 예를 실천하는 마음이 있어야 한다고 하셨다. 예(禮)를 행함에 조화와 절제가 필요하며, 지나친 예를 삼가라 하시면서 예(禮)를 보존하라고 당부하셨다. 예를 실천하는 방법을 말하면서 군주는 신하에게, 신하는 군주에게, 윗사람은 아랫사람에게, 아랫사람은 윗사람에게 갖추어야 할 예가 있음을 분명히 한 것이다.

다. 예(禮)가 아니라고 판단될 때는 어떻게 해야 하나?

1) 팔일(八佾) 3-22. 군주의 예법을 따라 한다고 예를 안다고 할 수는 없다.

   子曰, 管仲之器小哉 或曰, 管仲儉乎 曰, 管氏有三歸
   자왈, 관중지기소재 흑왈, 관중검호 왈, 관씨유삼귀
   官事不攝 焉得儉 然則管仲知禮乎 曰, 邦君樹塞門
   관사불섭 언득검 연칙관중지례호 왈, 방군수색문
   管氏亦樹塞門 邦君爲兩君之好 有反坫 管氏亦有反坫
   관씨역수색문 방군위양군지호 유반점 관씨역유반점
   管氏而知禮 孰不知禮
   관씨이지례 숙부지례

   공자께서 말씀하셨다. "관중은 그릇이 작았도다." 어떤 사람이 물었다. "관중은 검소했습니까?" 공자께서 말씀하셨다. "관중은 집이 셋이나 있었고 가신들은 수가 많아 일을 겸직하지 않았는데 어찌 검소하다고 할 수 있겠는가?"
"그러면 관중은 예를 알았습니까?" 공자께서 말씀하셨다. "나라의 임금이 병풍으로 문을 가리자 관중도 병풍으로 문을 가렸고, 임금이 두 나라 임금 사이의 우호 증진을 위해 연회를 할 때 술잔 놓는 자리를 설치하자 관중도 또한 술잔 놓는 자리를 만들었다. 이러한 관씨가 예를 안다면, 누가 예를 모른다고 하겠느냐?"

2) 안연(顔淵) 12-1. 예(禮)가 아니면 듣지도, 보지도, 말하지도, 행하지도 말라.

顔淵問仁 子曰, 克己復禮爲仁 一日克己復禮 天下歸仁焉
안연문인 자왈, 극기복례위인 일일극기복례 천하귀인언

爲仁由己 而由人乎哉
위인유기 이유인호재

顔淵曰, 請問其目 子曰, 非禮勿視 非禮勿聽 非禮勿言
안연왈, 청문기목 자왈, 비례물시 비례물청 비례물언

非禮勿動 顔淵曰, 回雖不敏 請事斯語矣
비례물동 안연왈, 회수불민 청사사어의

안연이 인에 대해서 여쭙자, 공자께서 말씀하셨다. "자기를 이겨 내고 예(禮)로 돌아가는 것이 인이다. 하루만이라도 자기를 이겨 내고 예로 돌아가면 천하가 인에 귀의할 것이다. 인을 실천하는 것이야 자신에게 달린 것이지 다른 사람에게 달린 것이겠느냐."

안연이 여쭈었다. "어떻게 실천해야 하는지 가르쳐 주십시오."
공자께서 말씀하셨다. "예가 아니면 보지 말고, 예가 아니면 듣지 말며, 예가 아니면 말하지 말고, 예가 아니면 행하지 말아라."
안연이 말하였다. "제가 비록 총명하지는 못하오나, 이 말씀을 명심하고 실천하겠습니다."

3) 팔일(八佾) 3-10. 예(禮)가 아니면 보지 마라.

子曰, 禘自旣灌而往者 吾不欲觀之矣
자왈, 체자기관이왕자 오불욕관지의

공자께서 말씀하셨다. "체제(제사)를 지낼 때, '관'(술을 땅에 부으며 조상의 영혼을 부르는 의식) 이후는 내가 보고 싶지 않다."

4. 지(智, 지혜)

가. 옹야(雍也) 6-20. 사람이 지켜야 할 도의에 힘쓰고 귀신을 멀리 하면 지혜롭다 할 수 있다.

樊遲問知 子曰, 務民之義 敬鬼神而遠之 可謂知矣
번지문지 자왈, 무민지의 경귀신이원지 가위지의

번지가 지혜에 대하여 여쭙자, 공자께서 말씀하셨다. "사람이 지켜야 할 도의에 힘쓰고, 귀신을 신중하게 대하되 멀리하면 지혜롭다 할 수 있다."

나. 이인(里仁) 4-2. 지혜로운 사람은 인(仁)을 이롭게 여긴다.

子曰, 不仁者 不可以久處約 不可以長處樂 仁者安仁
자왈, 불인자 불가이구처약 불가이장처락 인자안인

知者利仁
지자이인

공자께서 말씀하셨다. "어질지 못한 사람은 오랫동안 검약하게 지내지도 못하고 오래도록 즐겁게 지내지도 못한다. 어진 사람은 인을 편하게 여기고, 지혜로운 사람은 인을 이롭게 여긴다."

다. 위령공(衛靈公) 15-7. 지혜로운 사람은 말을 해야 할 때를 알며, 실언을 하지도 않는다.

子曰, 可與言而不與之言 失人 不可與言而與之言

자왈, 가여언이불여지언 실인 불가여언이여지언

失言 知者不失人 亦不失言

실언 지자불실인 역불실언

공자께서 말씀하셨다. "말을 해야 할 때 말을 하지 않으면 사람을 잃고, 말하지 않아야 할 때 말하면 실언을 하게 된다. 지혜로운 사람은 사람을 잃지도 않고 실언을 하지도 않는다."

라. 양화(陽貨) 17-3. 가장 지혜로운 사람과 가장 어리석은 사람은 변하지 않는다.

子曰, 唯上知與下愚不移

자왈, 유상지여하우불이

공자께서 말씀하셨다. "오직 가장 지혜로운 사람과 가장 어리석은 사람만은 바뀌지 않는다."

마. 옹야(雍也) 6-21. 지혜로운 사람은 물을 좋아하고 동적이며, 즐겁게 산다.

子曰, 知者樂水 仁者樂山 知者動 仁者靜 知者樂 仁者壽

자왈, 지자요수 인자요산 지자동 인자정 지자낙 인자수

공자께서 말씀하셨다. "지혜로운 사람은 물을 좋아하고 어진(인, 仁) 사람은 산을 좋아하며, 지혜로운 사람은 동적이고 어진 사람은 정적이며, 지혜로운 사람은 즐겁게 살고 어진 사람은 장수한다."

○ ----------

『순자』「수신편」에서는 "옳은 것을 옳다 하고 그른 것을 그르다 하는 것을 지혜라 하며, 옳은 것을 그르다 하고 그른 것을 옳다고 하는 것을 어리석음이라 한다."라고 하면서, 옳고 그름을 분명하게 하는 것을 지혜라고 하였다. 또한 "예법을 즐기며 행하는 사람은 선비요, 뜻을 돈독히 하여 몸소 실천하는 사람은 군자요, 지혜와 사리가 밝고 영민하여 막힘이 없는 사람은 성인이다."라고 하였다. 예를 갖추고 지(智)를 갖추어야만 성인의 반열에 들 수 있다고 하면서 지(智)를 높게 평가한 것이다.

5. 신(信, 신의/ 믿음)

가. 술이(述而) 7-24. 공자의 네 가지 가르침(文/ 글, 行/ 덕행, 忠/ 진심, 信/ 신의)

子以四教 文行忠信

자이사교 문행충신

공자께서는 네 가지를 가르치셨으니, 그것은 바로 글과 덕행, 충과 신의였다.

나. 위정(爲政) 2-22. 신의가 없으면 쓸모가 없다.

子曰, 人而無信 不知其可也 大車無輗 小車無軏

자왈, 인이무신 부지기가야 대거무예 소거무월

其何以行之哉

기하이행지재

공자께서 말씀하셨다. "사람이 신의가 없으면 그 쓸모를 알 수가 없다. 만일 큰 수레에 소의 멍에를 맬 데가 없고 작은 수레에 말의 멍에를 걸 데가 없으면 그것을 어떻게 끌고 갈 수 있겠느냐?"

다. 태백(泰伯) 8-16. 신의가 없는 사람은 상대하기 곤란하다.

子曰, 狂而不直 侗而不愿 悾悾而不信 吾不知之矣

자왈, 광이부직 동이불원 공공이불신 오부지지의

공자께서 말씀하셨다. "뜻은 크면서 정직하지도 않고, 미련하면서 성실하지도 않으며, 무능하면서 신의도 없다면, 그런 사람은 내가 어찌해야 할지 모르겠다."

○ ----------

『사기』의 「오태백세가편(吳太伯世家篇)」에 "계찰계검(季札繫劍)"이라는 성어가 나오는데 "계찰이 검을 걸어 놓다."라는 뜻으로, 신의를 중하게 여김을 뜻하는 말이다.

춘추전국시대 오나라 왕 수몽(壽夢)에게 네 아들이 있었는데, 이 중 막내로 태어난 계찰(季札)은 형제들 중 가장 지혜롭고 덕망이 높았다. 왕은 물론 계찰의 형들도 그에게 왕위를 양보했으나 이를 사양하고 아예 궁궐을 멀리 떠나 산촌에서 밭을 갈며 살았다. 어느 날 계찰이 사신의 임무를 띠고 중원으로 가던 중 서(徐)나라에 들러 서공(徐公)을 알현하게 되었다. 계찰을 만난 서공은 그가 차고 있던 보검을 보고 몹시 갖고 싶었으나 감히 말을 꺼내지 못했다. 계찰은 서공의 마음을 알아챘지만 중원의 각국을 돌아다녀야 할 몸이었으므로 보검을 내줄 수 없었다. 계찰은 임무를 마치고 돌아오는 길에 다시 서나라에 들렀다. 그런데 그사이에 서공은 이미 죽고 없었다. 이에 계찰은 보검을 풀어 서공의 무덤가에 있는 나뭇가지에 걸어 놓고 발길을 돌렸다. 이를 보고 수행원이 놀라서 물었다. "서공은 이제 죽고 없는데 무슨 일로 보검을 걸어 놓으셨습니까?" 그러자 계찰은 "나는 처음부터 마음속으로 보검을 서공에게 주려고 결심했었는데 그가 죽었다고 해서 내가 어찌 스스로 뜻을 바꿀 수 있겠는가?"라고 답하였다.

태사공(太史公) 사마천(司馬遷)은 계찰의 인물됨을 평가해 "연릉계자(延陵季子)의 어질고 덕성스러운 마음과 도의(道義)의 끝없는 경치를 앙모한다. 조그마한 흔적을 보면 곧 사물의 깨끗함과 혼탁함을 알 수 있는 것이다. 어찌 그를 견문이 넓고 학식이 풍부한 군자가 아니라고 할 수 있겠는가."라고 말했다.

공자는 네 가지를 주로 가르쳤는데, 그것은 文(글)과 行(덕행)과 忠(충성)과 信(신의)였다. 그리고 사람이 신의가 없으면 쓸모가 없으며, 무능하면서 신의도 없다면 그런 사람은 상대하기 곤란하다고 하였다. 『논어』「안연편」에 "무신불립(無信不立)"이라는 성어가 나온다. 사람은 신의가 없이는 바로 설 수 없다는 뜻이다.

자공(子貢)이 정사(政事)를 묻자 공자(孔子)가 말하기를 "양식과 병(兵)을 풍족히 하면 백성들이 믿을 것이다." 자공이 말했다. "부득이 버려야 한다면 이 세 가지 가운데 무엇이 먼저입니까?" 공자는 "병(兵)을 버려야 하느니라."라고 답했다. 자공이 또 말했다. "부득이 버려야 한다면 나머지 두 가지 가운데에서 무엇이 먼저입니까?" 이에 공자가 이르기를 "양식을 버려야 하느니라. 예로부터 사람은 누구나 죽음이 있거니와, 백성에게 신의가 없으면 존립할 수 없느니라(民無信不立)." 했다. 나라를 지키는 일과 백성을 배불리 먹이는 것 이상으로 신의가 중요하다는 뜻이다. 신의가 무너지면 군주와 백성의 관계도, 부모와 자식 간의 관계도, 스승과 제자의 관계도, 친구와 친구 간의 관계도, 부부간의 관계도 바로 설 수가 없다. 그러기에 신의를 어느 것보다 중하게 여기는 것이다.

제4편

군자(君子)

1. 군자가 갖추어야 할 도(道, 근본이 되는 사상)
2. 군자가 갖추어야 할 덕목(도덕적 품성)과 이상적인 자세
3. 군자가 다른 사람을 대하는 태도
4. 군자가 해서는 안 되는 일
5. 군자가 경계해야 할 것들
6. 군자와 선비
7. 군자와 소인의 차이

제4편

군자(君子)

'군자'란 "행실이 바르고 어질며, 덕과 학식이 높은 사람"이라고 한다. 『논어』의 전체적인 문맥으로 볼 때 군자는 학문, 곧 공부가 필요한데 그 학문은 오상(인, 의, 예, 지, 신)이다. 오상을 배우고 익혀 실천함으로써 군자가 되는 게 가능하다. 그렇다면 군자가 반드시 갖추고 지켜야 할 도(道)는 무엇이며 군자가 되기 위해서는 어떻게 살아야 하는가?

1. 군자가 갖추어야 할 도(道, 근본이 되는 사상)

가. 공야장(公冶長) 5-15. 군자가 갖추어야 할 네 가지 도(恭, 敬, 惠, 義)

子謂子産 有君子之道四焉 其行己也恭 其事上也敬
자위자산 유군자지도사언 기행기야공 기사상야경

其養民也惠 其使民也義
기양민야혜 기사민야의

공자께서 자산에 대하여 말씀하셨다. "그는 군자의 네 가지 도(道)를 갖추고 있었다. 행함은 공손하고, 윗사람을 섬길 때는 공경스러우며, 백성을 다스릴 때는 자비롭고, 백성을 부릴 때는 의롭게 하였다."

나. 헌문(憲問) 14-30. 군자가 추구해야 할 세 가지 도(不憂, 不惑, 不懼)

子曰, 君子道者三 我無能焉 仁者不憂 知者不惑
자왈, 군자도자삼 아무능언 인자불우 지자불혹

勇者不懼 子貢曰, 夫子自道也
용자불구 자공왈, 부자자도야

공자께서 말씀하셨다. "군자가 추구해야 할 세 가지 도(道)가 있는데, 나는 그것을 실천하지 못하고 있다. 어진(仁) 사람은 근심하지 않고, 지혜로운 사람은 미혹되지 않으며, 용감한 사람은 두려워하지 않는다는 것이다." 자공이 말하였다. "선생님께서는 자신에 대해 말씀하신 것이다."

다. 태백(泰伯) 8-4. 군자가 귀하게 여기는 세 가지 도(겸손, 신의, 신중)

君子所貴乎道者三 動容貌 斯遠暴慢矣 正顔色 斯近信矣
군자소귀호도자삼 동용모 사원포만의 정안색 사근신의
出辭氣 斯遠鄙倍矣 籩豆之事 則有司存
출사기 사원비배의 변두지사 즉유사존

"군자가 귀하게 여기는 도(道)가 셋이 있으니, 몸을 움직일 때는 사나움과 거만함을 멀리하십시오. 정색하고 말한 것에 대해서는 끝까지 신의를 지키십시오. 천박하고 상스러운 말을 삼가도록 신중하십시오. 사소한 일과 전문적인 일들은 담당자들에게 맡겨 두면 됩니다."

라. 자장(子張) 19-12. 군자의 도에 대한 논쟁

子游曰, 子夏之門人小子 當灑掃應對進退 則可矣
자유왈, 자하지문인소자 당쇄소응대진퇴 즉가의
抑末也 本之則無如之何
억말야 본지즉무여지하

子夏聞之 曰, 噫 言游過矣 君子之道 孰先傳焉 孰後倦焉
자하문지 왈, 희 언유과의 군자지도 숙선전언 숙후권언
譬諸草木 區以別矣 君子之道 焉可誣也 有始有卒者
비제초목 구이별의 군자지도 언가무야 유시유졸자
其唯聖人乎
기유성인호

자유가 말하였다. "자하의 제자들은 물 뿌리고 비질하는 일이나, 손님 응대하는 일, 나아가고 물러나는 예절 등은 잘하지만, 그런 것은 중요한 것이 아니다. 근본적인 것을 따져 보면 아무 것도 하는 것이 없으니 어찌하려는 것인가?"

자하가 이를 듣고서 말하였다. "아! 언유(자유)의 말이 지나치구나. 군자의 도(道)에서 어느 것을 먼저 전하고 어느 것을 뒤에 미루어 두고 게을리하겠는가? 이를 풀과 나무에 비유하자면 구분하여 나누는 것과 같다. 군자의 도에서 어느 것을 함부로 하겠는가? 처음부터 끝까지 일관되게 갖추고 있는 것은 오직 성인(聖人)뿐이로다."

○ ----------
순자의 사상은 공자(孔子)의 사상을 뼈대로 하였기에 인(仁)으로 백성을 감화시키면서 예(禮)에 따라 사회적 직분을 구분하여 다스릴 것을 강조하였다. 그가 주장한 예치(禮治)에 따르면, 왕(군자)이 어진 마음(仁)으로 백성들을 살피고 예(禮)라는 사회질서를 통해 능력 있는 자를 등용

한다면 천자의 나라가 될 수 있다는 것이다. 이러한 사상적 근거로 인해
『순자』의 「권학편(학문과 배움)」, 「수신편(자신의 몸을 닦음)」, 「불구편
(구차한 짓을 하지 마라)」, 「영욕편(명예와 치욕)」 등에서 배움, 군자의
도와 자세 등에 관해 많은 언급이 있었다.

『순자』「수신편」에서는 "공부하기를 좋아하고 겸손하고 총명하여 마음의 균형을 잡고 남의 위에 있다는 마음을 가지고 있지 않다면 군자라고 할 수 있다(加好學遜敏焉 則有鈞無上 可以爲君子者矣)."라고 하였으며, "군자가 가난하면서도 뜻이 넓은 것은 인(仁)을 존중하기 때문이다. 부귀해도 몸가짐이 공손한 것은 위세를 부리지 않으려는 것이다. 편안하고 한가로워도 혈기를 삼가는 것은 사리를 분별할 줄 알기 때문이다. 수고롭고 고단해도 용모가 일그러지지 않는 것은 예를 좋아하기 때문이다(君子貧窮而志廣 隆仁也 富貴而體恭 殺勢也 安燕而血氣不惰 柬理也 勞倦而容貌不枯 好交也)."라고 하였다. 곧 군자가 갖추어야 할 도가 학문, 겸손, 인, 공손, 분별력, 예에 있음을 강조하고 있다.

공자는 군자가 갖추어야 할 네 가지 도(道)를 "행함은 공손하고(恭), 윗사람을 공경하며(敬), 백성에게는 자비롭고(惠), 백성을 부릴 때는 의로워야(義)한다."라고 하였다. 또한 군자가 추구해야 할 세 가지 도(道)는 "어진 사람은 근심하지 않고(不憂), 지혜로운 사람은 미혹되지 않으며(不惑), 용감한 사람은 두려워하지 않는다(不懼)."라고 하였다. 그리고 군자가 귀하게 여기는 도(道)는 "사나움과 거만함을 멀리하고(겸손), 말한 것에 대해서는 끝까지 지키며(신의), 천박하고 상스러운 말을 삼가라(신중)."라고 하였다. 그러면서 군자의 도(道)에서 어느 것을 먼저 전

하고 어느 것을 뒤에 미루어 두고 게을리할 수 없으며, 함부로 할 수도 없다고 하면서 처음부터 끝까지 일관되게 갖추고 있는 것은 오직 성인(聖人)뿐이니 군자라 하여 이 모든 것을 다 갖추기는 참으로 어려운 일이라고 안타까워하였다.

2. 군자가 갖추어야 할 덕목(도덕적 품성)과 이상적인 자세

가. 군자가 갖추어야 할 덕목
 1) 군자는 학식과 덕을 갖추어야 한다.
  가) 위정(爲政) 2-12. 군자는 학식과 덕망을 두루 갖춘 사람이 되어야 한다.
   子曰, 君子不器
   자왈, 군자불기

   공자께서 말씀하셨다. "군자는 (고정된) 그릇이 아니다(그릇처럼 한 가지 기능에만 한정된 사람이 아니라 학식과 덕망 등을 두루 갖춘 사람이 되어야 한다)."

  나) 태백(泰伯) 8-1. 군자에게는 덕이 필요하다.
   子曰, 泰伯 其可謂至德也已矣 三以天下讓 民無得而稱焉
   자왈, 태백 기가위지덕야이의 삼이천하양 민무득이칭언

   공자께서 말씀하셨다. "주나라의 태백은 지극한 덕을 지닌 분이라고 할 수 있다. 천하를 동생에게 세 번이나 양보하였는데 (그 양보가 너무도 은밀하여) 백성들은 그 덕을 칭송할 길도 없었다."

다) 계씨(季氏) 16-12. 백이와 숙제가 죽어서도 칭송받는 이유는 덕(德)이 있기 때문이다.

齊景公有馬千駟 死之日, 民無德而稱焉 伯夷叔齊
제경공유마천사 사지왈, 민무덕이칭언 백이숙제

餓于首陽之下 民到于今稱之 其斯之謂與
아우수양지하 민도우금칭지 기사지위여

제나라 경공은 말을 사천 필이나 가지고 있었지만, 그가 죽을 때 백성들 중에 그의 덕에 대해 칭찬하는 사람이 없었다. 백이와 숙제는 수양산에서 굶어 죽었지만, 사람들은 지금까지도 그들을 칭송하고 있다. 그것은 바로 이것을 두고 말한 듯하다.

라) 술이(述而) 7-6. 군자는 모든 것을 덕(德)에 근거해야 한다.

子曰, 志於道 據於德 依於仁 遊於藝
자왈, 지어도 거어덕 의어인 유어예

공자께서 말씀하셨다. "군자의 (이상적인 생활이란) 도(道)에 뜻을 두고, 덕(德)에 근거하며, 인(仁)에 의지하고, 예(藝)로써 즐겁게 지내는 것이다."

○ ----------

『순자』「불구편」에서는 "군자는 너그럽지만 게으르지 않고, 강직하지만 남을 손상치 않으며, 변론하면서도 다투지 않고, 잘 살피면서도 과격하지 않으며, 곧으면서도 남을 꺾으려 하지 않고, 굳세면서도 포악하지 않으며, 부드럽고 순종하지만 세속에 휩쓸리지 않고, 공손하고 신중하지만 너그럽고 여유가 있다. 이러한 것을 두고 '덕이 갖추어진 것'이라 이른다. 『시경』에 온순하고 공손한 사람은 덕이 기초가 되어야 한다고 한 것은 이것을 뜻하는 말이다."라고 했다. 군자는 덕이 기초가 되어야 하는데 갖추어야 할 덕은 게으르지 않고 남을 해치지 않으며, 포악하지 않고 세속에 휩쓸리지 않으며, 공손하고 신중하면서 너그럽고 여유가 있어야 한다고 하였다.

君子寬而不僈 廉而不劌 辯而不爭 察而不激 直立而不勝 堅彊而不暴 柔從而不流 恭敬謹慎而容 夫是之謂至文 詩曰, 溫溫恭人 惟德之基 此之謂矣

2) 군자는 모든 일을 인에 근거해야 하며, 의, 예, 손, 신(義, 禮, 孫, 信)을 갖추어야 한다.

가) 이인(里仁) 4-5. 군자는 인을 어기지 말며, 모든 일을 인(仁)에 근거해야 한다.

子曰, 富與貴 是人之所欲也 不以其道得之 不處也
자왈, 부여귀 시인지소욕야 불이기도득지 불처야

貧與賤 是人之所惡也 不以其道得之 不去也 君子去仁
빈여천 시인지소오야 불이기도득지 불거야 군자거인

惡乎成名 君子無終食之間違仁 造次必於是 顚沛必於是
오호성명 군자무종식지간위인 조차필어시 전패필어시

공자께서 말씀하셨다. "재물과 지위는 사람들이 원하는 것이지만, 정당한 방법으로 얻은 것이 아니라면 그것을 누려서는 안 된다. 가난함과 천함은 사람들이 싫어하는 것이지만 부당하게 그렇게 되었다 하더라도 억지로 벗어나려 해서는 안 된다. 군자가 인을 버리고 어찌 군자로서의 명성을 이루겠는가? 군자는 밥 먹는 순간에도 인을 어기지 말아야 하고, 아무리 급한 때라도 인에 근거해야 하고, 위태로운 순간일지라도 반드시 인에 근거해야 한다."

나) 위령공(衛靈公) 15-17. 군자는 의, 예, 손, 신(義, 禮, 孫, 信)을 갖추어야 한다.

子曰, 君子義以爲質 禮以行之 孫以出之 信以成之 君子哉

자왈, 군자의이위질 예이행지 손이출지 신이성지 군자재

공자께서 말씀하셨다. "군자는 의로움으로 바탕을 삼고, 예로써 이를 실행하며, 겸손하게 드러내고, 믿음으로 이루어 내는 것이다. 이것이 군자로다."

○ ----------

『순자』「불구편」에 "군자는 사람들의 덕을 숭상하고 사람들의 훌륭함을 드러내지만 아첨하는 것은 아니다. 바르게 알려 주고 잘못을 지적하지만 비방하는 것은 아니다. 자기의 빛나고 훌륭한 점이 순임금 우임금에 비길 만하고 하늘과 땅의 원리에 합치된다고 말하는 것은 과장된 표현이 아니다. 때를 따라 굽히고 뻗고 하며 부드럽게 따르는 것이 창포나 갈댓잎 같지만 두려워서 그러는 것이 아니다. 굳고 강하고 사납고 억세며 뜻대로 하지 않는 일이 없지만 교만하고 포악해서 그러는 것이 아니다. 의로움으로 변화하고 호응하며 옳고 그름에 잘 대처할 줄 알기 때문에 그러한 것이다.『시경』에 '군자는 왼쪽이면 왼쪽으로 알맞게 행동하고, 오른쪽이면 오른쪽으로 올바름을 지키네.'라고 했다. 이것은 군자가 의로움을 근거로 굽히고 뻗고 하면서 변화하고 호응하기 때문에 그러하다는 것을 말한다."라고 하면서 군자는 모든 것을 의로움에 근거하여야 한다고 하였다.

君子崇人之德 揚人之美 非諂諛也 正義直指 擧人之過 非毀疵也 言己之光美 擬於舜禹 參於天地 非夸誕也 與時屈伸 柔從若蒲葦 非懾怯也 剛強猛毅 靡所不信 非驕暴也 以義變應 知當曲直故也 詩曰 左之左之 君子宜之 右之右之 君子有之 此言君子能以義屈信變應故也

3) 군자는 예를 알아야 하고 예를 다해야 한다.

가) 술이(述而) 7-6. 군자는 모든 생활을 예(藝)로서 즐겁게 지내야 한다.

子曰, 志於道 據於德 依於仁 遊於藝

자왈, 지어도 거어덕 의어인 유어예

공자께서 말씀하셨다. "군자의 (이상적인 생활이란) 도(道)에 뜻을 두고, 덕(德)에 근거하며, 인(仁)에 의지하고, 예(藝)로서 즐겁게 지내는 것이다."

나) 요왈(堯曰) 20-3. 군자가 예를 모르면 세상에 당당히 나설 수가 없다.

孔子曰, 不知命 無以爲君子也 不知禮 無以立也
자장왈, 부지명 무이위군자야 부지례 무이립야

不知言 無以知人也
부지언 무이지인야

공자께서 말씀하셨다. "천명(天命)을 알지 못하면 군자가 될 수 없고, 예(禮)를 알지 못하면 세상에 당당히 나설 수 없으며, 말을 정확히 분별하지 못하면 그 사람이 어떤 사람인지 알 수가 없다."

다) 팔일(八佾) 3-7. 군자는 승부를 겨룰 때도 예를 다한다.

子曰, 君子無所爭 必也射乎 揖讓而升 下而飮 其爭也君子
자왈, 군자무소쟁 필야사호 읍양이승 하이음 기쟁야군자

공자께서 말씀하셨다. "군자는 승부를 겨루는 일은 하지 말아야 한다. 굳이 한다면 활쏘기를 하여라. 경기에 나설 때는 정중히 예를 다하고, 끝나고는 정중히 벌주를 마신다. 그런 승부가 군자답다."

라) 자한(子罕) 9-6. 군자는 겸손하여야 한다.

大宰問於子貢曰, 夫子聖者與 何其多能也 子貢曰,
대재문어자공왈, 부자성자여 하기다능야 자공왈,

固天縱之將聖 又多能也
고천종지장성 우다능야

子聞之曰, 大宰知我乎 吾少也賤 故多能鄙事 君子多乎哉
자문지왈, 태재지아호 오소야천 고다능비사 군자다호재

不多也 牢曰, 子云 吾不試 故藝
부다야 뇌왈, 자운 오불시 고예

태재가 자공에게 물었다. "공자께서는 성인(聖人)이십니까? 어찌 그렇게 다재다능하십니까?" 자공이 말하였다. "본래 하늘이 그분을 큰 성인으로 삼고자 하였으므로, 또한 다재다능하신 것입니다."
공자께서 이를 듣고 말씀하셨다. "태재가 나를 아는가? 나는 젊었을 때 천하게 살았기 때문에 비천한 일에 여러 가지로 능한 것이다. 군자가 여러 가지 일에 능할까? 그렇지 않다." 금뢰가 말하였다. "공자께서 말씀하시기를 '나는 관직에 등용되지 않았기 때문에 여러 가지 재주를 익히게 되었다.'라고 하셨다."

○ ----------

『순자』「유효편(儒效篇, 유학의 효과)」에는 "군자를 현자(賢者)라 하는 것은 모든 일을 다 잘한다고 해서 그러는 것이 아니며, 군자를 지자(知者)라 하는 것은 모든 사람이 아는 일을 다 안다고 해서 그러는 것이 아니다. 군자를 변설자(辨說子)라 하는 것은 모든 사람이 할 수 있는 말을 다 잘할 수 있다고 해서 그러는 것이 아니다. 군자를 잘 살피는 자라고 하는 것은 모든 일을 두루 잘 살핀다고 해서 그러는 것이 아니다. 그들은 예를 근거로 하기 때문이다."라고 하였다.

 君子之所謂賢者 非能徧能人之所能之謂也, 君子之所謂知者 非能徧知人之所知之謂也, 君子之所謂辯者 非能徧辯人之所辯之謂也, 君子之所謂察者 非能徧察人之所察之謂也, 有所止矣

 매미에 관한 재미있는 기록을 소개해 본다. 매미는 예로부터 군자(君子)의 지극한 덕목을 지닌 곤충, 즉 지덕지충(至德之蟲)으로 알려져 있다. 중국 진나라의 시인 육운(陸雲)은 그의 글 「한선부(寒蟬賦)」에서 매미를 오덕(五德)을 갖춘 곤충이라 하였다. 매미는 머리 부분에 선비의 관대(冠帶)를 상징하는 모습이 있어 문덕(文德)이 있고, 이슬을 먹고 사니 맑은 청덕(淸德)이 있으며. 농부가 땀 흘려 지은 곡식을 먹지 않으니 청렴한 염덕(廉德)이 있고, 다른 곤충들처럼 집을 짓지 않으니 검소한 검덕(儉德)이 있으며, 철 따라 오고 가니 신덕(信德)이 있다고 하였다.

 이렇게 매미는 군자가 갖추어야 할 다섯 가지 덕목, 즉 문(文), 청(淸), 염(廉), 검(儉), 신(信)을 모두 가지고 있다고 하였다. 그 덕목을 본받으려 조선시대 임금도 매미의 양 날개를 위로 향하게 형상화한 익선관(翼蟬冠)을 머리에 썼다. 조정의 신하들이 쓴 관모(官帽)에도 매미의 양 날개를 옆으로 향하게 한 모양을 넣어 오덕과 같은 숭고한 군자 정신이 상징되어 있다고 한다.

 미천한 개미에게도 우리가 배워야 할 덕목이 보이는데 군자는 과연 어찌해야 하겠는가? 군자가 갖추어야 할 덕목 또한 군자가 갖추어야 할 도

(道, 근본이 되는 사상)에 근거하고 있음을 알 수 있다. 공자는 군자는 학식과 덕망을 두루 갖춘 사람이어야 하고, 모든 일을 인(仁)에 근거해야 하며, 의로움을 바탕 삼아 예로써 이를 실행하고, 겸손하게 드러내고 믿음으로 이루어 내라고 하였다. 군자의 이상적인 생활이란 도(道)에 뜻을 두고, 덕(德)에 근거하며, 인(仁)에 의지하고, 예(藝)로써 즐겁게 지내는 것이라 하면서, 특별히 예에 관해 강조하였다. 군자가 예를 모르면 세상에 당당히 나설 수가 없고, 승부를 겨룰 때조차도 예를 다해야 하며 겸손하라고 하였다. 예는 곧 겸손으로부터 나오며, 겸손은 예의 기본이다.

군자에게는 군자가 갖추어야 할 덕목이 있다면, 저자가 졸업한 공군사관학교에는 생도가 갖추어야 할 덕목인 '공사십훈(空士十訓)'이 있어 생도의 덕목을 키워 주고 있다. '공사십훈'은 다음과 같다.

첫째, 용의단정(容儀端正)하라. 생도는 항상 몸가짐과 행동을 옳고 바르게 해야 한다(바른 몸가짐과 올바른 행동).

둘째, 청렴결백(淸廉潔白)하라. 생도는 분수 이상의 것을 탐내지 않으며, 성품과 행실이 맑고 깨끗해야 한다(탐욕이 없는 깨끗함).

셋째, 성심복종(誠心服從)하라. 생도는 윗사람의 지도를 마음과 정성을 다하여 따라야 한다(마음과 정성을 다하여 따름).

넷째, 책임완수(責任完遂)하라. 생도는 자신이 해야 할 임무나 의무를 책임을 지고 수행해야 한다(주어진 일을 완수함).

다섯째, 신의일관(信義一貫)하라. 생도는 다른 사람을 대함에 있어 믿음과 의로움으로 행하고, 처음부터 끝까지 한결같아야 한다(믿음과 신의가 한결같음).

여섯째, 공평무사(公平無私)하라. 생도는 모든 일을 처리함에 있어 치우침이 없이 공명정대한 입장을 취해야 하며, 옳고 그름은 사사로움이 없이 공정하게 판단해야 한다(옳고 그름을 공정하게 판단함).

일곱째, 침착과감(沈着果敢)하라. 생도는 어떤 상황에서도 차분하고 신중하게 대처해야 하며, 실천할 때는 주저함이 없이 행해야 한다(신중한 일처리와 과감한 실천).

여덟째, 신상필벌(信賞必罰)하라. 생도는 타의 모범이 되는 행위에 대해 찬사를 아끼지 않아야 하며, 잘못된 행위에 대해서는 시정케 해야 한다(잘하고 잘못한 것에 대한 적절한 보상과 처벌).

아홉째, 솔선수범(率先垂範)하라. 생도는 어렵고 힘든 일일수록 앞장서서 실천하여야 하며, 타인의 모범이 되어야 한다(앞장서서 실천하고 모범을 보임).

열째, 은위겸비(恩威兼備)하라. 생도는 다른 사람의 과실에 대하여 아량과 관용을 베풀 줄 알아야 하며, 기품과 위엄을 잃지 않아야 한다(기품과 위엄을 잃지 않음).

『논어』에서 공자가 말하는 군자가 갖추어야 할 덕목을 요약하면 다음과 같다.

- 군자는 학식과 덕망을 두루 갖춘 사람이 되어야 한다.
- 군자에게는 덕이 필요하다.
- 군자는 인을 어기지 말며, 모든 일을 인(仁)에 근거해야 한다.
- 군자는 의, 예, 손, 신(義, 禮, 孫, 信)을 갖추어야 한다.
- 군자는 도(道)에 뜻을 두고, 덕(德)에 근거하며, 인(仁)에 의지하고, 예(藝)로써 지내는 것이다.
- 군자는 신중하고 위엄이 있어야 하며, 옳고 그름이 분명해야 한다.

공자가 말하는 군자가 갖추어야 할 덕목은 '오상'에 근거한 반면에, '공사십훈'에서 생도가 지켜야 할 가르침은 군인으로서 또는 향후 지휘관으로서 갖추어야 할 능력에 초점이 맞추어져 있다. 그럼에도 둘 사이에는 많은 유사한 점이 있다.

나. 군자의 이상적인 생활과 자세
1) 군자는 그 자신이 올바르고 바른길을 걸어야 한다.
가) 자로(子路) 13-6. 군자는 그 자신이 올바른 것이 우선이다.

子曰, 其身正 不令而行 其身不正 雖令不從

자왈, 기신정 불령이행 기신부정 수령부종

공자께서 말씀하셨다. "그 자신(군주)이 올바르면 백성들은 명령을 내리지 않아도 자발적으로 행하고, 그 자신이 올바르지 않으면 백성들은 명령을 내려도 따르지 않는다."

나) 위령공(衛靈公) 15-36. 군자는 바른길을 따를 뿐이지, 하찮은 의리로 신념을 고집하지는 않아야 한다.

子曰, 君子貞而不諒

자왈, 군자정이불량

공자께서 말씀하셨다. "군자는 바른길을 따를 뿐이지, 하찮은 의리로 신념을 고집하지는 않는다."

다) 옹야(雍也) 6-15. 군자는 정도를 걸어야 한다.

子曰, 誰能出不由戶 何莫由斯道也

자왈, 수능출불유호 하막유사도야

공자께서 말씀하셨다. "누구인들 문을 통하지 않고 밖으로 나갈 수 있겠는가? 어찌하여 이 도를 따르지 않는가?"

◯ ----------

2023년 12월 10일 자 『교수신문』의 발표에 의하면 교수들이 뽑은 2023년을 대표하는 사자성어로 김◯◯ 전북대 명예교수가 쓴 '견리망의(見利忘義)'가 선정되었다. 나라를 바르게 이끌기보다는 자신이 속한 편의 이익을 더 생각하고, 출세와 권력이라는 이익을 얻기 위해 자기편에 이로운 방향으로 정책을 입안하고 시행하는 정치인들의 사례를 빗대어 한 말이라 생각한다.

'견리망의'는 『장자』 「산목편」에 나오는 성어로서 "이익을 보면 의리를 저버린다."라는 뜻으로, 눈앞의 이익에 사로잡혀 자신의 처지를 잊어버린 모습을 가리킨다. 장자(이름은 장주)가 조릉을 거닐다가 특이한 까치를 쫓아 밤나무 숲에 이르러 새를 잡으려 했다. 새가 움직임이 없음을 이상하게 여긴 장자가 자세히 보니 까치는 사마귀를 노리고 있었고, 사마귀는 매미를 노리고 있었으며, 매미는 시원한 그늘을 취하고 있었다. 까치와 사마귀와 매미는 모두 눈앞의 이익에 마음이 빼앗겨 자신에게 다가오는 위험을 모르고 있었던 것이다. 장자는 이를 보고 '세상의 이치가 바로 이런 것'이라고 깨달았지만, 그를 밤 서리꾼으로 오인한 산지기에게 잡혀 질책을 들었다. 자신의 행동도 이익에 눈이 멀었던 금수(禽獸)들과 다르지 않았음을 인지한 장자는 사흘 동안 괴로워하다 제자에게 흉금을 털어놓았다고 한다.

莊周 遊於雕陵之樊 覩一異鵲 自南方來者 翼廣 七尺 目大 運寸 感周之顙 而集於栗林 莊周曰 此何鳥哉 翼殷不逝 目大不覩 蹇裳躩步 執彈而留之 覩一蟬 方得美蔭而忘其身 螳蜋 執翳而搏之 見得而忘其形 異鵲 從而利之 見利而忘其眞 莊周怵然曰 噫 物固相累 二類 相召也 捐彈而反走 虞人 逐而誶之 莊周 反入 三日 不庭 藺且 從而問之 夫子 何爲 頃間 甚不庭乎 莊周曰 吾守形 而忘身 觀於濁水而迷於淸淵 且吾聞諸夫子 曰入其俗 從其令 今吾 遊於雕陵而忘吾身 異鵲 感吾顙 遊於栗林而忘眞 栗林虞人 以吾 爲戮 吾所以不庭也

『논어』「헌문편」에 "견리사의(見利思義)"라는 성어가 있다. "이로운 것을 보면 의로운가를 생각하라."라는 뜻이다. 공자는 "군자는 그 자신이 올바른 것이 우선이며, 군자는 바른길을 따를 뿐이지 하찮은 의리로 신념을 고집하지는 않아야 한다."라고 하였다. 그리고 바른길을 걸어야 한다고 하였다.

『순자』「불구편」에서는 군자가 오직 귀하게 여기는 것은 '자신이 바르고 온당한 것'이며, 「부국편」에서는 "먼저 내 몸을 바로 닦은 후에…."라고 하였으니 자신을 바르게 하고 바른길을 걸어야 군자라 할 수 있는 것이다. 「군도편」에서는 "군자는 공손하되 비겁하지 아니하며, 빈궁하되 겁내지 아니하며, 부귀하되 교만하지 아니하며, 어떤 사태를 만나도 대응하여 궁색함이 없으니 이는 '예'를 잘 살피기 때문이다."라고 했다. 공자가 말한 군자는 그 자신이 올바른 것이 우선이고, 오직 바른길을 걷고 따를 뿐이며, 바른 정도의 길을 걸어야 한다는 말과 같은 의미이다.

2) 군자는 신중하고 위엄이 있어야 하며, 옳고 그름이 분명해야 한다.

가) 자장(子張) 19-9. 군자는 위엄 있고 온화하며, 옳고 그름이 분명해야 한다.

子夏曰, 君子有三變 望之儼然 卽之也溫 聽其言也厲

자하왈, 군자유삼변 망지엄연 즉지야온 청기언야려

자하가 말하였다. "군자에게는 세 가지 모습이 있다. 그를 멀리서 바라보면 위엄이 있고, 가까이서 보면 온화하며, 그 말을 들어 보면 옳고 그름이 분명하다."

나) 학이(學而) 1-8. 군자는 신중하고 위엄이 있어야 한다.

子曰, **君子不重則不威 學則不固**

자왈, 군자부중즉불위 학즉불고

공자께서 말씀하셨다. "군자가 신중하지 않으면 위엄이 없으며, 배워도 견고하지 않게 된다."

다) 위정(爲政) 2-13. 군자는 말보다 실천이 먼저 행해져야 한다.
　子貢問君子 子曰, 先行其言 而後從之
　자왈문군자 자왈, 선행기언 이후종지

자공이 군자에 대해서 묻자 공자께서 말씀하셨다. "(군자란) 말에 앞서 행동(실천)하고, 그다음에 말을 해야 한다."

라) 헌문(憲問) 14-29. 말이 행동을 앞서는 것을 부끄럽게 여겨야 한다.
　子曰, 君子恥其言而過其行
　자왈, 군자치기언이과기행

공자께서 말씀하셨다. "군자는 말이 행동을 앞서는 것을 부끄럽게 여긴다."

마) 이인(里仁) 4-22. 말을 함부로 해서는 안 된다.
　子曰, 古者言之不出 恥躬之不逮也
　자왈, 고자언지불출 치궁지불체야

공자께서 말씀하셨다. "옛사람들은 말을 함부로 하지 않는다. 이는 실천(행동)하지 못할 것을 부끄러워했기 때문이다."

바) 이인(里仁) 4-24. 군자는 말은 과묵하게 하고 행동은 민첩하게 해
야 한다.
子曰, 君子欲訥於言而敏於行
자왈, 군자욕눌어언이민어행

공자께서 말씀하셨다. "군자는 말은 과묵하게 하고, 행동은 민
첩하게 해야 한다."

사) 학이(學而) 1-14. 군자는 일할 때는 민첩하고 말할 때는 신중해야
한다.
敏於事而愼於言 就有道而正焉 可謂好學也已
민어사이신어언 취유도이정언 가위호학야기

"군자는 일할 때는 민첩하고 말할 때는 신중하며, 도(道)를 아는
사람에게 나아가 (자신의 잘못을) 바로잡는다. 이런 사람이라면
배우기를 좋아한다고 할 만하다."

◯ ----------
당 태종(唐 太宗) 때 방현령(房玄齡) 등이 편찬한 『진서(晉書)』「곽상전」
에 '거침없이 말을 잘한다'는 의미의 고사성어로 "구약현하(口約懸河)"라
는 말이 나온다. 口如懸河(구여현하), 懸河之辯(현하지변) 등으로도 쓰는
이 성어는 서진(西晉)의 학자 곽상(郭象)을 칭찬하는 말에서 유래되었다.

곽상은 황문시랑(黃門侍郞)이란 관직을 받고 나아가서 매사를 잘 처리했는데 국정을 논할 때마다 곽상의 말이 논리가 정연하고 말재주도 뛰어난 것을 지켜보던 당대의 명사 왕연(王衍)이 이렇게 칭찬을 했다. "곽상의 말을 듣고 있으면 높은 곳에서 떨어지는 폭포수가 거침없이 흘러내려 그치지 않는 것과 같다(聽象語 如懸河瀉水 注而不竭)." 본래 좋은 뜻으로 표현하였으나 한편으론 "말이 많으면 쓸 말이 적다."라는 말처럼 이 성어는 때로는 말만 번지르르하고 행동이 따르지 못하는 것을 비유하기도 한다.

『순자』「비십이자편(非十二子篇)」에서는 일부 학자들과 벼슬하는 자들에 대해 다음과 같이 비판하였다. "이에 방법과 책략을 아우르고 말과 행동을 같게 하며, 여러 가지 규범을 통일하고, 온 천하의 영웅호걸들을 모아 아주 옛날의 사정을 얘기해 주며, 그들을 가르쳐 지순한 도리를 깨우친다면, 방 안 구석에서나 대자리 위에서까지 성왕들의 예법과 제도가 갖추어지고 평화로운 세상의 풍속이 일어날 것이다(若夫總方略 齊言行 壹統類 而群天下之英傑而告之以大古 敎之以至順 奧窔之間 簞席之上 斂然聖王之文章具焉 佛然平世之俗起焉)."라고 하였으며, 「권학편」에서도 "입으로 하는 말은 화를 부르는 수가 있고 행동에 치욕을 초래하는 수가 있으니, 군자는 그 살아가는 입장에 신중해야 한다(故言有召禍也 行有招辱也 君子愼其所立乎)."라고 하였다. 말을 신중하게 하되 말과 행동이 일치하도록 실천해야 한다는 뜻이다.

『정관정요』에 "옛사람들이 말하기를 아는 것이 어려운 것이 아니라 실천함이 어렵다. 그것을 실천하는 것이 어려운 것이 아니라 그것을 끝까지 견지함이 어렵다."라고 했다. 실천을 하되 끝까지 바르게 실천하는 것이 중요하다는 뜻이다.

공자는 군자는 말보다 실천이 먼저 행해져야 하고, 말이 행동을 앞서는 것을 부끄럽게 여겨야 한다고 했으며, 군자는 말은 과묵하고 신중하게 하되 행동은 민첩하게 해야 한다고 하였다. 온갖 미사여구로 유창하게 현혹시키는 것보다 바르게 실천하는 것이 더 중요한 것이다.

3) 군자는 한결같은 마음으로 절제하는 생활을 해야 한다.

가) 옹야(雍也) 6-16. 군자는 겉과 속이 같아 조화를 이루어야 한다.

子曰, 質勝文則野 文勝質則史 文質彬彬 然後君子

자왈, 질승문즉야 문승질즉사 문질빈빈 연후군자

공자께서 말씀하셨다. "바탕이 겉모습을 넘어서면 촌스럽고, 겉모습이 바탕을 넘어서면 형식적이게 된다. 겉모습과 바탕이 잘 어울린 후에야 군자다운 것이다."

나) 술이(述而) 7-25. 군자는 한결같은 마음을 가지고 살아야 한다.

子曰, 聖人 吾不得而見之矣 得見君子者 斯可矣 子曰,

자왈, 성인 오부득이견지의 득견군자자 사가의 자왈,

善人 吾不得而見之矣 得見有恆者 斯可矣 亡而爲有

선인 오부득이견지의 득견유항자 사가의 망이위유

虛而爲盈 約而爲泰 難乎有恆矣

허이위영 약이위태 난호유항의

공자께서 말씀하셨다. "성인을 내가 만나 볼 수 없다면, 군자라도 만나 볼 수 있으면 좋겠다." 공자께서 말씀하셨다. "선한 사람을 내가 만나 볼 수 없다면, 한결같은 사람이라도 만나 볼 수 있으면 좋겠다. 망했으면서 있는 체하고, 비었으면서 가득 찬 체하며, 곤궁하면서 넉넉한 체를 하는 세상이니, 한결같은 마음을 가지고 살기도 어려운 일이다."

다) 위령공(衛靈公) 15-1. 군자는 곤궁에 빠져도 의연하여야 한다.

衛靈公問陳於孔子 孔子對曰, 俎豆之事 則嘗聞之矣

위령공문진어공자 공자대왈, 조두지사 즉상문지의

軍旅之事 未之學也 明日遂行

군려지사 미지학야 명일수행

在陳絶糧 從者病 莫能興 子路慍見曰, 君子亦有窮乎

재진절량 종자병 막능흥 자로온현왈, 군자역유궁호

子曰, 君子固窮 小人窮斯濫矣

자왈, 군자고궁 소인궁사람의

위나라 영공이 공자에게 (군대의) 진법(陣法)에 대하여 묻자, 공자께서 대답하셨다. "제사에 관한 일은 일찍이 들어 알고 있지만, 군사에 관한 일은 배우지 못했습니다." 그러고는 이튿날 드디어 (위나라를) 떠나셨다.

진나라에서 양식이 떨어지고, 따르던 사람들은 병이 나서 일어날 수도 없게 되었다. 그러자 자로가 성이 나서 공자를 찾아뵙고 말하였다. "군자도 궁할 때가 있습니까?" 공자께서 말씀하셨다. "군자는 곤궁에 빠져도 의연하지만, 소인은 곤궁해지면 함부로 행동한다."

라) 이인(里仁) 4-23. 군자는 절제하는 생활을 해야 한다.
子曰, 以約失之者鮮矣
자왈, 이약실지자선의

공자께서 말씀하셨다. "절제하는 생활을 하면서 잘못되는 경우는 드물다."

마) 옹야(雍也) 6-25. 군자는 글을 배우고 예로써 절제(검소)해야 한다.
子曰, 君子博學於文 約之以禮 亦可以弗畔矣夫
자왈, 군자박학어문 약지이례 역가이불반의부

공자께서 말씀하셨다. "군자가 글을 널리 배우고 예(禮)로써 절제(검소)할 수 있다면, 또한 도리에 어긋나지 않았다 할 수 있다."

바) 학이(學而) 1-14. 군자는 배불리 먹기를 바라지 않고 편안함을 추구하지 않는다.

子曰, 君子食無求飽 居無求安

자왈, 군자식무구포 거무구안

공자께서 말씀하셨다. "군자는 먹는 것에 대해 배불리 먹기를 바라지 않고, 거처하는 데 편안함을 추구하지 않는다."

사) 위령공(衛靈公) 15-31. 군자는 도(道)를 걱정하지 가난을 걱정하지 않아야 한다.

子曰, 君子謀道不謀食 耕也 餒在其中矣 學也 祿在其中矣

자왈, 군자모도불모식 경야 뇌재기중의 학야 녹재기중의

君子憂道不憂貧

군자우도불우빈

공자께서 말씀하셨다. "군자는 도(道)를 추구하지 먹을 것을 추구하지 않는다. 농사를 지어도 굶주림에 대한 걱정은 그 안에 있지만, 공부를 하면 녹봉이 그 안에 있다. 그러므로 군자는 도를 걱정하지 가난을 걱정하지 않는다."

○ ----------

『순자』「권학편」에 "등사(螣蛇)란 뱀은 발이 없어도 하늘을 날지만, 날

다람쥐는 다섯 가지 재주가 있어도 곤경에 빠진다. 『시경』에 말하기를, '뻐꾸기가 뽕나무에 있는데 그 새끼가 일곱 마리일세. 어진 저 군자께서는 그 거동이 한결같네. 그 거동은 한결같고 마음은 묶어 놓은 듯 단단하네.' 그러므로 군자는 한결같이 단단해야만 하는 것이다."라고 했다. 군자는 어떤 상황에서도 한결같아야 한다는 뜻이다.

螣蛇無足而飛 鼫鼠五技而窮 詩曰, 尸鳩在桑 其子七兮 淑人君子 其儀一兮, 其儀一兮 心如結兮 故君子結於一也.

또한 「수신편」에서는 군자가 가져야 덕목에 대해 다음과 같이 표현하였다.

- 군자는 이익을 추구하는 데는 소홀하지만, 해악을 멀리하는 데는 재빠르다.
- 군자는 굴욕을 피하는 일은 미리 경계하여 두려워하지만, 올바른 도리를 행하는 데에는 용감하다.
- 군자는 가난해도 뜻이 넓고, 부귀해도 몸가짐이 공손하다.
- 군자는 편안히 즐길 때에도 혈기를 따라 멋대로 놀지 않고, 고단하더라도 용모가 일그러지지 않는다.
- 군자는 화난다고 해서 지나치게 뺏지도 않고, 기쁘다고 해서 지나치게 주지도 않는다.
- 군자가 가난하면서도 뜻이 넓은 것은 인(仁)을 존중하기 때문이고, 부귀해도 몸가짐이 공손한 것은 위세를 부리지 않으려는 것이며, 편안하고 한가로워도 혈기를 따라 멋대로 놀지 않는 것은 사리를 분별할 줄 알기 때문이다.
- 군자가 수고롭고 고단해도 용모가 일그러지지 않는 것은 사귀기를

좋아하기 때문이며, 노엽다고 해서 지나치게 뺏지도 않고, 기쁘다고 해서 지나치게 주지도 않는 것은 법도가 사사로움을 이기고 있기 때문이다.

순자가 말하는 군자는 "사사로운 이익을 추구하지 아니하고, 올바른 도리를 행하며, 가난해도 뜻이 넓고 부귀해도 몸가짐이 공손하다. 또한 군자는 인을 존중하며, 공손하고 사리를 분별할 줄 안다. 군자는 예를 존중할 줄 알며 의연하고 한결같은 마음을 가지고 산다."라고 하였다.

『정관정요』에 의하면 정관 13년 위징은 당 태종이 처음과 끝이 한결같지 않고 끝까지 근검절약하지 못하며 사치와 방종을 좋아하는 것을 걱정하여 다음과 같은 간언을 하게 된다. "폐하께서는 정관 초년에 백성을 대함이 마치 당신이 상처를 입은 것처럼 관심을 기울이셨습니다. 그들의 고생을 불쌍히 여기셨습니다. 스스로 항상 소박하고 절약하는 기풍을 유지하려고 하여 대규모의 토목공사를 일으켜 궁궐을 짓지 않았습니다. 그러나 최근 몇 년 이래로 마음은 사치와 사욕으로 가득 차 있고 순식간에 겸허함과 절약을 잊었으며, 인력을 가볍게 동원했습니다. 겸손하고 절약하는 기풍은 해마다 바뀌고 교만과 사치가 나날이 늘고 있습니다. 이것들이 폐하가 견지하지 못하는 것들입니다."라고 말하였다. 군주가 한결같지 않고 검약하지 않으면 나라가 흥하지 못하며 백성을 편안하게 하지 못한다는 것을 지적한 것이다. 군자 또한 마찬가지이다. 군자는 대부분 군주를 모시는 위치에 있다. 군자가 한결같지 않고 검약하지 않는다면 어떻게 군주에게 간언을 할 수 있으며 솔선하지 못하는데 어찌 백성이 따르겠는가?

공자는 군자는 겉과 속이 같아야 하고 한결같은 마음을 가지고 살아야 하며, 곤궁에 빠져도 의연하여야 한다고 하였다. 또한 군자는 절제하고 검소한 생활을 해야 하며, 배불리 먹기를 바라지 않고 편안함을 추구하지 않고 가난을 걱정하지 않아야 한다고 하였다.

4) 군자는 모든 원인을 자신에게서 찾고 자신에게 엄중하여야 한다.

가) 학이(學而) 1-1. 남이 나를 알아주지 않아도 성내지 않아야 한다.

子曰 學而時習之 不亦說乎 有朋自遠方來 不亦樂乎

자왈 학이시습지 불역열호 유붕자원방래 불역락호

人不知不慍 不亦君子乎

인부지불온 불역군자호

공자께서 말씀하셨다. "배우고 그리고 때에 맞추어 익히면 또한 기쁘지 아니한가. 친구(벗)가 있어 먼 곳에서 찾아오면 또한 즐겁지 아니한가. 남이 나를 알아주지 않아도 내가 성내지(노여워하지) 않는다면 또한 군자가 아니겠는가."

나) 위령공(衛靈公) 15-18. 군자는 자신의 무능함을 원망할 뿐, 남이 알아주지 않음을 원망하지 않아야 한다.

子曰, 君子病無能焉 不病人之不己知也

자왈, 군자병무능언 불병인지불기지야

공자께서 말씀하셨다. "군자는 자신의 무능함을 원망할 뿐, 남이 자기를 알아주지 않음을 원망하지 않는다."

다) 이인(里仁) 4-14. 군자는 자기를 알아주지 않는 것을 걱정하지 말고, 남이 자신의 가치를 알 수 있도록 노력해야 한다.
子曰, 不患無位 患所以立 不患莫己知 求爲可知也
자왈, 불환무위 환소이립 불환막기지 구위가지야

공자께서 말씀하셨다. "지위가 없음을 걱정하지 말고 그 자리에 설 수 있는 능력을 갖추기를 걱정해야 하며, 자기를 알아주지 않는 것을 걱정하지 말고 남이 자신의 가치를 알 수 있도록 노력하라."

라) 위령공(衛靈公) 15-20. 군자는 모든 원인을 자기에게서 찾아야 한다.
子曰, 君子求諸己 小人求諸人
자왈, 군자구제기 소인구제인

공자께서 말씀하셨다. "군자는 (원인을) 자기에게서 찾고, 소인은 (원인을) 남에게서 찾는다."

마) 공야장(公冶長) 5-26. 군자는 자기 잘못을 깨닫고 스스로 반성해
야 한다.
子曰, 已矣乎 吾未見能見其過而 內自訟者也
자왈, 이의호 오미견능견기과이 내자송자야

공자께서 말씀하셨다. "다 글렀구나. 나는 아직 자기의 잘못을 깨닫고 스스로 반성하는 사람을 보지 못했다."

바) 위령공(衛靈公) 15-14. 군자는 자신에게 책임을 엄중하게 해야 한다.
子曰, 躬自厚 而薄責於人 則遠怨矣
자왈, 궁자후 이박책어인 즉원원의

공자께서 말씀하셨다. "자신에게는 엄중하게 책임을 추궁하고, 다른 사람에게는 책임을 가볍게 추궁하면 원망을 멀리할 수 있다."

◯ ----------

『순자』「비십이자편」에 "군자는 자신을 수양하지 못한 것은 부끄럽게 여기지만 남들이 더럽게 보는 것을 부끄럽게 여기지는 않는다. 신의가 없는 것은 부끄럽게 여기지만 남들이 믿어 주지 않는 것을 부끄럽게 여기지는 않는다. 능력이 없는 것은 부끄럽게 여기지만 등용되지 못하는 것을 부끄럽게 여기지는 않는다. 그러므로 명예에 유혹당하지 않고 남

의 비방을 두려워하지도 않는다. 도를 따라 행하고 단정하게 자기를 바로잡아 사물에 의해 기울어지는 일이 없다. 이런 사람을 두고 참된 군자라 하는 것이다."라고 하였다. 순자가 말하는 군자가 부끄럽게 여기는 덕목은 자신을 수양하지 못한 것, 신의가 없는 것, 능력이 없는 것이라고 강조한 것이다.

故君子恥不修 不恥見汚 恥不信 不恥不見信 恥不能 不恥不見用 是以不誘於譽 不恐於誹 率道而行 端然正己 不爲物傾側 夫是之謂誠君子

5) 군자는 신뢰를 얻는 것이 먼저다.

가) 자장(子張) 19-10. 군자는 백성들의 신뢰를 얻은 후에 행동해야 한다.

子夏曰, 君子信而後勞其民 未信則以爲厲己也 信而後諫

자하왈, 군자신이후노기민 미신즉이위려기야 신이후련

未信則以爲謗己也

미신즉이위방기야

자하가 말하였다. "군자는 백성들의 신뢰를 얻은 후에 그 백성들을 수고롭게 해야 한다. 신뢰를 얻지 못했을 때는 자신들을 괴롭힌다고 여기기 때문이다. 군자는 윗사람의 신임을 받은 후에 간언해야 한다. 신임을 받지 못했을 때는 자기를 비방한다고 여기기 때문이다."

나) 자장(子張) 19-10. 군자는 윗사람의 신임을 받은 후에 간언해야 한다.

子夏曰, 君子信而後勞其民 未信則以爲厲己也 信而後諫

자하왈, 군자신이후노기민 미신즉이위려기야 신이후간

未信則以爲謗己也

미신즉이위방기야

자하가 말하였다. "군자는 백성들의 신뢰를 얻은 후에 그 백성들을 수고롭게 해야 한다. 신뢰를 얻지 못했을 때는 자신들을 괴롭힌다고 여기기 때문이다. 군자는 윗사람의 신임을 받은 후에 간언해야 한다. 신임을 받지 못했을 때는 자기를 비방한다고 여기기 때문이다."

○ ----------

『정관정요』에 의하면, 당 태종이 위징에게 나라를 다스리는 원리에 대해 묻자, 위증이 답하기를 "임금은 배와 같고 백성은 물과 같습니다. 물은 배를 뜨게 해 주지만 반대로 전복시킬 수도 있습니다."라는 비유로 대답했다. 이렇게 함으로써 그는 태종에게 '수나라가 망한 것을 역사의 거울로 삼아 부역을 줄이고 세금을 가볍게 하며, 현명한 신하를 중용하고 간언을 받아들이는 등 백성의 신뢰를 얻을 수 있는 정치를 해야만 임금이 안전할 수 있다'고 말한 것이다.

격하고 절박한 간언은 비방하는 것처럼 들릴 수가 있다. 당 태종 정관 8년 섬현의 승(丞) 황보덕참(皇甫德參)이 상소를 올려 태종의 노여움을 샀다. 태종은 그가 조정을 비방한다고 생각했다. 그러자 위증이 진언하여 말했다. "과거 한 문제 때 가의(賈誼)는 상소를 올려 말하기를 '군왕을 위해 통곡할 수 있는 것으로는 하나가 있고, 군왕을 위해 길게 탄식할 수 있는 것으로는 여섯 가지가 있다.'라고 했습니다. 예로부터 상소의 말은 대부분 격하고 절박합니다. 만일 격하고 절박하지 않으면 군왕의 마음을 움직일 수가 없습니다. 격하고 절박한 말은 비방하는 것처럼 보입니다. 폐하께서 말의 옳고 그름을 살펴보시기 바랍니다." 태종이 말했다. "그대가 아니었다면 이런 말을 할 수 없었을 것이다."

준엄하고도 때로는 태종을 정면으로 비난하기도 한 200여 차례에 걸친 위증의 간언을 당 태종은 왜 대부분 받아들였을까? 지혜롭고 능력 있는 신하를 발탁하여 사용하고, 간언을 받아들여야 한다는 태종의 탁월한 리더십이 있었기 때문일 수 있다. 다른 한편으로는 위증이 가지고 있는 탁월한 능력과 검소하면서 솔선하는 생활 자세 그리고 이를 바탕으로 한 태종의 신뢰가 있었기 때문일 것이다. 신임과 신뢰가 바탕이 되지 못했을 때는 자기를 비방한다고 여길 수 있으며, 군주가 신하의 간언을 비방이라고 생각하면 간언이 수용되기는커녕 죽임을 당할 가능성이 있었다.

6) 군자는 능력을 갖추도록 노력하고 남들이 자신의 가치를 알 수 있도록 노력해야 한다.

가) 이인(里仁) 4-14. 군자는 지위가 없음을 걱정하지 말고 능력을 갖추기를 걱정해야 한다.

子曰, 不患無位 患所以立 不患莫己知 求爲可知也
자왈, 불환무위 환소이립 불환막기지 구위가지야

공자께서 말씀하셨다. "지위가 없음을 걱정하지 말고 그 자리에 설 수 있는 능력을 갖추기를 걱정해야 하며, 자기를 알아주지 않는 것을 걱정하지 말고 남이 자신의 가치를 알 수 있도록 노력하라."

나) 이인(里仁) 4-14. 군자는 남이 자신의 가치를 알 수 있도록 노력해야 한다.

子曰, 不患無位 患所以立 不患莫己知 求爲可知也
자왈, 불환무위 환소이립 불환막기지 구위가지야

공자께서 말씀하셨다. "지위가 없음을 걱정하지 말고 그 자리에 설 수 있는 능력을 갖추기를 걱정해야 하며, **자기를 알아주지 않는 것을 걱정하지 말고 남이 자신의 가치를 알 수 있도록 노력하라.**"

○ ----------

『시경』「소아·학명편」에 "학명구고(鶴鳴九皐)"라는 성어가 나온다. 현명한 사람은 반드시 세상에 드러나게 되어 있다는 뜻이다. 또한 "학명구고(鶴鳴九皐)"라는 말은 사마천의 『사기』「골계열전(滑稽列傳)」에 다시 등장한다. "골계열전"이란 익살스러운 말로 남을 감동시킨 사람에 대한 일화를 담은 글이며, "골계가(滑稽家)"란 남을 웃기는 말이나 행동을 잘하는 사람을 말한다.

한 무제의 학궁(學宮)에 모인 박사들과 골계가들 중 동방삭(東方朔)이 있었는데 동방삭은 궁중에서 황제를 모시는 위치에 있었고 식사도 같이 할 정도로 호사를 누렸다. 그러면서도 그는 황제들의 언행을 거론하며 비판과 조언을 거듭했다. 그러나 학궁의 박사들은 모두 동방삭을 대단하게 보지 않았다. 황제를 수십 년 모셨지만 벼슬은 시랑에 불과했고 직위는 집극(執戟)에 지나지 않으며 황제를 위해 무슨 일을 하였냐는 것이었다. 듣고 있던 동방삭이 한 말은 바로『시경』의 구절을 인용한 이 말이었다. "궁궐에서 종을 치면 소리는 밖까지 들린다. 학이 깊은 물가에서 울면 소리가 하늘까지 들린다(鶴鳴于九皐 聲聞于野 魚潛在淵 或在于渚)." 이 말은 당신들보다 내가 훨씬 멀리 보고 사물을 더 꿰뚫어 본다는 의미다. 그는 예를 하나 들었다. 태공망(太公望) 여상(呂尙)이 몸소 인의를 실천하다가 72세가 돼서야 주나라 문왕을 만나 자신의 포부를 실행할 수 있게 됐으며, 제나라에 분봉(分封)[3]이 되어 자손들에게 이르기까지 700년 동안 제사가 끊어지지 않았다는 일화다. 결국 동방삭은 그 힘의 원천이 묵묵히 시세를 관망하며 때를 기다린 여상의 선비 정신에 있다고 보았던 것이다.

공자는 지위가 없음을 걱정하지 말고 그 자리에 설 수 있는 능력을 갖

---

3) 군주가 땅을 나누어 주며 제후를 봉하던 일

추기를 걱정해야 하며, 자기를 알아주지 않는 것을 걱정하지 말고 남이 자신의 가치를 알 수 있도록 노력하라고 하였다. 비록 지금은 보잘것없는 위치나 직위에 있다 하더라도 그 자리에 설 수 있는 능력을 갖추고 노력하면 언젠가는 그 자리에 설 수 있으며, 자기를 알아주지 않는 것을 탓하기 전에 남이 나의 가치를 알 수 있도록 노력하라 하였다.

7) 군자는 군자다운 태도와 자세를 갖추어야 한다.

가) 안연(顏淵) 12-24. 군자는 글로써 벗을 모으고 벗을 통해 인의 길로 정진해야 한다.

曾子曰, 君子以文會友 以友輔仁

증자왈, 군자이문회우 이우보인

증자가 말하였다. "군자는 글(학문)로써 벗을 모으고, 벗을 통해서 인(仁)의 길로 정진해야 한다."

나) 위령공(衛靈公) 15-33. 군자는 작은 일은 알지 못해도 큰일을 할 수 있어야 한다.

子曰, 君子不可小知 而可大受也 小人不可大受

자왈, 군자불가소지 이가대수야 소인불가대수

而可小知也

이가소지야

공자께서 말씀하셨다. "군자는 작은 일은 알지 못해도 큰일은 맡아 할 수 있으며, 소인은 큰일은 감당 못 해도 작은 일은 잘 알 수 있다."

다) 요왈(堯曰) 20-3. 천명을 알지 못하면 군자가 될 수 없다.
孔子曰, 不知命 無以爲君子也 不知禮 無以立也
자장왈, 부지명 무이위군자야 부지례 무이립야
不知言 無以知人也
부지언 무이지인야

공자께서 말씀하셨다. "**천명(天命)을 알지 못하면 군자가 될 수 없고**, 예(禮)를 알지 못하면 세상에 당당히 나설 수 없으며, 말을 정확히 분별하지 못하면 그 사람이 어떤 사람인지 알 수가 없다."

라) 요왈(堯曰) 20-3. 군자는 말을 정확히 분별할 줄 알아야 한다.
孔子曰, 不知命 無以爲君子也 不知禮 無以立也
자장왈, 부지명 무이위군자야 부지례 무이립야
不知言 無以知人也
부지언 무이지인야

공자께서 말씀하셨다. "천명(天命)을 알지 못하면 군자가 될 수 없고, 예(禮)를 알지 못하면 세상에 당당히 나설 수 없으며, **말을 정확히 분별하지 못하면 그 사람이 어떤 사람인지 알 수가 없다."**

마) 안연(顏淵) 12-8. 군자의 태도는 내용도 중요하지만 형식도 중요하다.

棘子成曰, 君子質而已矣 何以文爲 子貢曰, 惜乎
극자성왈, 군자질이이의 가이문위 자공왈, 석호
夫子之說君子也 駟不及舌 文猶質也 質猶文也
부자지설군자야 사불급설 문유질야 질유문야
虎豹之鞟猶犬羊之鞟
호표지곽유견양지곽

극자성이 말하였다. "군자는 본래의 바탕만 갖추고 있으면 되는 것이지, 겉모습이나 형식은 꾸며서 무엇 하겠습니까?" 자공이 말하였다. "극 선생이 군자에 대해 그렇게 주장하는 것이 안타깝구려. 네 마리 말이 끄는 수레도 혀에서 나오는 말을 따라갈 수 없다는 속담도 있습니다. 무늬는 본래의 성질만큼 중요하고, 본래의 성질도 무늬만큼 중요합니다. 호랑이와 표범의 털 없는 가죽이 개와 양의 털 없는 가죽과 같기 때문입니다."

바) 자장(子張) 19-21. 군자는 잘못을 하든 잘못을 고치든 모두 시선을 받게 된다.

子貢曰, 君子之過也 如日月之食焉 過也 人皆見之
자공왈, 군자지과야 여일월지식언 과야 인개견지

更也 人皆仰之
경야 인개앙지

자공이 말하였다. "군자의 잘못은 일식이나 월식과 같아서 잘못을 저지르면 사람들이 모두 그를 바라보고, 잘못을 고치면 사람들이 모두 그를 우러러본다."

○ ----------

『순자』「불구편」에 군자가 갖추어야 할 덕목과 태도, 자세 등이 다양하게 제시되어 있다. "군자는 게으르지 않고 남을 상하게 하지 않으며, 남과 다투지 아니하고 과격하거나 난폭하지 않다. 어느 한쪽으로 휩쓸리거나 당파를 짓지 아니하며, 뜻을 함께하는 사람들과 만나길 좋아한다. 말을 선하게 하면서 위엄이 있으며, 너그럽고 여유가 있다. 말과 행동이 신중하고 교만하지 않으며, 독선에 빠지지 아니하고 하늘과 땅과 사물에 순응할 줄 안다. 이익을 생각하지만 옳지 않은 것을 취하지 아니한다. 이런 모든 것을 다 갖추기란 쉽지 않을 것이다. 그래서 우리는 그들을 군자라 하는 것이다."라고 하였다.

공자는 군자가 갖추어야 할 덕목을 덧붙여 설명하면서 "군자는 글로써 벗을 모으고 벗을 통해 인의 길로 정진해야 하고, 작은 일은 알지 못해도 큰일을 할 수 있어야 하며, 말을 정확히 분별할 줄 알아야 하고, 군자의 태도는 내용도 중요하지만 형식도 중요하며. 군자는 잘못을 하든 잘못을 고치든 모두 시선을 받게 되므로 행동에 주의해야 한다."라고 말했다. 공자의 말과 같이 이 모든 것을 다 갖추어야 한다면 군자가 되기란 쉽지 않을 것이다.

3. 군자가 다른 사람을 대하는 태도

가. 군자는 어려운 사람을 돕고 다른 사람을 바른길로 이끈다.

1) 옹야(雍也) 6-3. 군자는 어려운 사람을 돕는다.

子華使於齊 冉子爲其母請粟 子曰, 與之釜 請益 曰,
자화사어제 염자위기모청속 자왈, 여지부 청익 왈,

與之庾 冉子與之粟五秉
여지유 염자여지속오병

子曰, 赤之適齊也 乘肥馬 衣輕裘 吾聞之也
자왈, 적지적제야 승비마 의경구 오문지야

君子周急不繼富
군자주급불계구

原思爲之宰 與之粟九百 辭 子曰, 毋 以與爾鄰里鄕黨乎
원사위지재 여지속구백 사 자왈, 무 이여이린리향당호

자화가 제나라에 심부름을 가게 되자, 염자가 자회의 어머니를 위하여 곡식을 보내 주기를 청하였다. 공자께서 말씀하셨다. "여섯 말 넉 되를 주어라." 염자가 더 줄 것을 요청하자, 공자께서 "열여섯 말을 주어라."라고 하셨다. 그래도 적다고 판단하여 염자가 곡식 여든 섬을 주었다.
공자께서 말씀하셨다. "(공서)적이 제나라에 갈 때에 살찐 말을 타고 호화로운 털가죽 옷을 입었다. 내가 듣기로는 '군자는 절박한 것은 도와주지만 부유한 자가 더 부자가 되게 하지는 않는다'고 하였다."

원사가 공자의 집사가 되자 그에게 곡식 구백 말을 주었더니 그는 이를 사양하였다. 공자께서 말씀하셨다. "사양하지 말거라. 많다고 생각되거든 그것을 너의 이웃이나 마을 사람들에게 나누어 주거라."

2) 자한(子罕) 9-2. 군자는 남을 바른길로 이끄는 일을 한다.
   達巷黨人曰, 大哉孔子 博學而無所成名 子聞之
   달항당인왈, 대재공자 박학이무소성명 자문지
   謂門弟子曰, 吾何執 執御乎 執射乎 吾執御矣
   위문제자왈, 오하집 집어호 집사호 오집어의

   달항 고을의 사람이 말하였다. "공자는 참으로 위대하도다. 그런데 공부를 이렇게 많이 하였는데도, 명성을 이루지 못하셨구나." 공자께서는 이 말을 들으시고 문하의 제자들에게 말씀하셨다. "(사냥을 나갈 때) 무엇을 잡아야 하나? 말의 고삐를 잡아야 하나? 활을 잡아야 하나? 나는 말의 고삐를 잡을 것이다."

3) 자한(子罕) 9-7. 군자는 문제를 가르쳐 주는 데 힘을 다한다.
   子曰, 吾有知乎哉 無知也 有鄙夫問於我 空空如也
   자왈, 오유지호재 무지야 유비부문어아 공공여야
   我叩其兩端而竭焉
   아고기양단이갈언

공자께서 말씀하셨다. "내가 아는 것이 있겠는가. 나는 아는 것이 없다. 그러나 어떤 비천한 사람이 나에게 질문을 한다면, 아는 것이 아무것도 없다 하더라도 나는 그 문제를 살펴 가르쳐 주는 데 온 힘을 다할 것이다."

4) **안연(顏淵) 12-16. 군자는 다른 사람의 좋은 점이 이루어지게 한다.**
   子曰, 君子成人之美 不成人之惡 小人反是
   자왈, 군자성인지미 불성인지악 소인반시

공자께서 말씀하셨다. "군자는 남의 좋은 점을 이루어지게 해 주고 남의 나쁜 점은 이루어지지 않게 하지만, 소인은 이와 반대이다."

나. 군자는 백성을 편안하게 하고 남에게 공손하고 관대해야 한다.
1) **헌문(憲問) 14-45. 군자는 자기 수양을 통해 백성을 편안하게 해 준다.**
   子路問君子 子曰, 脩己以敬 曰, 如斯而已乎 曰,
   자로문군자 자왈, 수기이경 왈, 여사이이호 왈,
   脩己以安人 曰, 如斯而已乎 曰, 脩己以安百姓
   수기이안인 왈, 여사이이호 왈, 수기이안백성
   脩己以安百姓 堯舜其猶病諸
   수기이안백성 요순기유병저

자로가 군자에 대하여 여쭙자, 공자께서 말씀하셨다. "자기 수양을 통하여 공경스러워져야 한다." 자로가 다시 여쭈었다. "그렇게만 하면 됩니까?" 공자께서 대답하였다. "자기 수양을 통하여 사람들을 편안하게 해 주어야 한다." "그렇게만 하면 됩니까?" "자기 수양을 통하여 백성들을 편안하게 해 주어야 한다. 자기 수양을 통하여 백성들을 편안하게 해 주는 것은 요임금과 순임금과 같은 성군도 어려워했던 일이다."

2) **안연(顏淵) 12-5. 군자는 공경하는 마음을 가지고 노력하며, 남에게 공손하고 예의를 지킨다.**

司馬牛憂曰, 人皆有兄弟 我獨亡 子夏曰, 商聞之矣
사마우우왈, 인개유형제 아독무 자하왈, 상문지의

死生有命 富貴在天 君子敬而無失 與人恭而有禮
사생유명 부귀재천 군자경이무실 여인공이유례

四海之內 皆兄弟也 君子何患乎無兄弟也
사해지내 개형제야 군자하환호무형제야

사마우가 근심스럽게 말하였다. "남들은 모두 형제가 있는데 저만이 홀로 형제가 없습니다." 자하가 말하였다. "제가 듣건대 죽고 사는 것은 운명에 달려 있고, 부귀는 하늘에 달려 있다고 합니다. 군자가 공경하는 마음을 가지고 한순간도 소홀함이 없이 노력하며, 남에게 공손하고 예의를 지킨다면, 온 세상의 사람들이 모두 형제가 될 것이다. 군자가 어찌 형제 없음을 근심하는가?"

3) 태백(泰伯) 8-2. 군자가 친족들을 잘 돌봐 주면 백성들 사이에서는 어진 기풍이 일어난다.
子曰, 君子篤於親 則民興於仁 故舊不遺 則民不偸
자왈, 군자독어친 즉민흥어인 고구불유 즉민불투

공자께서 말씀하셨다. "군자가 친족들을 잘 돌봐 주면 백성들 사이에서는 어진 기풍이 일어나며, 옛 친구를 버리지 않으면 백성들이 각박해지지 않는다."

4) 위령공(衛靈公) 15-14. 군자는 다른 사람에게는 책임을 가볍게 추궁한다.
子曰, 躬自厚 而薄責於人 則遠怨矣
자왈, 궁자후 이박책어인 즉원원의

공자께서 말씀하셨다. "자신에게는 엄중하게 책임을 추궁하고, 다른 사람에게는 책임을 가볍게 추궁하면 원망을 멀리할 수 있다."

다. 군자는 군주를 섬길 때는 경건하게 해야 하며, 예법에 맞게 행동해야 한다.

1) 위령공(衛靈公) 15-37. 군자는 군주를 섬길 때는 맡은 일을 경건하게 수행하는 것이 우선이다.

子曰, 事君 敬其事而後其食

자왈, 사군 경기사이후기식

공자께서 말씀하셨다. "군주를 섬길 때는, 먼저 맡은 일을 경건히 수행하고, 녹봉은 나중에 생각해야 한다."

2) 자한(子罕) 9-3. 군자는 대세에 따라야 할 것과 따라서는 안 되는 것을 잘 구별해야 한다.

子曰, 麻冕 禮也 今也純 儉 吾從衆 拜下 禮也 今拜乎上

자왈, 마면 예야 금야순 검 오종중 배하 예야 금배호상

泰也 雖違衆 吾從下

태야 수위중 오종하

공자께서 말씀하셨다. "삼베로 만든 관을 쓰는 것이 예법에 맞지만, 지금은 명주로 만든 것을 쓴다. 이것이 검소하므로 나는 여러 사람들이 하는 것을 따르겠다. 마루 아래에서 절하는 것이 예법에 맞지만, 지금은 (마루 아래에서 절하는 것을 생략하고) 마루 위에서 절을 한다. 이것은 교만한 것이므로, 비록 여러 사람들과 다르더라도 나는 마루 아래서 절하겠다."

◯ ----------

군자는 배우고 익혀 군자다운 덕목을 갖추게 된다. 대신 "군자답다."라고 인정받을 수 있는 것들은 남을 대하는 태도에서 나타날 것이다. 『논어』에서 말하는 군자가 남을 대하는 태도는 다음과 같이 요약할 수 있다. "군자는 어려운 사람을 돕고 다른 사람을 바른길로 이끌며, 백성을 편안하게 하고 남에게 공손하고 관대해야 한다. 군자는 다른 사람에게는 책임을 가볍게 추궁하며, 군주를 섬길 때는 경건하게 하고, 예법에 맞게 행동해야 한다."

반면에 순자는 군자의 태도를 말할 때 "군자가 이것을 귀하게 여기지 않는 것은 예(禮)에 합치되지 않기 때문이다. 군자라 칭하는 것은 곧 예가 있기 때문이다."라는 표현을 많이 쓰게 되는데 이는 대부분이 군자가 남을 대하는 태도를 예에 근거하고 예와 연관시켜 보기 때문일 것이다. 다른 사람을 대하는 태도에 관대, 공경, 공손, 경건 등과 같이 겸손을 바탕으로 한 예(禮)가 잘 갖추어져야 군자라 칭할 수 있다고 보는 것이다.

4. 군자가 해서는 안 되는 일

가. 자한(子罕) 9-4. 절대로 해서는 안 되는 네 가지(사사로운 뜻에 의한 결정, 단정, 고집, 아집)

子絶四 毋意 毋必 毋固 毋我

자절사 무의 무필 무고 무아

공자께서는 네 가지를 절대로 하지 않으셨다. 사사로운 뜻으로 결정하는 일이 없으셨고, 반드시 그렇다고 단정하지 않으셨으며, 무리하게 고집부리는 일도 없으셨고, 아집에 빠지지 않으셨다.

나. 학이(學而) 1-8. 자기보다 못한 자를 벗으로 사귀지 말라.

子曰, **無友不如己者** 過則勿憚改

자왈, 무우불여기자 과즉물탄개

공자께서 말씀하셨다. "**군자는 자기보다 못한 자를 벗으로 사귀지 말며**, 허물이 있으면 고치기를 꺼리지 말아야 한다."

다. 학이(學而) 1-8. 허물이 있을 때 고치기를 꺼려 해선 안 된다.

子曰, 無友不如己者 **過則勿憚改**

자왈, 무우불여기자 과즉물탄개

공자께서 말씀하셨다. "군자는 자기보다 못한 자를 벗으로 사귀지 말며, **허물이 있으면 고치기를 꺼리지 말아야 한다.**"

라. 이인(里仁) 4-22. 말을 함부로 해서는 안 된다.

子曰, 古者言之不出 恥躬之不逮也

자왈, 고자언지불출 치궁지불체야

공자께서 말씀하셨다. "옛사람들은 말을 함부로 하지 않았다. 이는 실천(행동)하지 못할 것을 부끄러워했기 때문이다."

마. 공야장(公冶長) 5-24. 겉과 속이 다른(표리부동) 행동을 삼가라.

子曰, 巧言令色足恭 左丘明恥之 丘亦恥之 匿怨而友其人

자왈, 교언영색주공 좌구명치지 구역치지 익원이우기인

左丘明恥之 丘亦恥之

좌구명치지 구역치지

공자께서 말씀하셨다. "듣기 좋게 말을 꾸며 대고 보기 좋게 얼굴빛을 꾸미며, 지나치게 공손한 태도를 좌구명이 부끄럽게 여겼다고 하는데, 나도 또한 이를 부끄럽게 여긴다. 적의를 감추고 친한 척하는 것을 좌구명이 부끄럽게 여겼다고 하는데, 나 또한 이를 부끄럽게 여긴다."

바. 옹야(雍也) 6-12. 정도를 벗어나지 마라.

子游爲武城宰 子曰, 女得人焉耳乎 曰, 有澹臺滅明者
자유위무성재 자왈, 여득인언이호 왈, 유담대멸명자

行不由徑 非公事 未嘗至於偃之室也
행불유경 비공사 미상지어언지실야

자유가 무성의 읍장이 되자 공자께서 말씀하셨다. "너는 거기서 어떤 인재를 얻었느냐?" 그러자 자유가 대답했다. "담대멸명이라는 자가 있는데, 그는 (정도를 벗어나) 지름길로 가는 일이 없으며, 공적인 일이 아니고는 저의 방에 찾아온 적이 없습니다."

사. 태백(泰伯) 8-6. 나라가 큰일을 당하였을 때 뜻을 바꾸지 않아야 한다.

曾子曰, 可以託六尺之孤 可以寄百里之命
증자왈, 가이탁육척지고 가이기백리지명

臨大節而不可奪也 君子人與 君子人也
임대절이불가탈야 군자인여 군자인야

증자가 말하였다. "어린 임금이 안심하고 맡길 수 있고, 한 나라의 명운을 맡길 수 있으며, 나라가 큰일을 당하였을 때 그의 뜻을 바꾸지 않는다면, 군자다운 사람인가? 그렇다. 군자다운 사람이다."

아. 향당(鄕黨) 11-20. 겉만 그럴듯해선 안 된다.
子曰, 論篤是與 君子者乎 色莊者乎
자왈, 논독시여 군자자호 색장자호

공자께서 말씀하셨다. "말이 조리가 있고 그럴듯하다 하여 그를 인정해 준다면, 그가 군자다운 사람인가, 아니면 겉모습만 그럴듯한 사람인가."

자. 안연(顔淵) 12-4. 근심하지도 두려워해서도 안 된다.
司馬牛問君子 子曰, 君子不憂不懼 曰, 不憂不懼
사마우문군자 자왈, 군자불우불구 왈, 불우불구
斯謂之君子矣乎 子曰, 內省不疚 夫何憂何懼
사위지군자의호 자왈, 내성불구 부하우하구

사마우가 군자에 대해서 여쭙자, 공자께서 말씀하셨다. "군자는 근심하지도 않고 두려워하지도 않는다." 사마우가 다시 여쭈었다. "근심도 하지 않고 두려워하지도 않으면, 곧 그 사람을 군자라고 할 수 있습니까?" 공자께서 말씀하셨다. "마음속으로 돌아보아 양심에 거리낌이 없다면 무엇을 근심하고 무엇을 두려워하겠느냐."

차. 자한(子罕) 9-2. 명예를 탐하지 말라.

達巷黨人曰, 大哉孔子 博學而無所成名 子聞之
달항당인왈, 대재공자 박학이무소성명 자문지

謂門弟子曰, 吾何執 執御乎 執射乎 吾執御矣
위문제자왈, 오하집 집어호 집사호 오집어의

달항 고을의 사람이 말하였다. "공자는 참으로 위대하도다. 그런데 공부를 이렇게 많이 하였는데도, 명성을 이루지 못하셨구나." 공자께서는 이 말을 들으시고 문하의 제자들에게 말씀하셨다. "(사냥을 나갈 때) 무엇을 잡아야 하나? 말의 고삐를 잡아야 하나? 활을 잡아야 하나? 나는 말의 고삐를 잡을 것이다."

카. 자로(子路) 13-26. 넉넉하면서도 교만하지 않아야 한다.

子曰, 君子泰而不驕 小人驕而不泰
자왈, 군자태이불교 소인교이불태

공자께서 말씀하셨다. "군자는 넉넉하면서도 교만하지 않고, 소인은 교만하면서도 넉넉하지 않다."

타. 자로(子路) 13-23. 사람들과 화합하지만 부화뇌동하지 말아야 한다.

子曰, 君子和而不同 小人同而不和
자왈, 군자화이부동 소인동이불화

공자께서 말씀하셨다. "군자는 사람들과 화합하지만 부화뇌동하지는 않고, 소인은 부화뇌동하지만 사람들과 화합하지는 못한다."

파. 헌문(憲問) 14-24. 세속적인 것을 지양하고 고상한 곳으로 나아가야 한다.

子曰, 君子上達 小人下達
자왈, 군자상달 소인하달

공자께서 말씀하셨다. "군자는 고상한 곳으로 나아가고, 소인은 세속적인 곳으로 나아간다."

하. 자장(子張) 19-20. 선하지 않은 곳에 머물러서는 아니 된다.

子貢曰, 紂之不善 不如是之甚也 是以君子惡居下流
자공왈, 주지불선 불여시지심야 시이군자오거하류
天下之惡皆歸焉
천하지악개귀언

자공이 말하였다. "주왕의 선하지 않음이 세상에 알려진 만큼 심한 것은 아니었다. 그래서 군자는 선하지 않은 곳에 머물기를 싫어하는 것이니, 천하의 악이 모두 그에게로 돌아가기 때문이다."

거. 위령공(衛靈公) 15-21. 편당(파벌)을 만들지 않아야 한다.

子曰, 君子矜而不爭 群而不黨

자왈, 군자긍이부쟁 군이부당

공자께서 말씀하셨다. "군자는 불쌍하게 여기면서도 다투지는 않고, 무리를 이루지만 편당을 만들지는 않는다."

너. 헌문(憲問) 14-28. 자기의 직위를 벗어나 생각해서는 안 된다.

曾子曰, 君子思不出其位

증자왈, 군자사불출기위

증자가 말하였다. "군자는 자기의 직위를 벗어나 생각하지 않는다."

○ ----------

『논어』에서는 대부분 "군자는 ~해야 한다."라고 하는 가르침을 제시하고 있으며, 군자가 해서는 안 되는 일들에 대해서도 다음과 같이 제시하였다. "군자는 사사로운 뜻으로 결정하는 일이 없어야 하고, 반드시 그렇다고 단정하지 말아야 하며, 무리하게 고집부리는 일도 없어야 하고, 아집에 빠지지 않아야 한다. 군자는 자기보다 못한 자를 벗으로 사귀지 말며, 허물이 있으면 고치기를 꺼리지 말아야 한다. 군자는 말을 함부로 해서는 안 되며, 겉과 속이 다른(표리부동) 행동을 삼가야 한다. 군자는 나라가 큰일을 당하였을 때 뜻을 바꿔서는 안 되며, 양심에 거리낌이 없다면 근심하고 두려워하지 말고, 정도를 벗어나지 말아야 한다. 군자는 명예를 탐하지 말고 교만해선 안 되며, 사람들과 화합하지만 부화뇌동하지 말아야 한다. 군자는 선하지 않은 곳에 머물러서는 안 되고, 편당(파벌)을 만들지 말아야 하며, 자기의 직위를 벗어나 생각해서는 안 된다."라고 하였다.

5. 군자가 경계해야 할 것들

가. 계씨(季氏) 16-6. 군주를 모실 때 저지르기 쉬운 세 가지 잘못

孔子曰, 侍於君子有三愆 言未及之而言 謂之躁

공자왈, 시어군자유삼건 언미급지이언 위지조

言及之而不言 謂之隱 未見顔色而言 謂之瞽

언급지이불언 위지은 미견안색이언 위지고

공자께서 말씀하셨다. "군주를 모실 때 저지르기 쉬운 세 가지 잘못이 있다. 아직 (주군의) 말이 끝나지 않았는데 말하는 것을 조급하다고 한다. 말해야 할 때가 되었는데도 말하지 않는 것을 속마음을 숨긴다고 한다. (주군의) 안색을 살피지 않고 말하는 것을 눈치가 없다고 한다."

나. 계씨(季氏) 16-7. 군자가 경계해야 할 세 가지(여색, 다툼, 탐욕)

孔子曰, 君子有三戒 少之時 血氣未定 戒之在色 及其壯也

공자왈, 군자유삼계 소지시 혈기미정 계지재색 급기장야

血氣方剛 戒之在鬪 及其老也 血氣旣衰 戒之在得

혈기방강 계지재투 급기노야 혈기기쇠 계지재득

공자께서 말씀하셨다. "군자에게는 세 가지 경계해야 할 일이 있다. 젊을 때는 혈기가 안정되지 않으므로 여색을 경계해야 한다. 장년이 되어서는 혈기가 왕성해지므로 다툼을 경계해야 한다. 노년이 되어서는 혈기가 이미 쇠약해졌으므로 탐욕을 경계해야 한다."

○ ----------

『정관정요』「규간태자편(規諫太子, 태자를 바르게 간하다)」에 태자우서자(太子右庶子, 왕세자의 교육을 맡아보던 벼슬)를 직하고 있는 이백약(李百藥)은 군주나 군자가 경계해야 할 몇 가지를 다음과 같이 간언하였다.

우선, **술을 경계하라**. "즐거운 연회에서는 예절로써 교류하는데 우임금은 맛있는 술을 마시고 덕행을 해치는 일에 주의했습니다. 만일 그들이 술에 취해 어리석어지고, 음주를 좋아하여 악행을 범하면 은나라의 주왕이 술로 연못을 만든 것과 같이 되어 결국 나라를 잃게 되고 관부[4]가 술에 취하여 욕설한 결과로서 주살된 것과 같이 될 수 있습니다. 그렇기 때문에 이윤은 폭주와 가무의 기풍이 성행하자 금주의 훈계를 만들었고, 주공은 크고 작은 나라가 술로 인해 멸망했으므로 술을 경계하라는 규정을 남겼습니다."

다음으로, **여색을 경계하라**. "선강(宣姜)은 주선왕이 매우 늦게 일어나자 비녀와 귀고리를 빼놓고 벌을 청하여 그가 여색에 빠지지 않고 정사에 힘쓰도록 했습니다. 그러나 진나라에 재앙을 안겨 준 여희(驪姬)[5]

---

4) 전한의 장수로 자는 중유(仲儒)이다. 칠국의 난 때 오나라 군대로 들어가 수십 명을 죽이고 돌아와 천하에 이름을 떨쳤다. 무제 때 회양태수로 임명되었다가 후에 탄핵을 받아 죽었다.

5) 여희는 자기 아들 해제를 태자로 세우려고 태자와 여러 공자를 참언하여 진나라에 내란이 발생하도록 하였다.

나 주나라를 멸망시킨 포사(褒姒)[6] 같은 여자도 있었습니다. 이들은 겉모습은 요염하고 아름다웠지만 속마음은 매우 흉악하여 인간의 윤리를 저버렸습니다. 그렇기 때문에 제후의 성과 나라를 기울게 할 만큼 아름다운 미인을 보면 후대 제왕들에게 안 좋은 선례로 생각하고, 이전 시대의 역사적 사실로써 거울 삼아야 합니다."라고 했다.

공자는 젊을 때는 여색을 경계하고 장년이 되어서는 다툼을 경계하라 하였으며, 노년에는 탐욕을 경계하라 하였다. 군자가 반드시 지켜야 할 것도 많지만 경계해야 할 것도 있다. 반드시 해야 할 일은 도리이지만 해서는 안 되는 일을 경계하고 금하는 것 또한 군자의 도라 할 수 있다.

다. 군자가 두려워하고 마음에 새겨야 할 것들

1) 계씨(季氏) 16-8. 군자가 두려워해야 할 세 가지(천명, 대인, 성인의 말씀)

   孔子曰, **君子有三畏** 畏天命 畏大人 畏聖人之言
   공자왈, 군자유삼외 외천명 외대인 외성인지언
   小人不知天命而不畏也 狎大人 侮聖人之言
   소인부지천명이부외야 압대인 모성인지언

---

6) 포사는 서주의 마지막 임금 유(幽)의 왕후였다. 유왕은 궁에 들어와서 한 번도 웃지 않는 그녀의 웃는 모습을 보고자 거짓으로 봉화를 올렸다. 이를 본 제후들이 사방에서 군사들을 이끌고 허겁지겁 달려오는 모습을 보고서야 포사는 빙긋이 미소를 지었다고 한다. 서희는 서이(西夷) 견융에 의해 죽임을 당했다.

공자께서 말씀하셨다. "군자에게는 세 가지 두려워해야 할 일이 있다. 천명(天命)을 두려워해야 하고, 대인을 두려워해야 하며, 성인의 말씀을 두려워해야 한다. 소인은 천명을 알지 못하여 두려워하지 않고, 대인을 함부로 대하며, 성인의 말씀을 업신여긴다."

2) 계씨(季氏) 16-10. 군자가 마음에 새겨 두어야 할 아홉 가지
孔子曰, 君子有九思 視思明 聽思聰 色思溫 貌思恭
공자왈, 군자유구사 시사명 청사총 색사온 모사공
言思忠 事思敬 疑思問 忿思難 見得思義
언사충 사사경 의사문 분사난 견득사의

공자께서 말씀하셨다. "군자에게는 항상 마음에 새겨 두어야 할 아홉 가지가 있다. (사물을) 볼 때는 명확하게, 들을 때는 밝게, 얼굴빛은 온화하게, 몸가짐은 공손하게, 말을 할 때는 진실하게, 일을 할 때는 공경스럽게, 의심이 날 때는 (주저 없이) 물어보고, 화가 날 때는 뒤에 겪을 어려움을 생각하며, 이익을 보았을 때는 그것이 의로운 것인가를 생각해 보아야 한다."

3) 양화(陽貨) 17-24. 군자가 미워하는 것들
子貢曰, 君子亦有惡乎 子曰, 有惡 惡稱人之惡者
자공왈, 군자역유오호 자왈, 유오 오칭인지악자

惡居下流而訕上者 惡勇而無禮者 惡果敢而窒者 曰,
오거하류이산상자 오용이무례자 오과감이질자 왈,

賜也 亦有惡乎 惡徼以爲知者 惡不孫以爲勇者
사야 역유오호 오요이위지자 오불손이위용자

惡訐以爲直者
오알이위직자

자공이 여쭈었다. "군자도 미워하는 게 있습니까?" 공자께서 말씀하셨다. "미워하는 게 있다. 남의 결점을 떠들어 대는 것을 미워하고, 아랫사람이 윗사람을 헐뜯는 것을 미워하며, 용기만 있고 예의가 없는 것을 미워하고, 과감하기만 하고 (융통성 없이) 꽉 막힌 것을 미워한다." 공자께서 물으셨다. "사야, 너도 미워하는 게 있느냐?" 자공이 대답했다. "남의 것을 훔쳐서 자기 지식인 체하는 것을 미워하고, 불손한 것을 용감하다고 여기는 것을 미워하며, 남의 비밀을 들추어내면서 정직하다고 여기는 것을 미워합니다."

○ ----------

『순자』「영욕편(명예와 치욕)」에 "지극히 통쾌하면서도 몸을 망치는 것은 노여움 때문이며, 소상하게 살피면서도 해를 입는 것은 남에게 거스르기 때문이다. 박식하면서도 궁하게 되는 것은 남을 헐뜯기 때문이며, 겉으로는 깨끗하게 보이면서도 실제론 혼탁해지는 것은 마음이 비틀어졌기 때문이다. 영양을 충분히 섭취하면서도 더욱 여위어 가는 것은 교만 때문이며, 아무리 말을 잘해도 남이 이해하지 못하는 것은 남과 다투려는 마음 때문이다. 홀로 꿋꿋해도 남이 알아주지 않는 것은 남을 억압하려 하는 마음 때문이며, 청렴한데도 남이 귀하게 여기지 않는 것은 남을 다치게 하기 때문이다. 용감한데도 남이 어려워하지 않는 것은 이익을 탐하기 때문이며, 신실하면서도 남에게 존경을 받지 못하는 것은 독선적이기 때문이니, 이런 것들은 군자로서 취할 바가 아니다."라고 했다. 군자로서 마음에 새겨야 할 덕목이다.

공자는 "군자는 천명(天命)을 두려워해야 하고, 대인을 두려워해야 하며, 성인의 말씀을 두려워해야 한다."라고 하였으며, 군자로서 마음에 새겨야 할 것은 "사물을 볼 때는 명확하게, 들을 때는 밝게, 얼굴빛은 온화하게, 몸가짐은 공손하게, 말을 할 때는 진실하게, 일을 할 때는 공경스럽게, 의심이 날 때는 (주저 없이) 물어보고, 화가 날 때는 뒤에 겪을 어려움을 생각하며, 이익을 보았을 때는 그것이 의로운 것인가를 생각해 보아야 한다."라고 하였다. 두려운 마음을 가지고 마음에 새겨 실천한다면 '군자다운 군자'가 되지 않을까 생각한다.

6. 군자와 선비

가. 자로(子路) 13-20. 선비의 단계별 수준을 구분한다면

子貢問曰, 何如斯可謂之士矣 子曰, 行己有恥 使於四方

자공문왈, 하여기가위지사의 자왈, 행기유치 사어사방

不辱君命 可謂士矣

불욕군명 가위사의

曰, 敢問其次 曰, 宗族稱孝焉 鄕黨稱弟焉

왈, 감문기차 왈, 종족칭효언 향당칭제언

曰, 敢問其次 曰, 言必信 行必果 硜硜然小 人哉

왈, 감문기차 왈, 언필신 행필과 갱갱연소 인재

抑亦可以爲次矣

억역가이위차의

曰, 今之從政者何如 子曰, 噫 斗筲之人 何足算也

왈, 금지종정자하여 자왈, 희 두소지인 하족산야

자공이 여쭈었다. "어떤 사람을 선비라고 할 수 있습니까?" 공자께서 말씀하셨다. "자신의 행동에 부끄러워할 줄 알고, 사방(외국)에 사신으로 가서도 임금의 명을 욕되게 하지 않는다면, 선비라고 할 수 있다."

자공이 다시 여쭈었다. "그다음 수준은 어떤 것인지요." 공자께서 말씀하셨다. "친척들이 효성스럽다고 칭찬하고, 마을 사람들이 공손하다고 칭찬하는 사람이다."

자공이 다시 여쭈었다. "그다음 수준은 어떤 것인지요." 공자께서 말씀하셨다.

"말에는 반드시 신의가 있고 할 일을 단호하게 처리한다면, 융통성 없는 소인이긴 할지라도, 그래도 그다음은 될 수 있다."

자공이 다시 여쭈었다. "요즘 정치하는 사람들은 어떻습니까?"

공자께서 말씀하셨다. "아아, 그릇이 작은 사람들이야 따져 볼 가치가 있겠느냐?"

나. 태백(泰伯) 8-7. 선비의 덕목(강인한 의지, 인의 실천)

曾子曰, 士不可以不弘毅 任重而道遠 仁以爲己任

증자왈, 사불가이불홍의 임중이도원 인이위기임

不亦重乎 死而後已 不亦遠乎

불역중호 사이후이 불역원호

증자가 말하였다. "선비는 강인한 의지가 없으면 안 된다. 임무는 막중하고 갈 길은 멀기 때문이다. 인(仁)을 자신의 임무로 삼으니 또한 책임이 막중하지 않은가. 죽은 뒤에야 그만두는 것이니 또한 갈 길이 멀지 않은가."

다. 자장(子張) 19-1. 선비다운 행동과 기본 자격

子張曰, 士見危致命 見得思義 祭思敬 喪思哀 其可已矣

자장왈, 사견위치명 견득사의 제사경 상사애 기가이의

자장이 말하였다. "선비가 위태로운 일을 보면 목숨을 바치고, 이익이 눈앞에 보이면 의로운 일인가를 생각하며, 제사를 지낼 때는 경건하게 지낼 것을 생각하고, 상을 당했을 때 슬픔을 생각한다면, 그는 선비로서의 기본적인 자격을 갖춘 것이다."

라. 옹야(雍也) 6-11. 군자다운 선비가 되어라.

子謂子夏曰, 女爲君子儒 無爲小人儒
자위자하왈, 여위군자유 무위소인유

공자께서 자하에게 말씀하셨다. "너는 군자다운 선비가 되어야지, 소인 같은 선비가 되어서는 안 된다."

○ ----------

'선비'는 '학식은 있으나 벼슬하지 않은 사람이나 학덕을 갖춘 사람 또는 학문을 닦는 사람을 이르는 말'이며, '어질고 순한 사람'을 비유하여 이르는 말이다. '군자(君子)'란 '학문과 덕이 높고 행실이 바르며 품위를 갖춘 사람'을 이르는 말이다.

'선비'란, 한자어가 아니라 고유어인데 선비 사(士) 자는 춘추전국시대 때 군주나 귀족에게 고용된 관료를 가리키는 말이었다. 조선시대식 선비 형태가 등장하기 한참 전 고대부터 한국과 중국에서는 이런 의미로 널리 쓰여 왔던 글자이다. 이 때문에 조선 전기까지만 하더라도 사

(士)를 한국어로 해석할 때 선비라 하지 않고 '조사(朝士)' 즉, 조정에 나아가 일을 하는 선비라고 칭했다. 한편 같은 뜻으로 선비를 뜻하는 한자인 유(儒)는 조선 전기부터 선비라는 의미로 말하였는데, 이에 대한 설명이 '도덕을 지키고 학문을 지키는 사람'이었다. 공자가 가르친 제자들이 모두 나중에 사(士)가 되었는데, 공자가 가르치던 자들이 누군지 생각하면, 평범하고 보잘것없는 사람들도 얼마든지 학문을 통하여 사(士)가 될 수 있다고 볼 수 있다.

『순자』「수신편(修身篇)」에 의하면 "예법을 좋아하여 그대로 행하는 것이 선비요, 뜻을 돈독히 하고 그것을 몸소 실천하는 것이 군자이다. 생각이 민첩하고 총명해 막힘이 없는 것이 성인이다. 사람은 예법이 없다면 어디로 가야 할지 모르고, 예법이 있으되 그 뜻을 모른다면 뜻을 둘 수 없어 어떻게 해야 할지 모르게 된다. 예법을 따르며 모든 일을 깊이 이해해야만 온화해지고 윤택해진다."라고 하였다.

好法而行 士也, 篤志而體 君子也, 齊明而不竭 聖人也, 人無法則倀倀然 有法而無志其義則渠渠然 依乎法而又深其類 然後溫溫然.

7. 군자와 소인의 차이

가. 갖추어야 할 도와 덕에서 다른 점

1) 이인(里仁) 4-16. 군자는 의에 밝고 소인은 이익에 밝다.

   子曰, 君子喩於義 小人喩於利

   자왈, 군자유어의 소인유어리

   공자께서 말씀하셨다. "군자는 의로움에 밝고 소인은 이익에 밝다."

2) 헌문(憲問) 14-7. 군자로서 어질지 못한 자는 있어도, 소인은 어진 자가 될 수 없다.

   子曰, 君子而不仁者有矣夫 未有小人而仁者也

   자왈, 군자이불인자유의부 미유소인이인자야

   공자께서 말씀하셨다. "군자로서 어질지 못한 자는 있어도, 소인으로서 어진 자는 없다."

3) 이인(里仁) 4-11. 군자는 덕(德)과 법(法)을 생각하지만, 소인은 머물 곳과 혜택받기를 생각한다.

   子曰, 君子懷德 小人懷土 君子懷刑 小人懷惠

   자왈, 군자회덕 소인회토 군자회형 소인회혜

공자께서 말씀하셨다. "군자는 덕을 생각하지만 소인은 편히 머물 곳을 생각하고, 군자는 법을 생각하지만 소인은 혜택받기를 생각한다."

4) **양화(陽貨) 17-4. 군자가 도(道)를 배우면 남을 사랑하고, 소인이 도를 배우면 일을 시키기가 쉽다.**

子之武城 聞弦歌之聲 夫子莞爾而笑曰, 割雞焉用牛刀

자지무성 문현가지성 부자완이이소왈, 할계언용우도

子游對曰, 昔者偃也 聞諸夫子曰, 君子學道則愛人

자유대왈, 석자언야 문제부자왈, 군자학도즉애인

小人學道則易使也 子曰, 二三者 偃之言是也

소인학도즉이사야 자왈, 이삼자 언지언시야

前言戲之耳

전언희지이

공자께서 무성에 가시어 현악기를 연주하며 부르는 노래를 들으셨다. 선생께서는 빙그레 미소 지으시며 말씀하셨다. "닭을 잡는데 어찌 소 잡는 칼을 쓰느냐?" 자유가 대답하였다. "오래 전에 선생님께 듣기로는 '군자가 도(道)를 배우면 남을 사랑하고, 소인이 도를 배우면 일을 시키기가 쉽다'고 하셨습니다." 공자께서 말씀하셨다. "얘들아, 언(자유)의 말이 옳다. 아까 한 말은 농담일 뿐이다."

나. 갖추어야 할 태도와 자세에서 다른 점

1) 위령공(衛靈公) 15-1. 군자는 곤궁에 빠져도 의연하지만, 소인은 곤궁해지면 함부로 행동한다.

   衛靈公問陳於孔子 孔子對曰, 俎豆之事 則嘗聞之矣

   위령공문진어공자 공자대왈, 조두지사 즉상문지의

   軍旅之事 未之學也 明日遂行

   군려지사 미지학야 명일수행

   在陳絶糧 從者病 莫能興 子路慍見曰, 君子亦有窮乎

   재진절량 종자병 막능흥 자로온현왈, 군자역유궁호

   子曰, 君子固窮 小人窮斯濫矣

   자왈, 군자고궁 소인궁사람의

   위나라 영공이 공자에게 (군대의) 진법(陣法)에 대하여 묻자, 공자께서 대답하셨다. "제사에 관한 일은 일찍이 들어 알고 있지만, 군사에 관한 일은 배우지 못했습니다." 그러고는 이튿날 드디어 (위나라를) 떠나셨다.

   진나라에서 양식이 떨어지고, 따르던 사람들은 병이 나서 일어날 수도 없게 되었다. 그러자 자로가 성이 나서 공자를 찾아뵙고 말하였다. "군자도 궁할 때가 있습니까?" 공자께서 말씀하셨다. "군자는 곤궁에 빠져도 의연하지만, 소인은 곤궁해지면 함부로 행동한다."

2) 자로(子路) 13-26. 군자는 넉넉하면서도 교만하지 않고, 소인은 교만하면서도 넉넉하지 않다.
子曰, 君子泰而不驕 小人驕而不泰
자왈, 군자태이불교 소인교이불태

공자께서 말씀하셨다. "군자는 넉넉하면서도 교만하지 않고, 소인은 교만하면서도 넉넉하지 않다."

3) 헌문(憲問) 14-24. 군자는 고상한 곳으로 나아가고, 소인은 세속적인 곳으로 나아간다.
子曰, 君子上達 小人下達
자왈, 군자상달 소인하달

공자께서 말씀하셨다. "군자는 고상한 곳으로 나아가고, 소인은 세속적인 곳으로 나아간다."

4) 위령공(衛靈公) 15-20. 군자는 모든 원인을 자기에게서 찾고, 소인은 (원인을) 남에게서 찾는다.
子曰, 君子求諸己 小人求諸人
자왈, 군자구제기 소인구제인

공자께서 말씀하셨다. "군자는 (원인을) 자기에게서 찾고, 소인은 (원인을) 남에게서 찾는다."

5) 자장(子張) 19-8. 소인은 잘못을 저지르면 핑계를 댄다.

子夏曰, 小人之過也必文

자하왈, 소인지과야필문

자하가 말하였다. "소인들은 잘못을 저지르면, 반드시 핑계를 꾸며 댄다."

6) 자로(子路) 13-23. 군자는 사람들과 화합하지만 부화뇌동하지 않고, 소인은 부화뇌동하지만 사람들과 화합하지는 못한다.

子曰, 君子和而不同 小人同而不和

자왈, 군자화이부동 소인동이불화

공자께서 말씀하셨다. "군자는 사람들과 화합하지만 부화뇌동하지는 않고, 소인은 부화뇌동하지만 사람들과 화합하지는 못한다."

7) 위령공(衛靈公) 15-33. 군자는 작은 일은 알지 못해도 큰일은 맡아 할 수 있으며, 소인은 큰일은 감당 못 해도 작은 일은 잘 알 수 있다.

子曰, 君子不可小知 而可大受也 小人不可大受

자왈, 군자불가소지 이가대수야 소인불가대수

而可小知也

이가소지야

공자께서 말씀하셨다. "군자는 작은 일은 알지 못해도 큰일은 맡아 할 수 있으며, 소인은 큰일은 감당 못 해도 작은 일은 잘 알 수 있다."

8) 위정(爲政) 2-14. 군자는 두루 지내면서 남과 견주지 아니하고, 소인은 견주면서 두루 지내지 못한다.
子曰, 君子 周而不比 小人 比而不周
자왈, 군자 주이불비 소인 비이부주

공자께서 말씀하셨다. "군자는 두루 지내면서도 견주지(비교하지) 아니하고, 소인은 견주면서 두루 지내지 못한다."

9) 자로(子路) 13-25. 군자가 사람에게 일을 맡길 때는 그 사람의 그릇(역량)에 따라 맡기며, 소인이 사람에게 일을 맡길 때는 능력을 다 갖추고 있기를 요구한다.
子曰, 君子易事而難說也 說之不以道 不說也 及其使人也
자왈, 군자이사이난열야 열지불이도 불열야 급기사인야
器之 小人難事而易說也 說之雖不以道 說也 及其使人也
기지 소인난사이이열야 열지수불이도 설야 급기사인야
求備焉
구비언

공자께서 말씀하셨다. "군자는 섬기기는 쉬워도 기쁘게 하기는 어렵다. 그를 기쁘게 하려 노력해도 도리에 맞지 않으면 기뻐하지 않는다. 그러나 군자가 사람에게 일을 맡길 때는 그 사람의 그릇(역량)에 따라 맡긴다.

소인은 섬기기는 어려워도 기쁘게 하기는 쉽다. 그를 기쁘게 하려 할 때는 올바른 도리로써 하지 않더라도 기뻐한다. 그러나 소인이 사람에게 일을 맡길 때는 능력을 다 갖추고 있기를 요구한다."

10) 안연(顔淵) 12-16. 군자는 다른 사람의 좋은 점이 이루어지게 하지만, 소인은 이와 반대이다.

子曰, 君子成人之美 不成人之惡 小人反是

자왈, 군자성인지미 불성인지악 소인반시

공자께서 말씀하셨다. "군자는 남의 좋은 점을 이루어지게 해주고 남의 나쁜 점은 이루어지지 않게 하지만, 소인은 이와 반대이다."

11) 자로(子路) 13-25. 군자는 섬기기는 쉬워도 기쁘게 하기는 어려우며, 소인은 섬기기는 어려워도 기쁘게 하기는 쉽다.

子曰, 君子易事而難說也 說之不以道 不說也 及其使人也

자왈, 군자이사이난열야 열지불이도 불열야 급기사인야

器之 小人難事而易說也 說之雖不以道 說也 及其使人也
기지 소인난사이이열야 열지수불이도 설야 급기사인야
求備焉
구비언

공자께서 말씀하셨다. "군자는 섬기기는 쉬워도 기쁘게 하기는 어렵다. 그를 기쁘게 하려 노력해도 도리에 맞지 않으면 기뻐하지 않는다. 그러나 군자가 사람에게 일을 맡길 때는 그 사람의 그릇(역량)에 따라 맡긴다.

소인은 섬기기는 어려워도 기쁘게 하기는 쉽다. 그를 기쁘게 하려 할 때는 올바른 도리로써 하지 않더라도 기뻐한다. 그러나 소인이 사람에게 일을 맡길 때는 능력을 다 갖추고 있기를 요구한다."

○ ----------

『순자』「수신편(修身篇)」에서 얘기하는 군자와 소인의 차이는 다음과 같다.

- "군자는 스승을 높이고 벗과 친하게 지내며, 그를 해치는 자를 매우 미워하고, 선을 좋아함에 싫증 내지 않으며, 충고를 받아들여 훈계를 삼을 줄 아니 비록 발전하지 않으려 한다 해도 안 할 수가 있겠는가?"라고 하면서 스승과 벗과 잘 지내며 선을 좋아하고 충고를 받아들여 훈계를 삼을 줄 아는 자라 하였다(故君子隆師而親友 以致惡其賊 好善無厭 受諫而能誡 雖欲無進 得乎哉).

- 반면에 소인은 이와 반대로 심하게 난동을 부리면서도 남들이 자기를 비난하는 것을 싫어하고, 매우 어리석으면서도 남들이 자기를 어질다고 여겨 주기 바란다. 마음가짐은 호랑이나 짐승과 같고, 행동은 금수(날짐승, 길짐승) 같으면서도 남들이 자기를 도적이라 말하는 것을 싫어한다. 아첨하는 자를 가까이하며, 자기를 깨우쳐 주는 자를 멀리하며, 수양을 쌓은 행실이 바른 사람을 비웃고, 지극히 충성된 사람을 자기를 해치는 자라고 여긴다(小人反是 致亂 而惡人之非己也 致不肖 而欲人之賢己也 心如虎狼 行如禽獸 而又怨人之賊己也 諂諛者親 諫爭者疏 修正爲笑 至忠爲賊 雖欲無滅亡 得乎哉).

『순자』「불구편(不苟篇, 구차한 짓을 하지 말라)」에서 말하는 군자와 소인의 차이는 또 이렇다.
- 군자는 능력이 있으면 좋지만 능력이 없어도 호감이 가나, 소인은 능력이 있어도 추하고 능력이 없어도 추하다(君子能亦好 不能亦好 小人能亦醜 不能亦醜).
- 군자는 능력이 있으면 너그럽고 곧음으로써 사람들을 계발하고 인도하고 능력이 없으면 공경스럽고 조심하며, 움츠리고서 두려워하며 사람들을 섬긴다. 그러나 소인은 능력이 있으면 멋대로 오만하고 그릇된 일을 하면서 남에게 교만하게 행동하며, 능력이 없으면 질투하고 원망하고 비방하며 사람들을 쓰러뜨리려 한다(君子能則寬容易直以開道人 不能則恭敬繜絀以畏事人 小人能則倨傲僻違以驕溢人 不能則妬嫉怨誹以傾覆人).

- 군자에게 능력이 있으면 사람들은 그에게 배우는 것을 기뻐하고, 능력이 없으면 사람들은 그에게 일러 주는 것을 즐거워한다. 소인이 능력이 있으면 그에게 배우는 것을 천하게 여기고, 능력이 없으면 사람들은 그에게 일러 주는 것을 부끄러이 여긴다(故曰, 君子能則人榮學焉 不能則人樂告之 人能則人賤學焉 不能則人羞告之 是君子小人之分也).

- 군자는 마음이 크면 하늘을 따르고 도를 지키며, 마음이 작으면 의로움을 두려워하고 절조를 지킨다. 지혜가 있으면 밝게 이치에 통달해 모든 사물을 잘 처리할 줄 알고, 어리석으면 바르고 성실하게 법을 지킨다. 벼슬자리에 등용되면 공손하게 예를 따르며, 벼슬자리에 등용되지 못하면 공경히 예에 맞게 처신한다. 기쁠 때는 온화하고 조리가 있으며, 걱정할 때는 고요하면서도 조리가 있다. 뜻대로 잘될 때는 문아(文雅)하고도 밝으며, 곤궁할 때는 검약하면서 올바른 도리를 조심해서 따른다. 소인은 그렇지 않다. 마음이 크면 오만하고도 포악하고, 마음이 작으면 부정하고도 비뚤어지게 행동한다. 지혜가 있으면 남의 것을 빼앗고 도둑질하며 사기를 치고, 어리석으면 남을 해치고 문란한 행동을 한다. 벼슬자리에 등용되면 각박하고도 오만하며, 벼슬자리에 등용되지 못하면 남을 원망하고 음험한 짓을 한다. 기쁠 때는 경박하게 날뛰고, 걱정할 때는 좌절하고 두려워한다. 뜻대로 잘될 때는 교만하고도 편벽되고, 곤궁할 때는 자포자기해 못난 짓을 한다. 전하는 말에 "군자는 어떤 경우에나 발전하지만, 소인은 어떤 경우에나 나쁜 결과를 낳는다."라고 한 것은 이것을 뜻하는 말이다(君子大心則敬天而道 小心則畏義而節 知則明通而類 愚則端慤而法 見由則恭而止 見閉則敬而齊 喜

則和而治 憂則靜而理 通則文而明 窮則約而詳 小人則不然 大心則慢 而暴 小心則淫而傾 知則攫盜而漸 愚則毒賊而亂 見由則兌而倨 見閉 則怨而險 喜則輕而翾 憂則挫而攝 通則驕而偏 窮則棄而儑 傳曰, 君子 兩進 小人兩廢 此之謂也).

공자가 말하는 군자와 소인의 차이를 다시 요약하면 다음과 같다.
- 군자는 의에 밝고 소인은 이익에 밝다.
- 군자는 덕(德)과 법(法)을 생각하지만, 소인은 머물 곳과 혜택받기를 생각한다.
- 군자가 도(道)를 배우면 남을 사랑하고, 소인이 도를 배우면 일을 시키기가 쉽다.
- 군자로서 어질지 못한 자는 있어도, 소인은 어진 자가 될 수 없다.
- 군자는 곤궁에 빠져도 의연하지만, 소인은 곤궁해지면 함부로 행동한다.
- 군자는 넉넉하면서도 교만하지 않고, 소인은 교만하면서도 넉넉하지 않다.
- 군자는 모든 원인을 자기에게서 찾고, 소인은 (원인을) 남에게서 찾는다.
- 군자는 두루 지내면서 남과 견주지 아니하고, 소인은 견주면서 두로 지내지 못한다.
- 군자는 사람들과 화합하지만 부화뇌동하지 않고, 소인은 부화뇌동하지만 사람들과 화합하지는 못한다.
- 군자는 섬기기는 쉬워도 기쁘게 하기는 어려우며, 소인은 섬기기는 어려워도 기쁘게 하기는 쉽다.

- 군자가 사람에게 일을 맡길 때는 그 사람의 그릇(역량)에 따라 맡기며, 소인이 사람에게 일을 맡길 때는 능력을 다 갖추고 있기를 요구한다.
- 군자는 고상한 곳으로 나아가고, 소인은 세속적인 곳으로 나아간다.
- 군자는 다른 사람의 좋은 점이 이루어지게 하지만, 소인은 이와 반대이다.
- 군자는 작은 일은 알지 못해도 큰일은 맡아 할 수 있으며, 소인은 큰일은 감당 못 해도 작은 일은 잘 알 수 있다.
- 소인은 잘못을 저지르면 핑계를 댄다.

달리 설명이 필요 없는 말이다. 대신 나는 어디에 속하는지 고민해 보자. 우리 주변에 있는 정치 지도자들이나 관료들은 또 어디에 속하는지 한 번쯤 생각해 볼 만하다.

제5편
나라를 다스리는 일(정치)

1. 정치란 무엇인가?
2. 정치에서 필요한 덕목들
3. 정치에서 가장 중요한 것들
4. 정치를 잘하려면 어떻게 하여야 하는가?

제5편
나라를 다스리는 일(정치)

최근 우리 사회에도 정치에 대한 관심이 매우 높아졌다. 국민 모두의 정치적 수준이 여느 정치인보다 높아졌으며, 몇 사람만 모여도 으레 정치가 대화의 중심이 되고 있다. 모두 한마디씩 할 수 있는 수준은 되었으나 얘기를 꺼내고 나면 결국엔 낯을 붉히는 일들이 많아진다. 정치를 판단하는 기준과 수준이 다르기 때문일까? 아니면 지나친 이념적 편견이 개입해서일까?

어떤 사람은 어느 한쪽의 정치적 행위는 무조건 옳다고 하고, 또 다른 쪽의 정치적 행위는 무조건 무시하거나 험한 비판을 한다. 분명 정치에 관심은 많으나 정치가 무엇인지에 대한 기준은 찾아 볼 수 없으니, 자신이 판단하는 그릇된 기준(그릇된 기준이라고조차 판단하지도 못함)에 근거하고 있기 때문일 것이다. 결국은 정치를 올바르게 이해하려면 정치에 대한 올바른 기준과 그 기준에 근거한 판단과 사고가 필요하다 할 수 있다.

맹자는 "나라는 덕을 지닌 군자가 다스려야 한다."라고 하였다. 그러니까 덕을 갖춘 사람이 정치를 해야 한다는 것이다. 맹자가 말하는 '덕'은 다른 사람의 고통을 함께 느끼는 '측은지심(仁, 인)', 나와 타인의 불의를 부끄러워하고 미워하는 '수오지심(義, 의)', 사랑과 정을 다른 사람에게 적절히 표현하는 '사양지심(禮, 예)' 그리고 그런 마음을 때와 장소에 따라 어떻게 드러내야 하는지를 판단하는 '시비지심(智, 지)'이다. 맹자는 이 네 가지 마음을 갖춘 군자가 왕이 돼 무엇보다 먼저 백성의 생활을 안정시켜야 한다고 하였다.

1. 정치란 무엇인가?

가. 자로(子路) 13-30. 정치란 백성의 생명을 소중히 여기는 것이다.

子曰, 以不敎民戰 是謂棄之

자왈, 이불교민전 시위기기

공자께서 말씀하셨다. "훈련을 받지 않은 백성들을 전쟁터에 내보내는 것은 바로 그들을 버리는 것이나 다름없다."

나. 안연(顔淵) 12-22. 정치란 인(仁)과 지(知)를 실천하는 것이다.

樊遲問仁 子曰, 愛人 問知 子曰, 知人 樊遲未達 子曰,

번지문인 자왈, 애인 문지 자왈, 지인 번지미달 자왈,

擧直錯諸枉 能使枉者直

거직조제왕 능사왕자직

樊遲退 見子夏曰, 鄕也吾見於夫子而問知 子曰,

번지퇴 견자하왈, 향야오견어부자이문지 자왈,

擧直錯諸枉 能使枉者直 何謂也

거직조제왕 능사왕사직 하위야

子夏曰, 富哉言乎 舜有天下 選於衆 擧臯陶 不仁者遠矣

자하왈, 부재언호 순유천하 선어중 거고도 불인자원의

湯有天下 選於衆 擧伊尹 不仁者遠矣

탕유천하 선어중 거이윤 불인자원의

번지가 인(仁)에 대하여 여쭙자, 공자께서 말씀하셨다. "사람을 사랑하는 것이다." 앎(知)에 대하여 여쭙자, 공자께서 말씀하셨다. "사람을 알아보는 것이다." 번지가 그 뜻을 제대로 이해하지 못하자, 공자께서 말씀하셨다. "바른 사람을 등용하여 그릇된 사람의 위에 두면, 그릇된 사람을 바르게 만들 수 있다."
번지가 물러 나와 자하를 보고 말하였다. "조금 전에 제가 선생님을 뵙고 앎(知)에 대해 여쭈었더니, 선생님께서 말씀하시기를 '바른 사람을 등용하여 그릇된 사람의 위에 두면, 그릇된 사람을 바르게 만들 수 있다.'라고 하셨는데, 무슨 뜻일까요?"
자하가 말하였다. "그 말씀이 참으로 대단하구나. 순임금이 천하를 다스리실 때 많은 사람 중에 고요를 뽑아 등용하시니 인(仁) 하지 않은 사람이 멀리 사라졌소. 탕임금이 천하를 다스릴 때는 많은 사람 중에 이윤을 골라서 등용하시니 인하지 않은 사람들이 멀리 사라졌지요."

다. 위정(爲政) 2-21. 정치란 효(孝)와 우애(友愛)를 정사에 반영시키는 것이다.

或謂孔子曰, 子奚不爲政 子曰, 書云 孝乎惟孝 友于兄弟
혹위공자왈, 자해불위정 자왈, 서운 효호유효 우우형제
施於有政 是亦爲政 奚其爲爲政
시어유정 시역위정 해기위위정

어떤 사람이 공자에게 물었다. "선생께서는 왜 정치를 하지 않으십니까?" 공자께서 말씀하셨다. "『서경』에 이르기를 효도하고 오직 효도하고 형제간에 우애하며, 이를 정사(政事)에 반영시키라고 하였다. 이 또한 정치를 하는 것인데 어찌 관직에 나가야만 정치를 한다고 하겠는가?"

라. 자로(子路) 13-16. 정치란 가까이 있는 사람은 기쁘게 하고, 멀리 있는 사람은 찾아오게 하는 것이다.

葉公問政 子曰, 近者說 遠者來
섭공문정 자왈, 근자열 원자래

섭공이 정치에 대해서 여쭙자, 공자께서 말씀하셨다. "가까이 있는 사람들은 기쁘게 하고, 멀리 있는 사람들은 찾아오게 하는 것입니다."

마. 안연(顔淵) 12-17. 정치란 바로잡는 것이다.

季康子問政於孔子 孔子對曰, 政者 正也 子帥以正
계강자문정어공자 공자대왈, 정자 정야 자솔이정

孰敢不正
숙감부정

계강자가 공자에게 정치에 대하여 묻자, 공자께서 말씀하셨다. "정치란 바로잡는 것입니다. 선생께서 바르게 행한다면 누가 감히 바르지 않게 하겠습니까?"

◯ ----------

정치(政治)란 한자를 그대로 풀이한다면 정사(政事) 정(政), 다스릴 치(治)라는 두 글자로, 즉 '나라를 다스리는 일'이다. 통치자나 위정자가 국민을 위하여 시행하는 여러 가지의 일을 말하며, 국가 권력을 획득하고 유지하며 행사하기 위하여 벌이는 여러 가지 활동을 말한다. 중요한 것은 국가 권력을 획득하고 유지하며 행사하기 위하여 벌이는 여러 가지 활동이 국민을 위하는 일이어야 한다는 것이다. 따라서 바르게 정치 한다는 것은 가능한 한 그 나라에 속한 모든 국민이 만족하고 안정될 수 있도록 행복을 충족시키고, 사람들 사이의 견해 차이나 이해관계로 다툼이나 갈등이 발생할 때는 이를 해결하는 활동을 포함할 수 있다.

이러한 행위들은 과거에는 군주 또는 대신들이 대부분 수행해 왔으나 민주주의 국가에서는 법을 만드는 입법부, 법에 따라 국가의 일을 수행하는 행정부, 법에 따라 잘못된 일을 심판하고 바로잡는 사법부와 같은 국가기관 등으로 구분하여 수행하고 대의정치를 위해 국가 권력을 위임할 대상을 선출하고, 다양한 활동을 통해 국민의 의견을 모아 정치적 행위에 영향을 미치는 행위를 수행함으로써 국민을 정치적 주체이거나 주권의 주인으로 보고 있다.

『맹자』「양혜왕편」에 "현명한 임금은 백성들의 생업을 마련해 줌으로써 반드시 위로는 족히 부모를 섬기고 아래로는 족히 처자를 양육하게 하며, 풍년에는 배불리 먹고 흉년이 들더라도 죽음을 면하도록 하여 주고, 그렇게 한 뒤에 그들을 이끌어 선한 길로 가도록 합니다. 그렇게 하면, 백성들은 저항 없이 따라오게 됩니다."라고 하였다. 미루어 볼 때 정치란 백성의 생업을 마련해 주는 것, 즉 먹고사는 문제를 해결해 주는 것이 으뜸인 듯하다.

  是故 明君制民之産 必使仰足以事父母 俯足以畜妻子 樂歲終身飽 凶年免於死亡 然後驅而之善故 民之從之也輕

  "노나메기"라는 순우리말이 있다. "너와 내가 함께 땀 흘리며 일하고 함께 잘 살자."라는 뜻으로 함께 땀 흘리며 일하고 함께 잘 살되 올바르게 잘 사는 세상을 만들자는 것이다. 정치의 목적을 쉽고 간단하게 표현하면 '노나메기' 같은 세상을 만드는 것이 아닐까 생각한다.

2. 정치에서 필요한 덕목들

가. 정치와 관련한 다섯 가지 미덕과 네 가지 악정

1) 요왈(堯曰) 20-2. 다섯 가지 미덕을 명심하라.

   子張問於孔子曰, 何如斯可以從政矣 子曰, **尊五美**

   자장문어공자왈, 하여사가이종정의 자왈, 존오미

   屛四惡 斯可以從政矣

   병사악 사가이종정의

   子張曰, 何謂五美 子曰, 君子惠而不費 勞而不怨

   자장왈, 하위오미 자왈, 군자혜이불비 노이불원

   欲而不貪 泰而不驕 威而不猛

   욕이불탐 태이불교 위이불맹

   子張曰, 何謂惠而不費 子曰, 因民之所利而利之

   자장왈, 하위혜이불비 자왈, 인민지소리이리지

   斯不亦惠而不費乎 擇可勞而勞之 又誰怨

   사불역혜이불비호 택가로이로지 우수원

   欲仁而得仁 又焉貪

   욕인이득인 우언탐

   자장이 공자께 여쭈었다. "어떻게 하면 정치에 종사할 수 있습니까?" 공자께서 말씀하셨다. "다섯 가지 미덕을 명심하고 네 가지 악정을 물리치면 정치를 잘할 수 있을 것이다."
   자장이 다시 여쭈었다. "다섯 가지 미덕은 무엇입니까?" 공자께서 말씀하셨다. "군자는 은혜를 베풀되 낭비하지 않고, 수고롭게 하면서도 원망을 사지 않으며, 뜻을 이루고자 하면서도 탐욕은 부리지 않고, 넉넉하면서도 교만하지 않으며, 위엄이 있으면서도 사납지 않은 것이다."

자장이 말하였다. "은혜를 베풀되 낭비하지 않는다는 것은 무슨 뜻입니까?" 공자께서 말씀하셨다. "백성들이 이롭게 여기는 것에 따라서 백성들을 이롭게 한다면, 이것이 곧 은혜를 베풀되 낭비하지 않는 것이 된다. 할 만한 일을 가려서 수고롭게 일하게 한다면, 그 누구도 원망하지 않게 된다. 인(仁)을 실현하고자 하여 인을 이룬다면, 또 어찌 탐욕스럽다고 하겠느냐?"

君子無衆寡 無小大 無敢慢 斯不亦泰而不驕乎
군자무중과 무소대 무감만 사불역태이불교호
君子正其衣冠 尊其瞻視 儼然人望而畏之
군자정기의관 존기첨시 엄연인망이외지
斯不亦威而不猛乎
사불역위이불맹호

"군자가 많든 적든, 작든 크든 간에 감히 소홀하게 하지 않는다면, 이것이 곧 넉넉하되 교만하지 않은 것이 아니겠느냐? 군자가 의관(衣冠)을 바르게 하고 시선을 위엄 있게 하여 엄숙한 모습으로 사람들이 바라보고는 그를 어려워한다면, 이것이 곧 위엄은 있으되 사납지 않은 것이 아니겠느냐?"

2) 요왈(堯曰) 20-2. 네 가지 악정을 물리치라.

子張問於孔子曰, 何如斯可以從政矣 子曰, 尊五美
자장문어공자왈, 하여사가이종정의 자왈, 존오미

屛四惡 斯可以從政矣
병사악 사가이종정의

子張曰, 何謂四惡 子曰, 不敎而殺謂之虐 不戒視成謂之暴
자장왈, 하위사악 자왈, 불교이살위지학 불계시성위지포

慢令致期謂之賊 猶之與人也 出納之吝謂之有司
만령치기위지적 유지여인야 출납지린위지유사

자장이 공자께 여쭈었다. "어떻게 하면 정치에 종사할 수 있습니까?" 공자께서 말씀하셨다. "다섯 가지 미덕을 명심하고 네 가지 악정을 물리치면 정치를 잘할 수 있을 것이다."

자장이 말하였다. "무엇을 네 가지 악정이라고 합니까?" 공자께서 말씀하셨다. "가르쳐 주지도 않고서 잘못했다고 죽이는 것을 잔인하다고 하고, 미리 알리지 않고서 결과를 까다롭게 조사하는 것을 포악하다고 하며, 명령을 내리는 것은 태만하게 하면서 기일만 재촉하는 것을 도적이라고 하고, 출납을 제대로 하지 않고 인색하게 하는 것을 (옹졸한) 벼슬아치라고 한다."

○ ----------

『순자』「왕패편」에서는 나라를 상하게 하는 네 가지를 다음과 같이 말하였다. "첫째, 소인을 백성들 위에 앉혀 위세를 부리게 하고 백성들에게 행해서는 안 될 교묘한 명분을 취한다면 이것은 나라를 상하게 하는 큰 재앙이오. 둘째, 군주가 작은 이익을 보고 좋아하면 이것은 나라를 상하게 하는 것이다. 셋째, 음악과 여색, 전각과 누대에 만족하지 못하여 새것을 좋아하면 이는 나라를 상하게 하는 것이다. 넷째, 나라를 바로잡아 나가기를 좋아하지 않고 항상 남의 것을 욕심내면 이는 나라를 상하게 하는 것이다."라고 하였다.

공자는 정치를 하고자 하는 자들이 갖추어야 할 덕목들 중 다섯 가지 미덕과 네 가지 악정(五美四惡, 오미사악)을 말하였다. 다섯 가지 미덕은 "낭비하지 않고 원망을 사지 않으며, 탐욕은 부리지 않고 교만하지 않으며, 사납지 않은 것이다." 네 가지 악정은 "가르쳐 주지도 않고서 잘못했다고 죽이는 것을 잔인하다고 하고, 미리 알리지 않고서 결과를 까다롭게 조사하는 것을 포악하다고 하며, 명령을 내리는 것은 태만하게 하면서 기일만 재촉하는 것을 도적이라고 하고, 출납을 제대로 하지 않고 인색하게 하는 것을 옹졸한 벼슬아치라고 한다."라고 하였다. 무엇을, 언제까지, 어떻게 해야 할지를 분명하고도 명확히 가르쳐 주거나 명하지 않고서 잘못했다고 문책하거나, 결과를 까다롭게 조사하거나, 기일을 재촉하거나, 출납을 제대로 하지 않는 것을 '사악'이라 지적하셨으니, 2,500년 전에 가르침이 지금도 잘 지켜지지 않음은 참으로 안타까운 일이다.

나. 도(이치, 인의, 덕행)로써 정사를 행하고 예로써 나라를 다스리라.

1) 위정(爲政) 2-3. 도(道)로써 정사와 덕을 행하고 예(禮)로써 다스리라.

子曰, 道之以政 齊之以刑 民免而無恥 道之以德

자왈, 도지이정 제지이형 민면이무치 도지이덕

齊之以禮 有恥且格

제지이례 유치차격

공자께서 말씀하셨다. "도(이치, 인의, 덕행)로써 정사를 행하고, 똑같이 형벌을 다스리면 (백성들은) 형벌을 면함을 수치로 여기지 않는다. 도로써 덕을 행하고 똑같이 예로써 다스리면 (백성들은 잘못됨을) 부끄러워할 줄도 알고, 장차 잘못을 바로잡게 된다."

2) 계씨(季氏) 16-2. 천하에 도(道)가 행해질 때와 행해지지 않을 때

孔子曰, 天下有道 則禮樂征伐 自天子出 天下無道

공자왈, 천하유도 즉례락정벌 자천자출 천하무도

則禮樂征伐 自諸侯出 自諸侯出 蓋十世希不失矣

즉례락정벌 자제후출 자제후출 개십세희불실의

自大夫出 五世希不失矣 陪臣執國命 三世希不失矣

자대부출 오세희불실의 배신집국명 삼세희불실의

天下有道 則政不在大夫 天下有道 則庶人不議

천하유도 즉정부재대부 천하유도 즉서인불의

공자께서 말씀하셨다. "천하에 도(道)가 행해지면 예악과 정벌이 천자로부터 나오고, 천하에 도가 행해지지 않으면 예악과 정벌이 제후로부터 나온다. (전권이) 제후로부터 나오면 대체로 십 대 안에 정권을 잃지 않는 일이 드물고, 그것이 대부로부터 나오면 오 대 안에 정권을 잃지 않는 일이 드물며, 그것이 가신(家臣)으로부터 나오면 삼 대 안에 정권을 잃지 않는 일이 드물다. 천하에 도가 행해지면 정권이 대부에게 있지 않으며, 천하에 도가 행해지면 일반 백성들이 정치를 논하지 않을 것이다."

3) 위정(爲政) 2-1. 덕(德)으로 다스려라.

子曰, 爲政以德 譬如北辰 居其所而衆星共之

자왈, 위정이덕 비여북신 거기소이중성공지

공자께서 말씀하셨다. "덕으로 정치를 하는 것은 비유하자면 북극성은 제자리에 있는데 모든 별이 그를 둘러싸고 도는 것과 같다."

4) 이인(里仁) 4-13. 예와 겸양(겸손)으로 나라를 다스리라.

子曰, 能以禮讓爲國乎 何有 不能以禮讓爲國 如禮何

자왈, 능이례양위국호 하유 불능이례양위국 여예하

공자께서 말씀하셨다. "예와 겸양(겸손)으로 나라를 다스린다면 무슨 문제가 있겠는가. 예와 겸양으로 나라를 다스릴 수 없다면 예는 있어 무엇 하겠는가."

5) 팔일(八佾) 3-21. 나라를 다스리는 것은 예(禮)로써 해야 한다.

三子者出 曾晳後 曾晳曰, 夫三子者之言何如 子曰,
삼자자출 증석후 증석왈, 부삼자자지언하여 자왈,

亦各言其志也已矣 曰, 夫子何哂由也 曰, 爲國以禮
역각언기지야이의 왈, 부자하신유야 왈, 위국이예

其言不讓 是故哂之
기언불양 시고신지

세 사람이 나가고 증석이 뒤에 남아 있다가 여쭈었다. "저 세 사람의 말이 어떻습니까?" 공자께서 말씀하셨다. "각각 자기의 뜻을 이야기했을 뿐이다." "선생님께서는 무엇 때문에 유의 말에 미소를 지으셨습니까?" "나라를 다스리는 것은 예(禮)로써 해야 하는데 그의 말이 겸손하지 않았기 때문에 미소 지은 것이다."

6) 위정(爲政) 2-22. 신의가 없으면 쓸모가 없다.

子曰, 人而無信 不知其可也 大車無輗 小車無軏
자왈, 인이무신 부지기가야 대거무예 소거무월

其何以行之哉
기하이행지재

공자께서 말씀하셨다. "사람이 신의가 없으면 그 쓸모를 알 수가 없다. 만일 큰 수레에 소의 멍에를 맬 데가 없고 작은 수레에 말의 멍에를 걸 데가 없으면 그것을 어떻게 끌고 갈 수 있겠느냐?"

○ ----------

『순자』「의병편(군사를 논하다)」에 "임금이 현명하면 그 나라는 다스려지고 임금이 무능하면 그 나라는 어지러워지며, 예를 높이고 의를 귀하게 여기면 그 나라는 다스려지고 예를 소홀히 하고 의를 천하게 여기면 그 나라는 어지러워진다."라고 하였다. 또한 「부국편」에서는 "교화를 펴지 않고 사형과 형벌을 사용한다면 형벌이 아무리 엄하다 해도 사악함을 억제할 수 없으며, 교화를 펴고 형벌을 가하지 않는다면 간사한 백성을 다스릴 수 없을 것이고, 형벌만 내리고 상을 내리지 않는다면 백성들에게 근면하도록 권할 수 없으며, 형벌이나 포상이 그 당위성을 잃는다면 아랫사람들이 의심하여 풍습은 험악해질 것이며, 백성을 거느릴 수가 없다."라고 하였다. 「왕패편」에서는 "나라를 다스리는 자로서 의(義)를 앞세우면 왕이 되고, 신(信)을 앞세우면 패자(霸者, 패도로 천하를 다스리는 사람)가 되며, 권모술수를 앞세우면 멸망한다." 하였다. 「치사편」에서는 "일을 하고 백성을 대할 때는 의로써 여러 가지 변화에 대응하고 관용으로 널리 포용하며, 공경으로 이를 선도하는 것이 정치의 출발이다."라고 하였다. 백성을 대함에 있어 법과 형벌보다는 예와 의와 신과 관용과 공경하는 마음으로 다스리는 것이 우선이라는 뜻이다.

『맹자』「이루상편」에서는 "(하, 은, 주) 삼대가 천하를 얻은 것은 인

(仁) 했기 때문이고 그 천하를 잃은 것은 인 하지 못했기 때문이다. 천자가 인 하지 못하면 천하를 보전하지 못하고 제후가 인하지 못하면 사직을 보전하지 못하며, 경대부가 인하지 못하면 종묘를 보전하지 못하고 백성이 인하지 못하면 사지를 보전하지 못한다."라고 하였다. 또한 "인한 정치에 뜻을 두지 않으면 죽을 때까지 걱정하고 치욕스러워서 죽음에 빠지게 될 것이다."라고 하였다. 「진심하편」에서는 "인 하지 않고서 나라를 얻은 자는 있지만 인 하지 않고서 천하를 얻는 일은 없다."라고 하였다. 또 「진심하편」에서는 "어질고 현명한 사람을 신임하지 않으면 그 나라는 텅 비고 말며, 예가 없으면 상하의 질서가 어지러워지고, 올바른 정치가 없으면 재정은 부족하게 된다(孟子曰 不信仁賢則國空虛 無禮義則上下亂 無政事則財用不足)."라고 하였다. 맹자는 인과 예를 나라를 다스리는 가장 소중한 덕목으로 여겼던 것이다.

『정관정요』「인의편」에는 오직 인의와 신의로써 나라를 다스려야 한다는 태종의 말을 다음과 같이 강조한다. "나는 예로부터 제왕이 인의로써 나라를 다스리면 그 국운이 영원하지만 법률로만 다스리면 일시적으로 혼란한 세상의 피해를 구제할 수 있다고 해도 나라의 패망 또한 속히 이른다는 것을 보았소. 과거 제왕이 나라를 다스려 공을 세운 정황을 보면 완전히 우리의 귀감이 될 수 있소. 나는 오로지 인의와 신의로써 나라를 다스려 요즘의 경박한 세풍을 개혁하기를 희망하오." 그리고 "나라를 다스리는 이치에 관하여 말하자면 반드시 인의로써 어루만지고 위엄과 신의로써 모범을 보이며, 백성의 마음을 따르고 가혹함과 각박함을 제거하고 이단을 만들지 않는다면 천하는 태평해질 것이오."라고 말했다. 즉 인과 의와 신으로 나라를 다스려야 한다고 말하고 있다.

지금의 정치 현실에서 법률로써 다스리고, 고소 고발이 난무하는 것과는 대조적이다. 정치인과 정치인 간의 고발, 사업주와 근로자 간의 고발, 학부모와 선생 간의 고발 등 모든 사건 사고를 고발로써 해결하려는 경향이 있다. 결국은 많은 시간과 비용을 낭비하고 오직 당사자 간의 갈등만 남게 된다. 국력을 고소 고발과 법률적 다툼에만 소진하다 보면 하고자 하는 일들을 제대로 할 수가 없다.

또한 "무기 창고를 점검한 결과 수왕조 때보다 강해졌다."라는 방현령의 상소에 대해서는 다음과 같이 말한다. "군사를 정돈시키고 외적을 방비하는 것은 중요한 일이오. 그러나 나는 여러분이 나라를 다스리는 중대한 책략을 마음에 담고 충성을 다하여 백성을 편하게 살게 하며, 자신들의 사업을 즐겁게 하기를 바라오. 바로 그것이 나의 무기인 것이오. 수양제가 어찌 무기의 역량이 부족해서 멸망에 이르렀겠소. 그가 인의를 닦지 않음으로 인해 민중의 원한을 사고, 버림을 받게 된 것이오. 여러분은 나의 마음을 알고 내가 덕행과 인의로써 나라를 잘 다스릴 수 있도록 도우시오."라고 말한다.

춘추전국시대 제나라의 재상인 관중의 말과 행동을 기록한 『관자』의 「목민편」에 "예의염치(禮義廉恥)"라는 말이 나온다. 나라의 지도자가 항상 마음속에 간직하고 있어야 할 사유(四維), 즉 4가지 덕목 또는 강령을 예(禮, 예의), 의(義, 올바름), 염(廉, 청렴), 치(恥, 부끄럽게 여김)로 요약했다. 그는 "나라에는 사유(四維)가 있으니, 하나가 끊어지면 나라가 기울고, 둘이 끊어지면 나라가 위태로워지며, 셋이 끊어지면 나라가 뒤집히고, 넷이 다 끊어지면 나라가 멸망한다. 기울면 바로잡을 수 있고, 위태로우면 안정시킬 수 있고, 뒤집히면 다시 일으켜 세울 수 있지만 멸망하면 다시 세울 수 없는 것이다."라고 하였다. 그럼 무엇을 사유라 하는가? '예의염치(禮義廉恥)'를 한자 그대로 해석하면 예의와 올바름과 청렴과 부끄럽게 여김이라 할 수 있다. 그러나 관중은 '예의염치'에 대해 다음와 같이 조금 다른 정의를 내리고 있다. "예(禮)란 제도나 규칙을 침범하지 않는 것이고, 의(義)란 벼슬 청탁을 하지 않는 것이며, 염(廉)이란 잘못(악)을 은폐하지 않는 것이고, 치(恥)란 그릇된 것을 따르지 않는 것이다(禮不踰節 義不自進 廉不蔽惡 恥不從枉)."

공자는 도(이치, 인의, 덕행)로써 정사를 행하고 똑같이 형벌을 다스리는 것보다 도로써 덕을 행하고, 똑같이 예로써 다스리면 백성들의 잘못을 바로잡을 수 있다고 하였으며, 덕과 예와 겸손으로 나라를 다스리라 하였다. 그리고 신의가 있어야 한다고 하였다. 유독 예(禮)로써 다스려야 한다는 말이 많이 등장하며, 겸손 또한 예의 일부라고 했다. 예(禮)는 사양지심(辭讓之心)으로 자신을 낮추고 겸손하며, 다른 사람을 존중하고 양보할 줄 아는 마음이다. 나라의 지도자가 자신을 낮추고 국민의 뜻을 존중하며, 자신의 생각과 다른 것들을 양보하고 신중하게 결정한다면 그것이 곧 바른 정치이고, 그 결과로 국민은 진심으로 따르게 되는 것이다.

다. 군주가 바르면 백성이 달라지고 세상이 달라진다.

1) 자로(子路) 13-13. 자신을 바르게 해야 남을 바르게 할 수 있다.

    子曰, 苟正其身矣 於從政乎何有 不能正其身 如正人何

    자왈, 구정기신의 어종정호하유 불능정기신 여정인하

공자께서 말씀하셨다. "진실로 그 자신을 바르게 한다면 정치를 하는 데 무슨 문제가 있겠는가. 그 자신을 바르게 하지 못한다면 어떻게 남을 바르게 할 수 있겠는가."

2) **안연(顔淵) 12-19. 군자가 선해지면 백성도 선해진다.**
   季康子問政於孔子曰, 如殺無道 以就有道 何如
   계강자문정어공자왈, 여살무도 이취유도 하여
   孔子對曰, 子爲政 焉用殺 子欲善 而民善矣 君子之德風
   공자대왈, 자위정 언용살 자욕선 이민선의 군자지덕풍
   小人之德草 草上之風 必偃
   소인지덕초 초상지풍 필언

   계강자가 공자에게 정치에 대해서 물었다. "만일 무도한 자(악인)를 죽여서 올바른 도리로 나아가게 한다면 어떻습니까?" 공자께서 말씀하셨다. "선생께서는 정치를 하는데 어찌 사람을 죽이려 하십니까? 선생께서 선해지고자 하면 백성들도 선해지는 것입니다. 군자의 덕은 바람이고 소인의 덕은 풀입니다. 풀은 바람이 부는 방향으로 눕기 마련입니다."

3) **자로(子路) 13-11. 선한 사람이 정치를 하면 세상이 달라진다.**
   子曰, 善人爲邦百年 亦可以勝殘去殺矣 誠哉是言也
   자왈, 선인위방백년 역가이승잔거살의 성재시언야

공자께서 말씀하셨다. "선한 사람이 백 년 동안 나라를 다스린다면, 잔악한 사람들을 교화시키고 사형할 일이 없게 된다. 이 말은 진실이로다."

4) 안연(顏淵) 12-11. 군주는 군주답고 신하는 신하다워야 한다.
齊景公問政於孔子 孔子對曰, 君君 臣臣 父父 子子
재경공문정어공자 공자대왈, 군군 신신 부부 자자
公曰, 善哉 信如君不君 臣不臣 父不父 子不子
공왈, 선재 신여군불군 신불신 부불부 자불자
雖有粟 吾得而食諸
수유속 오득이식제

제나라 경공이 공자에게 정치에 대하여 묻자, 공자께서 말씀하셨다. "임금은 임금답고 신하는 신하다워야 하며, 아버지는 아버지답고 자식은 자식다워야 합니다." 경공이 말하였다. "좋은 말씀이십니다. 진실로 임금이 임금답지 못하고 신하가 신하답지 못하며, 아버지가 아버지답지 못하고 자식이 자식답지 못하다면, 비록 곡식이 있다고 하여도 제가 그것을 얻어먹을 수 있겠습니까?"

○ ----------
『정관정요(貞觀政要)』「군도편(君道, 군주의 도)」에 의하면, 정관 초년에 당 태종은 신하들에게 이런 말을 한다. "군주 된 자의 도리는 반드시 백성을 먼저 생각하는 것이오. … 만일 천하를 안정되게 다스리려 한다면 먼저 군주 자신의 행동을 바르게 해야 하오. 나는 늘 자신을 상하게 하는 요인은 밖에 있는 것이 아니라 모두 자신의 탐욕에서 온다고 생각해 왔소. 만일 산해진미만을 원하고 노래와 춤 그리고 미녀들에게 빠져 허우적거린다면, 이러한 욕망은 한없이 커질 것이고, 결국은 정사에 막대한 지장을 주며, 백성이 근심을 끌어안고 살아가게 될 것이오." 이에 간의대부 위징(魏徵)이 이렇게 대답했다. "옛날 현명한 군주들은 모두 가깝게는 자기 자신에게서 원인을 찾아 행동했습니다. 과거 초장왕은 섬하[7]를 초빙하여 그에게 나라를 다스리는 요령에 관해 질문을 했습니다. 섬하는 자신의 몸과 마음을 수양하는 방법으로 나라를 다스리면 된다고 대답했습니다. 초장왕이 또 이와 같은 방법으로 나라를 다스리면 어떠한 효과를 기대할 수 있는지를 묻자, 섬하는 '군주 자신의 품행이 단정한데 나라가 안정되지 못했다는 말은 듣지 못했습니다.'라고 답했습니다."

『순자』「정론편」에서는 "윗사람은 아랫사람의 근본이니 윗사람이 드러내 밝히면 아랫사람은 다스려질 것이고 위에서 바르고 성실하면 아래에서도 성실해질 것이며, 위에서 공정하면 아래에서도 정직해질 것이다."라고 하였다.

『맹자』「이루상편(離婁上篇)」에서는 "오직 인 한 자만이 높은 자리에 있어야 하니 인 하지 못하면서 높은 자리에 있으면 이는 악을 많은 사람

---

7) 춘추시대 은둔지사로 낚시질을 잘했다고 한다.

에게 끼치는 것이다."라고 하였으며, "윗사람이 예가 없고 아랫사람이 배우지 않으면 백성이 일어나 며칠도 못 가 나라가 멸망하게 된다."라고 하였다. 또한 "행하고도 얻지 못하는 것이 있다면 그 원인을 자신에게 돌이켜 구해야 하니 그 자신이 바르게 되면 천하가 따르게 될 것이다." 라고 하였다. "군주가 인 하면 인 하지 않은 것이 없고, 군주가 의로우면 의롭지 않은 것이 없으며, 군주가 바르면 바르지 않은 것이 없으니 바른 마음의 군주가 있어야만 나라가 안정된다."라고 하였다.

그렇다. 군주가 그 자신을 바르게 한다면 정치를 하는 데 무슨 문제가 있겠는가? 그 자신을 바르게 하지 못한다면 어떻게 남을 바르게 할 수 있겠는가? 군주가 그 자신을 바르게 하고 선해지고자 한다면 백성들도 바르게 되고 선해지는 것이다. 임금은 임금답고 신하는 신하다워야 하며, 아버지는 아버지답고 자식이 자식다우면 나라도 가정도 평안해질 것이다.

라. 백성들이 공경하고 진심으로 따르게 하라.

1) 위정(爲政) 2-20. 위엄 있는 태도로 대하면 공경하고, 아랫사람을 진심으로 사랑하면 따르게 된다.
   季康子問, 使民敬忠以勸 如之何 子曰, 臨之以莊則敬
   계강자문, 사민경충이근 여지하 자왈, 임지이장즉경
   孝慈則忠 擧善而教不能則勸
   효자즉충 거선이교불능즉권

계강자가 물었다. "백성들이 윗사람을 공경하고 진심으로 따르며, 열심히 일하도록 하려면 어떻게 해야 합니까?" 공자께서 말씀하셨다. "위엄 있는 태도로 대하면 (백성들이) 공경하게 되고, (부모님께) 효도하고 (아랫사람을) 사랑하면 진심으로 따르게 되며, 착하고 올바른 사람을 등용하여 부족한 사람을 가르치도록 하면 백성들은 열심히 일하게 됩니다."

2) 태백(泰伯) 8-9. 백성을 따르게 하여야 한다.
子曰, 民可使由之 不可使知之
자왈, 민가사유지 불가사지지

공자께서 말씀하셨다. "백성을 따르게 할 수는 있지만, 이치를 다 알게 하기는 어렵다."

3) 요왈(堯曰) 20-1. 신의가 있으면 믿고 따른다.
興滅國 繼絶世 擧逸民 天下之民歸心焉 所重 民食喪祭
흥멸국 계절세 거일민 천하지민귀심언 소중 민식상제
寬則得重 信則民任焉 敏則有功 公則說
관즉득중 신즉민임언 민즉유공 공즉열

멸망했던 나라를 다시 일으키고, 끊어졌던 집안의 대를 이어주며, 은거하며 살던 인물들을 등용하니 천하의 백성들이 진심으로 따르게 되었다. 그가 소중히 여기는 것은 바로 백성과 식량과 상사(喪事)와 제사였다. 관대하게 대하면 많은 사람들을 얻게 되고, 신의가 있으면 백성들이 믿고 따르게 된다. 힘써 일하면 성과를 이루게 되고, 공정하게 하면 사람들이 기뻐하게 된다.

4) 위정(爲政) 2-22. 신의가 없으면 쓸모가 없다.

子曰, 人而無信 不知其可也 大車無輗 小車無軏

자왈, 인이무신 부지기가야 대거무예 소거무월

其何以行之哉

기하이행지재

공자께서 말씀하셨다. "사람이 신의가 없으면 그 쓸모를 알 수가 없다. 만일 큰 수레에 소의 멍에를 맬 데가 없고 작은 수레에 말의 멍에를 걸 데가 없으면 그것을 어떻게 끌고 갈 수 있겠느냐?"

5) 위령공(衛靈公) 15-4. 몸가짐을 공손히 하고 임금의 자리를 바르게 지키면 저절로 다스려진다.

子曰, 無爲而治者其舜也與 夫何爲哉 恭己正南面而已矣

자왈, 무위이치자기순야여 부하위재 공기정남면이이의

공자께서 말씀하셨다. "아무것도 하지 않고도 (천하를 태평스럽게) 다스린 사람이 순임금이로다. 어떻게 하였을까? 몸가짐을 공손히 하고 임금의 자리를 바르게 지키고 계셨을 뿐이다."

6) **자로(子路) 13-1. 정치란 솔선수범하고 게으름이 없어야 한다.**
子路問政 子曰, 先之勞之 請益 曰, 無倦
자로문정 자왈, 선지노지 청익 왈, 무권

자로가 정치에 대하여 여쭙자, 공자께서 말씀하셨다. "먼저 앞장서서 솔선수범하고 몸소 열심히 일하거라." 좀 더 설명해 주기를 청하자 말씀하셨다. "게으름이 없어야 한다."

7) **태백(泰伯) 8-21. 조상에 대한 정성, 검소한 생활 등 솔선수범하는 생활을 해야 한다.**
子曰, 禹 吾無間然矣 菲飮食 而致孝乎鬼神 惡衣服
자왈, 우 오무간연의 비음식 이치효호귀신 악의복
而致美乎黻冕 卑宮室 而盡力乎溝洫 禹 吾無間然矣
이치미호불면 비궁실 이진력호구혁 우 오무간연의

공자께서 말씀하셨다. "우임금에 대해서라면 나는 비난할 것이 없다. 자신의 식사는 형편없으면서도 조상에게 드리는 제사는 정성을 다하였고, 자신의 의복은 검소하게 입으면서도 제사 때의 예복은 아름다움을 지극히 했으며, 자신의 집은 허름하면서도 농민들의 관개사업에는 온 힘을 다했다. 우임금에 대해서라면 나는 비난할 것이 없다."

○ ----------

『순자』「강국편」에 의하면 "위엄에는 세 종류가 있는데, 도덕에 의한 위엄이 있고, 포악하고 빈틈이 없는 위엄이 있으며, 광적이고 망령된 위엄이 있다." 하면서 "남을 사랑하는 마음도 없고 남을 이익 되게 하는 일을 하지도 않으면서 날마다 도를 혼란시키기만 하다가 백성들이 떠들면 이내 잡아다가 무서운 형벌에 처하여 민심이 화합하지 못하도록 하니 대체로 이것을 가리켜 광적이고 망령된 위엄이라고 한다."라고 하였다. 그렇다면 순자가 말하는 '위엄'은 무슨 의미일까? 남을 사랑하는 마음이 있고 남을 이익 되게 하는 일을 하며, 날마다 이를 지키는 도덕에 의한 위엄이 아닐까 생각한다.

노자(老子)의 『도덕경(道德經)』에도 다음과 같은 글이 있다. "내가 하는 게 없지만 백성들이 저절로 화합하고, 내가 고요함을 좋아하니 백성들이 저절로 바르게 되며, 내가 일거리를 만들지 않으니 백성들이 저절로 부유하게 되고, 내가 욕심을 내지 않으니 백성들이 저절로 소박해진다. 군주가 덕을 지니고 있으면 하는 게 없어도 백성은 그 덕에 화합하고 감화된다는 말이다."

我無爲而民自化 我好靜而民自正 我無事而民自富 我無欲而民自樸

『한비자』의 「주도편」에 "무위이처(無爲而處)"라는 성어가 나온다. "자리에 없는 듯 조용히 처신한다."라는 뜻이다. 현명한 군주가 되기 위해서는 신하들로 하여금 그들의 재능을 다 발휘하도록 여건을 조성해야 하는 것이다. 군주가 자기가 아니면 안 된다는 생각으로 일일이 모든 일에 관여해서는 안 된다. 군주가 지나치게 나서거나 자신의 주장이 정답인 것처럼 떠들면 오히려 백성이나 신하들에게 우습게 보여 권위가 실추되게 된다.

마. 백성을 사랑하고 백성의 신뢰를 얻어야 한다.

1) 학이(學而) 1-5. 백성을 사랑해야 한다.

子曰, 道千乘之國 敬事而信 節用而愛人 使民以時

자왈, 도천승지국 경사이신 절용이애인 사민이시

공자께서 말씀하셨다. "(전차) 천 대를 가진 대국을 다스릴 때는 일을 신중하게 처리하고 (백성들의) 신뢰를 얻어야 하며, 씀씀이를 절약하고 **사람들을 사랑해야 하며**, 백성들에게 일을 시킬 때는 (적절한) 시기를 골라서 해야 한다."

2) 학이(學而) 1-5. 백성의 신뢰를 얻어야 한다.

子曰, 道千乘之國 敬事而信 節用而愛人 使民以時

자왈, 도천승지국 경사이신 절용이애인 사민이시

공자께서 말씀하셨다. "(전차) 천 대를 가진 대국을 다스릴 때는 일을 신중하게 처리하고 **(백성들의) 신뢰를 얻어야 하며**, 씀씀이를 절약하고 사람들을 사랑해야 하며, 백성들에게 일을 시킬 때는 (적절한) 시기를 골라서 해야 한다."

3) 자장(子張) 19-19. 법을 집행하는 관리는 죄인의 사정을 불쌍히 여기는 마음이 필요하다.

孟氏使陽膚爲士師 問於曾子 曾子曰, 上失其道 民散久矣
맹씨사양부위사사 문어증자 증자왈, 상실기도 민산구의

如得其情 則哀矜而勿喜
여득기정 즉애긍이물희

맹씨가 양부를 (법을 집행하는) 사사로 삼자, (양부가) 증자에게 어떻게 해야 할지를 물었다. 증자가 대답하였다. "윗사람들이 도(道)를 잃어 민심이 흩어진 지 오래되었다. 만일 (그들이 죄를 짓게 된) 사정을 알게 되면 슬퍼하고 불쌍히 여겨야지 기뻐해서는 안 된다."

○ ----------

『정관정요』「인의편(仁義篇)」에 당 태종은 나라를 다스리는 이치에 대해 "반드시 인의로써 어루만지고 신의로써 모범을 보이며, 백성의 마음을 따르면 자연히 태평스러워진다. … 오롯이 인의와 신의로써 나라를 다스려 경박한 세풍을 개혁하기를 희망한다."라고 하였다. 군주 된 자의 도리는 인의와 신의로써 나라를 다스리고 백성을 먼저 생각하는 것이다. 무위지치(無爲之治, 별다른 행위를 하지 않는데도 잘 다스려지는 정치)의 리더십 중 일곱 번째로서 "윗사람과 아랫사람 간의 신뢰가 단절되는 것을 걱정할 때는 마음을 비우고 아랫사람의 의견을 받아들이는 것을 생각해야 한다."라고 했다. 「군도편」에서는 "가혹한 형벌로 감찰하고 위엄과 분노를 떨쳐도 아랫사람은 모두 구차하게 모면하려고만 할 뿐 군주가 어질다고 생각하지 않는다. 겉으로는 공경하는 척하지만 마음속으로는 복종하지 않을 것이다. 백성의 원한을 부르는 것은 일의 크기에 달려 있지 않으며, 오직 두려워할 것은 민심이다."라고 했다.

『순자』「의병편」에서는 "백성을 사랑하는 자는 강하고 신실하지 못한 자는 약하며, 신의가 있는 자는 강하고 신실하지 못한 자는 약하며, 백성이 함께하는 자는 강하고 함께하지 않는 자는 약하다."라고 하였다. 『맹자』「이루편」에서는 "공손한 사람은 남을 업신여기지 않고 검소한 사람은 남의 것을 빼앗지 않는다. 남을 업신여기고 빼앗는 군주는 오로지 순종하지 않을까 두려워하니 어찌 공손하고 검소할 수 있겠는가?"라고 하였다.

『순자』와 『정관정요』에서 말하기를 "군주와 신하는 물고기와 물의 관계이다. 물은 능히 배를 뜨게도 하고 전복시키기도 한다." 신뢰와 민심을 얻으면 배가 안전하게 뜨지만 신뢰와 민심을 잃으면 배가 방향을 잃게 되고 어려움을 겪게 된다는 것이다. 신뢰와 민심은 나라를 다스리는 가장 중요한 요소라 할 수 있다.

조선 건국의 기틀을 설계한 삼봉(三峯) 정도전(鄭道傳)은 『조선경국전(朝鮮經國典)』을 만들었는데, 이 책에서 오늘날 헌법의 상위 규범이라 할 수 있는 「정보위(正寶位)」에 이런 글이 있다. "백성(下民)은 지극히 약해 보이지만 힘으로 위협할 수 없고 지극히 어리석게 보이지만 지혜로써 속일 수 없는 것이다. 그들의 마음을 얻으면 그들은 복종하지만, 그들의 마음을 얻지 못하면 그들은 곧 떠나 버린다. 백성이 임금을 버리고 따르는 데에 있어서는 털끝만 한 여지도 용납되지 않는다."라고 하였다.

下民至弱也 不可以力劫之也 至愚也 不可以智欺之也

得其心則服之 不得其心則去之 去就之間 不容毫髮焉

바. 요왈(堯曰) 20-1. 법을 바로 세우고 법도를 지켜라.

周有大賚 善人是富 雖有周親 不如仁人 百姓有過
주유대뢰 선인시부 수유주친 불여인인 백성유과

在予一人 謹權量 審法度 脩廢官 四方之政行焉
재여일인 근권량 심법도 수폐관 사방지정행언

(은나라를 정벌한 후) 주나라가 크게 번성하여 착한 사람들이 부유해졌다. (무왕은 말하기를) "비록 지극히 가까운 친척이 내게 있을지라도, 어진 사람이 있는 것만은 못한 것이다."라고 하였다. 또한 "백성들에게 허물이 있다면 그 책임은 나 한 사람에게 있는 것이다."라고 하였다. (그리하여 무왕은) 도량형을 신중히 바로잡고, 법도를 명확히 개선하며, 폐지했던 관직들을 정비하여 사방의 정치가 행해지게 되었다.

○ ----------

전국시대 유명한 철학자로 한비자(韓非子)가 있다. 본명은 한비(韓非)이며, 법치주의를 주장했고 법가를 집대성한 철학자로 널리 알려져 있다. 『군주론』을 저술한 마키아벨리에 빗대어 중국의 마키아벨리로 불리기도 한다. 한비자는 인간은 악하다는 성악론에 근거하여 법이 아니면 나라를 온전하게 다스릴 수 없다는 생각으로 공자나 태종이 주장한 도와 덕에 의한 정치와 달리 오직 법만이 나라와 군주를 세워 준다고 주장했다.

『한비자』의 「오두(五蠹)편」에 의하면 나라에는 나라를 좀먹는 다섯 부류의 벌레(오두)가 있다고 하였다. 다섯 벌레는 "인의도덕의 정치를 주장하고 쓸데없는 말을 늘어놓으며, 세상의 법을 혼란하게 하여 백성과 군주의 마음을 동요시키는 '유가(학자)', 거짓을 일삼고 외부의 힘을 빌려 자기의 욕심을 채우는 '종횡가(잔꾀를 부리는 사람)', 무리 지어 사조직을 만들고 사사로운 권력으로 나라의 질서를 해치는 '유협(협객)', 힘 있는 자에게 뇌물을 바치고 요직에 있는 자에게 청탁해서 힘 안 들이고 혈세를 빼먹는 '권문귀족', 부당한 방법으로 농민들의 이익을 빼앗는 '상공인'"이라고 하였다. 단순히 학자나 종횡가, 유협, 권문귀족, 상공인이 잘못을 했다기보다는 나라와 군주와 백성을 좀먹게 하는 행위가 나라를 위태롭게 한다는 말일 것이다. 따라서 이런 자들이 발붙이지 못하도록 다스려야 하는데 오직 법으로만 가능하다고 주장한 것이다.

공자도 사람들을 관대하게 대하면 그들의 마음을 얻게 되고, 신의가 있으며 공정하게 하면 백성들이 믿고 따르게 된다고 하면서 도량형을 신중히 바로잡고, 법도를 명확히 개선하며, 폐지했던 관직들을 보완하는 등 법과 시스템을 정비하는 것이 사방에 바른 정치가 행해지게 되는 것이라 하였다.

3. 정치에서 가장 중요한 것들

김○○ 전 국회의장이 어떤 포럼 특강에서 '칠종칠금(七縱七禁)'에 대해 말했다. '칠종칠금(七縱七擒)'은 『삼국지연의』에 나오는 고사성어로 촉나라 승상 제갈량이 남만 지도자 맹획의 마음을 사로잡기 위해 일곱 번 잡고 일곱 번 풀어 준 얘기를 말한다. 현실 정치를 고려해 볼 때 대통령이 반드시 해야 할 일곱 가지와 하지 말아야 할 일곱 가지를 빗대서 한 말이다.

여기서 김 전 의장이 말한 '하지 말아야 할 일곱 가지(七禁)'는 다음과 같다. "① 절대 오만하지 마라. ② 정치는 생물이다. 결코 가볍게 보지도 멀리하지도 마라. ③ 정적을 탄압하지 마라. ④ 민생 문제를 소홀히 하지 마라. ⑤ 측근 비리를 방치하지 마라. ⑥ 국가와 국민을 갈라치기 하지 마라. ⑦ 성과와 실적의 유혹에 넘어가지 마라." 또 '반드시 해야 할 일곱 가지(七從)'로서 "① 국민 통합 인사를 해야 한다. ② 민심을 살피고 소통해야 한다. ③ 정치 정상화에 심혈을 기울여야 한다. ④ 중장기 과제는 중장기적으로 해결해야 한다. ⑤ 내각이 소신껏 일하게 해야 한다. ⑥ 대통령과 여당이 역할을 분담해야 한다. ⑦ 대통령이 솔선수범해야 한다."라고 언급했다. 현실의 정치가들이 깊이 새겨 볼 말이다.

가. 나라를 다스릴 때 지켜야 할 일과 신중해야 할 일
1) 일처리를 신중하게 해야 한다.
가) 학이(學而) 1-5. 신중한 일처리

子曰, 道千乘之國

자왈, 도천승지국

공자께서 말씀하셨다. "(전차) 천 대를 가진 대국을 다스릴 때는 일을 신중하게 처리해야 한다."

나) 술이(述而) 7-10. 지나친 용기보다 신중한 것이 좋다.
子 謂顏淵曰, 用之則行 舍之則藏 唯我與爾有是夫
자 위안연왈, 용지즉행 사지즉장 유아여이유시부
子路曰, 子行三軍 則誰與
자로왈, 자행삼군 즉수여
子曰, 暴虎馮河 死而無悔者 吾不與也 必也臨事而懼
자왈, 포호빙하 사이무회자 오불여야 필야임사이구
好謀而成者也
호모이성자야

공자께서 안연에게 말씀하셨다. "나라에서 써 주면 일을 하고 관직에서 쫓겨나면 숨어 지낸다. 오직 나와 너만이 이러한 뜻을 가지고 있을 것이다."
자로가 여쭈었다. "선생님께서 삼군을 통솔하신다면 누구와 함께하시겠습니까?"
공자께서 말씀하셨다. "맨손으로 범을 잡고 맨몸으로 황하를 건너려다 죽어도 후회가 없다는 사람과는 나는 함께하지 않겠다. 반드시 일을 대함에 신중하게 하고, 계획을 잘 세워 일을 이루는 사람과 함께하겠다."

다) 술이(述而) 7-12. 신중해야 할 일 세 가지(재계, 전쟁, 질병)

子之所愼 齊 戰 疾

자 지 소 신 제 전 질

공자께서 신중히 하신 일은 제사 지내기 전에 재계하는 일과 전쟁과 질병이다.

○ ----------

당나라 두보(杜甫)의 「춘망(春望)」 시의 첫 구절에 "국파산하재(國破山河在)"라는 구절이 나오는데 "나라는 망했으나 산과 강은 그대로 있다."라는 말로 전란으로 인해 황폐해진 모습을 나타낸다. 그 시의 전문은 다음과 같다.

나라는 망했어도 산과 강은 그대로이고 성안에 봄이 오니 초목이 무성하다. 때를 슬퍼하여 꽃도 눈물을 뿌리고 이별이 서러운지 새도 놀란 듯 운다. 전란이 석 달 동안 계속되니 집안의 소식은 만금에 해당해, 흰머리 긁을수록 더욱 짧아지니 전부 (다 모아도) 비녀조차 꽂지 못하겠네.

國破山河在 城春草木深(국파산하재 성춘초목심)
感時花濺淚 恨別鳥驚心(감시화천루 한별조경심)
烽火連三月 家書抵萬金(봉화연삼월 가서저만금)
白頭搔更短 渾欲不勝簪(백두소갱단 혼욕불승잠)

당(唐)나라 현종(玄宗) 천보(天寶) 34년(755년), 황제 주변의 간신배들을 토벌한다는 명분으로 안녹산이 난을 일으켰다. 안녹산은 낙양을 점령하고 대연황제(大燕皇帝)를 칭하며, 이듬해 7월 수도 장안을 공격했다. 현종은 제위를 태자 이형(李亨)에게 양위하고 장안을 버리고 촉(蜀, 사천)으로 피신했고 현종의 뒤를 이어 즉위한 숙종(肅宗)에 의해 안녹산의 난은 진정되었다. 그러나 약 8년의 내전으로 인해 엄청난 인명 피해가 발생했고 백성들의 삶의 터전이 파괴되었다.

두보는 당시 43세의 늦은 나이로 주조참군(冑曹參軍)이란 미관말직에 올라 그럭저럭 안정된 생활을 꾸려 가고 있었다. 그러다가 난을 피해 장안에서 탈주하여 여기저기 피난을 다니던 중 반군의 포로가 되기도 하였다. 두보는 장안에 머물면서 전란으로 쑥밭이 되어 버린 황량한 장안 거리 풍경을 직접 목격했다. 한때 아시아 각국은 물론 멀리 페르시아, 사라센 등지에서 온 외교 사절과 상인들로 북적대던 화려하고 웅장했던 수도 장안이 폐허로 변해 버린 것을 보고 마음 아파하며 읊은 시가 바로 「춘망」이다.

「춘망」의 시 전반은 봄 경관을 통해 9개월 동안 반군에 점령당한 장안성의 황폐함을 노래했다. 이어서 성에 봄이 왔으나 강탈당하고 유린당한 백성이 죽거나 피난을 떠났으니 초목만이 무성할 뿐임을 노래한다. 그리고 2연에서는 꽃과 새를 의인화하여 전쟁으로 인한 고통을 표현했다. 결론적으로 전쟁의 비참함과 참담한 심정을 보여 주고 있다.

"북한이 핵 공격을 하면 미국의 핵전력을 활용하여 북한을 완전하게 없애 버리고 정권의 종말을 가져오게 할 것이다."라고 하는 것이 최근의 한·미 간의 핵 공격에 대비한 전략이다. 한 국가의 안보를 단일 국가가 감당할 수 없기 때문에 동맹국과 연합하여 안보를 보다 굳건하게 한다는 것은 가장 효과적인 방법 중에 하나이다. 그러나 북한의 핵 공격이 실행되면 그 결과가 북한 정권의 종말만 있는 게 아니다. 대한민국도 1950년대의 폐허 상태로 돌아갈 수 있다. 비록 전쟁에서 이긴다 하더라도 우리가 얻을 수 있는 것은 무엇이 있겠는가? 강력한 국방은 전쟁을 사전에 막을 수 있는 역할도 하고 불가피하게 전쟁이 발생할 시 이길 수 있는 필수 조건이기도 하다. 무력을 활용한 전쟁은 최후의 수단이며, 외교는 전쟁을 사전에 방지할 수 있는 가장 효과적인 수단이다. 강력한 국방력은 효과적인 외교력을 발휘할 수 있도록 뒷받침할 수 있다. 그러나 그보다도 선행되어야 할 것은 화해와 협력, 긴장 완화 등 전쟁이 일어날 수 있는 여건을 줄여 나가는 노력이다. 그것이 정치 지도자들이 해야 할 일이다.

최근의 우크라이나와 러시아의 전쟁을 통해 한 국가를 완전하게 점령하고 괴멸시킨다는 것이 얼마나 어려운 일이며, 전쟁으로 인해 국민들이 겪는 고통이 얼마나 크고 경제가 어떻게 파괴되는가를 생생히 보고 있다. 전쟁은 단순히 입으로 큰소리치고 엄포를 놓는다고 해결되는 게 아니다.

1차 세계대전은 1914년 6월 28일 사라예보 오스트리아 황태자 부부 암살 사건이 시발점이 되었다. 이 사건은 강제로 보스니아를 합병한 오스트리아 황태자 부부가 보스니아의 사라예보에 방문했을 때 세르비아와의 통합을 원하는 보스니아 청년에 의해서 암살당하는 사건을 말한다. 이 사건을 구실로 오스트리아는 세르비아에 전쟁을 선포하게 되었고, 이 전쟁으로 인해 같은 게르만족인 독일이 참전하게 되고 러시아 또한 같은 슬라브족으로서 세르비아를 도와주게 된다. 전쟁은 독일, 오스트리아, 헝가리, 이탈리아로 이루어진 삼중연합과 프랑스, 러시아, 영국으로 이루어진 삼중연대의 동맹체계 간의 전쟁으로 확대된다. 그리고 그 결과는 1914년 7월 28일부터 1918년 11월 11일까지 약 4년 3개월 동안 지속되었고, 군인과 민간인 약 4,000만 명의 사상자를 내는 그야말로 상상할 수 없는 비극이 되었다. 1차 세계대전은 복잡한 국제 환경이 근본적인 원인이기는 하나 그 시발점은 사라예보 오스트리아 황태자 부부 암살사건이었다. 전쟁은 예기치 않은 곳에서 예상치 못한 사건으로 발생할 수 있다. 한반도는 군사분계선을 중심으로 남북이 가장 첨예하게 대립하고 있는 지역이며, 우발적인 충돌이 발생할 가능성이 높은 지역이다.

공자도 신중히 해야 할 일 중에 하나는 전쟁이라고 했다. 최우선은 전쟁이 발생하지 않도록 관리하는 것이며, 불가피하게 전쟁이 발발하게 될 경우에 전쟁에서 이길 수 있도록 군사력을 양성하는 것이 정치 지도자의 가장 중요한 책무 중에 하나인 것이다. 다시 말하지만 최선의 방책은 전쟁이 발생하지 않도록 관리하는 것이다.

2) 학이(學而) 1-5. 부역은 적절한 시기를 골라서 해야 한다.
   子曰, 道千乘之國 敬事而信 節用而愛人 使民以時
   자왈, 도천승지국 경사이신 절용이애인 사민이시

   공자께서 말씀하셨다. "(전차) 천 대를 가진 대국을 다스릴 때는 일을 신중하게 처리하고 (백성들의) 신뢰를 얻어야 하며, 씀씀이를 절약하고 사람들을 사랑해야 하며, **백성들에게 일을 시킬 때는 (적절한) 시기를 골라서 해야 한다.**"

○ ----------

『정관정요』「납간편(納諫篇, 간언을 수용하라)」에 의하면 정관 4년에 태종이 조서를 내려 병사들을 파견하여 낙양 궁궐 안의 건원전을 수리하자 급사중 장현소[8]가 다음과 같이 상소한다. "천하는 단순히 무력에만 의지하여 정복하지 못하며, 오직 근면하고 절약하여 세금을 줄여 주고 처음부터 끝까지 삼가고 선량하면 나라는 영원히 굳건할 수 있습니다. … 백성은 배고픔과 추위의 고통으로부터 벗어나려 함이 아직도 절실하고 생계 또한 아직까지 안정되지 못했습니다. 그런데 어떻게 성을 꾸미기 위해 피곤한 백성의 노력을 또다시 빼앗을 수 있습니까? 이것이 건원전을 중수할 수 없는 이유입니다."라고 간언하자 태종은 "나는 낙양에 궁궐을 짓는 것은 옳은 일이 아님을 알게 되었소. 지금 즉시 공사와 부역하는 일을 중지하도록 하시오."라고 지시하였다.

『논어』에서는 나라를 다스릴 때 지켜야 할 신중한 일처리 중 하나가 적절한 부역이라 하였다. 무위지치(無爲之治, 별다른 행위를 하지 않는데도 잘 다스려지는 정치)의 리더십을 발휘할 수 있는 열 가지 방법 중 두 번째가 "대규모의 토목공사를 할 때는 가능한 일만 하고, 그칠 때는

---

8) 포주 사람으로 수나라 때는 경성현 호조로 임명되었고 후에 당나라로 귀순했다.

알아서 백성이 안락한 생활을 할 수 있도록 해야 한다." 하며, 백성들에게 일을 시키는 일조차도 가볍게 처리하지 않고, 시기를 적절하게 선택하는 등 신중하게 처리해야 한다는 교훈을 주고 있다.

3) 학이(學而) 1-5. 씀씀이를 절약해야 한다.
子曰, 道千乘之國 敬事而信 節用而愛人 使民以時
자왈, 도천승지국 경사이신 절용이애인 사민이시

공자께서 말씀하셨다. "(전차) 천 대를 가진 대국을 다스릴 때는 일을 신중하게 처리하고 (백성들의) 신뢰를 얻어야 하며, **씀씀이를 절약하고** 사람들을 사랑해야 하며, 백성들에게 일을 시킬 때는 (적절한) 시기를 골라서 해야 한다."

○ ----------
『정관정요』에 "소유하고 있는 재물을 전부 소진하면서까지 향락을 누리고 천하의 미녀를 선발해 궁궐로 불러들이고 궁궐 정원의 장식과 정자와 누각의 웅장한 장관을 추구했기 때문에 징발과 부역은 끝이 없었고 자주 전쟁을 일으켜 병사를 동원함으로써 수나라는 망하고 말았다." 또한 "안락할 때 위험을 생각하지 못하고 검소한 생활을 통해 사치를 경계하는 일을 생각하지 못하며, 미덕을 많이 쌓지 못하고 감정이 사욕을 누리지 못하는 것은 나무뿌리를 뽑아 버린 뒤에 무성히 자라기를 바라고 원류를 막아 버린 채 물이 멀리 흐르기를 바라는 것과 같다."라고 하였다. 재물을 낭비하며 사치를 숭상하고 방종하는 것은 나라를 멸망하게 하는 길이라 하며, 덕행의 근원은 절약이라고 강조하였다.

나. 인재 등용
1) 어질고 바른 사람을 등용하라.
가) 위정(爲政) 2-19. 올바른 사람을 등용하라.
哀公問曰, 何爲則民服 孔子對曰, 擧直錯諸枉 則民服
애공문왈, 하위즉민복 공자대왈, 거직조저왕 즉민복
擧枉錯諸直 則民不服
거왕조저직 즉민불복

애공이 여쭈었다. "어떻게 하면 백성들이 따릅니까?" 공자께서 말씀하셨다. "올바른 사람을 등용하여 그릇된 사람의 위에 놓으면 백성들이 따르고, 그릇된 사람을 등용하여 올바른 사람 위에 놓으면 백성들은 따르지 않습니다."

나) 안연(顔淵) 12-22. 바르고 어진 사람을 등용하여 그릇된 사람의 위에 두라.
樊遲問仁 子曰, 愛人 問知 子曰, 知人 樊遲未達 子曰,
번지문인 자왈, 애인 문지 자왈, 지인 번지미달 자왈,
擧直錯諸枉 能使枉者直
거직조제왕 능사왕자직

樊遲退 見子夏曰, 鄕也吾見於夫子而問知 子曰,
번지퇴 견자하왈, 향야오견어부자이문지 자왈,

擧直錯諸枉 能使枉者直 何謂也
거직조제왕 능사왕자직 하위야

子夏曰, 富哉言乎 舜有天下 選於衆 擧皐陶 不仁者遠矣
자하왈, 부재언호 순유천하 선어중 거고도 불인자원의

湯有天下 選於衆 擧伊尹 不仁者遠矣
탕유천하 선어중 거이윤 불인자원의

번지가 인(仁)에 대하여 여쭙자, 공자께서 말씀하셨다. "사람을 사랑하는 것이다." 앎(知)에 대하여 여쭙자, 공자께서 말씀하셨다. "사람을 알아보는 것이다."

번지가 그 뜻을 제대로 이해하지 못하자, 공자께서 말씀하셨다. "바른 사람을 등용하여 그릇된 사람의 위에 두면, 그릇된 사람을 바르게 만들 수 있다."

번지가 물러 나와 자하를 보고 말하였다. "조금 전에 제가 선생님을 뵙고 앎(知)에 대해 여쭈었더니, 선생님께서 말씀하시기를 '바른 사람을 등용하여 그릇된 사람의 위에 두면, 그릇된 사람을 바르게 만들 수 있다.'라고 하셨는데, 무슨 뜻일까요?"

자하가 말하였다. "그 말씀이 참으로 대단하구나. 순임금이 천하를 다스리실 때 많은 사람 중에 고요를 뽑아 등용하시니 인(仁) 하지 않은 사람이 멀리 사라졌소. 탕임금이 천하를 다스릴 때는 많은 사람 중에 이윤을 골라서 등용하시니 인 하지 않은 사람들이 멀리 사라졌지요."

다) 자로(子路) 13-2. 어진 인재를 등용하라.

仲弓爲季氏宰 問政 子曰, 先有司 赦小過 擧賢才 曰,
중궁위계씨재 문정 자왈, 선유사 사소과 거현재 왈,
焉知賢才而擧之 子曰, 擧爾所知 爾所不知 人其舍諸
언지현재이거지 자왈, 거이소지 이소부지 인기사제

중궁이 계씨의 가재(家宰)가 되어 정치에 대해서 여쭙자, 공자께서 말씀하셨다. "먼저 관리에게 일을 맡기고, 작은 잘못은 용서해 주며, 어진 인재를 등용하거라." 중궁이 다시 물었다. "어떻게 어진 인재를 알아보고 등용합니까?" 공자께서 말씀하셨다. "네가 잘 아는 사람이 있다면 그를 등용하거라. 네가 알지 못하는 사람은 다른 사람들이 그를 추천해 올 것이다."

라) 위정(爲政) 2-20. 착하고 올바른 사람을 등용하여 부족한 사람을 가르치도록 하면 백성들이 열심히 일하게 된다.

季康子問, 使民敬忠以勸 如之何 子曰, 臨之以莊則敬
계양자문, 사민경충이근 여지하 자왈, 임지이장즉경
孝慈則忠 擧善而敎不能則勸
효자즉충 거선이교불능즉권

계강자가 물었다. "백성들이 윗사람을 공경하고 진심으로 따르며, 열심히 일하도록 하려면 어떻게 해야 합니까?" 공자께서 말씀하셨다. "위엄 있는 태도로 대하면 (백성들이) 공경하게 되고,

(부모님께) 효도하고 (아랫사람을) 사랑하면 진심으로 따르게 되며, 착하고 올바른 사람을 등용하여 부족한 사람을 가르치도록 하면 백성들은 열심히 일하게 됩니다."

○ ----------

어떤 인재를 구할 것인가는 매우 중요한 일이다. 『정관정요』 「택관편(擇官篇, 관리 선발)」에 의하면 당 태종은 정관 6년에 신하 위증에게 다음과 같이 말한다. "옛사람이 말하기를 군주 된 자는 반드시 인재를 택하여 관직을 맡기는데 경솔하게 사람을 쓸 수 없다고 했소. 정직하고 좋은 사람을 기용한다면 좋은 일을 하는 사람들을 위해 모두 선을 권하지만, 나쁜 사람을 잘못 기용하면 선하지 못한 사람들이 다투어 나오게 될 것이오." 위증은 "인물의 사악함과 바름을 확실하게 아는 일은 예로부터 매우 어렵습니다. 그런 까닭에 관원의 실적을 살펴보고 그들의 승진을 결정했으며, 그들의 실제 언행이 좋은지 나쁜지를 보고 결정하려고 했습니다. 현재 인재를 선발하려면 반드시 그들의 품행을 엄격히 살펴야 합니다. 만일 살펴본 결과 그들의 품행이 훌륭하다면 기용해야 합니다. 설령 이 사람이 어떤 일을 처리할 수 없다 하더라도 능력이 미치지 못하는 것일 뿐 큰 잘못은 없습니다. 그러나 잘못하여 나쁜 사람을 기용한다면 설사 이 사람의 능력이 뛰어나고 재간이 있다 해도 이런 사람의 폐해는 크다고 할 수 있습니다. 천하가 혼란할 때는 오직 그들이 가지고 있는 재능만을 요구할 뿐 그들의 덕행 여부는 돌아보지 않습니다. 그렇지만 태평성대의 시대에는 재능과 덕행을 모두 갖춘 사람만이 기용될 수 있습니다."라고 말했다. 또한 위증은 "어질고 능력 있는 사람이 조정에서 관리가 되면 각종 업적은 모두 성공적으로 이루어질 수 있고 군주가 억지로 노력하지 않아도 저절로 교화된다."라고 하였으며, 이목을 넓혀 지혜롭고 어진 선비를 구하라 하면서, "태평성대 한 시대에는 재능과 덕행을 갖춘 사람만이 기용될 수 있다."라고 하였다. 지방 관리의 선발까지도 이런 기준이 필요하다 하면서 "모든 주에서 어질고 훌륭한 자사를 기용한다면 모든 주 안의 백성은 편히 살면서 경제를 소생시킬 수 있다."라고 하였다.

2) 능력 있는 인재를 발탁하여 적재적소에 배치하라.
가) 태백(泰伯) 8-20. 능력 있는 인재를 얻기가 어렵다.

舜 有臣五人而天下治 武王曰, 予有亂臣十人 孔子曰,
순 유신오인이천하치 무왕왈, 여유난신십인 공자왈,

才難 不其然乎 唐虞之際 於斯爲盛 有婦人焉 九人而已
재난 불기연호 당우지제 어사위성 유부인언 구인이이

三分天下有其二 以服事殷 周之德 其可謂至德也已矣
삼분천하유기이 이복사은 주지덕 기가위지덕야이의

순임금에게는 다섯 명의 현명한 신하가 있어서 천하가 잘 다스려졌다. 무왕은 "나에게는 능력 있는 신하가 열 사람 있다."라고 하셨다. 이에 공자께서 말씀하셨다. "인재를 얻는 것은 어려운 일이라 하는데, 그렇지 아니한가? (요임금의) 당나라와 (순임금의) 우나라 시대에 비해 주나라 무왕의 시대에는 인재가 풍부하였다. 그 중에는 내조의 공을 다한 부인도 한 사람 있었으니, 실제로는 아홉 사람뿐이었다. 주나라는 천하의 삼 분의 이를 차지하고도 은 나라를 섬겼으니, 주나라의 덕은 지극하다고 할 수 있을 것이다."

나) 옹야(雍也) 6-4. 출신보다 능력이 중요하다.
子謂仲弓曰, 犁牛之子 騂且角 雖欲勿用 山川其舍諸
자위중궁왈, 이우지자 성차각 수욕물용 산천기사저

공자께서 중궁에 대하여 말씀하셨다. "얼룩소 새끼라도 털이 붉고 뿔이 번듯하다면, 비록 사람이 제물로 쓰지 않으려 해도 제사를 받는 산천의 신이 그것을 내버려두겠는가?"

다) 태백(泰伯) 8-18. 정사는 덕과 능력 있는 자에게 맡겨야 한다.
子曰, 巍巍乎 舜禹之有天下也而不與焉
자왈, 외외호 순우지유천하야이불여언

공자께서 말씀하셨다. "위대하도다. 순임금과 우임금께서는 천하를 얻고도, 정사에 사사로이 관여치 않으셨노라."

라) 요왈(堯曰) 20-1. 인재를 골고루 등용하라.
堯曰, 咨 爾舜 天之厤數在爾躬 允執其中 四海困窮
요왈, 자 이순 천지력수재이궁 윤집기중 사해곤궁

天祿永終 舜亦以命禹

천록영종 순역이명우

曰, 予小子履 敢用玄牡 敢昭告于皇皇后帝 有罪不敢赦

왈, 여소자리 감용현모 감소고우황황후제 유죄불감사

帝臣不蔽 簡在帝心 朕躬有罪 無以萬方 萬方有罪

제신불폐 간재제심 짐궁유죄 무이만방 만방유죄

罪在朕躬

죄재짐궁

요임금께서 (순에게 왕위를 물려줄 때) 말하였다. "아, 그대 순이여. 하늘의 정해진 뜻이 바로 그대에게 와 있으니, 진실로 그 중심을 지키도록 하라. 천하가 곤궁해지면 하늘이 내려 주신 천자의 자리도 영원히 끊어질 것이다." 순임금도 우임금에게 (왕위를 물려줄 때) 또한 이 말씀으로 명하셨다.

(이번에는 은나라의) 탕임금이 말씀하셨다. "소자 리는 감히 검은 황소를 바치며, 감히 위대하신 거룩하신 천제께 밝게 아룁니다. 죄 있는 사람은 감히 용서하지 않겠으며, 하느님의 신하는 (그 능력을) 숨기지 않겠고, 그들을 선택함은 천제의 뜻에 달려 있습니다. 제 몸에 죄가 있다면 그것은 백성의 죄가 아니며, 만일 백성들에게 죄가 있다면 그 죄는 저 자신에게 있는 것입니다."

興滅國 繼絶世 擧逸民 天下之民歸心焉 所重 民食喪祭

흥멸국 계절세 거일민 천하지민귀심언 소중 민식상제

寬則得重 信則民任焉 敏則有功 公則說
관즉득중 신즉민임언 민즉유공 공즉열

멸망했던 나라를 다시 일으키고, 끊어졌던 집안의 대를 이어 주며, 은거하며 살던 인물들을 등용하니 천하의 백성들이 진심으로 따르게 되었다. 그가 소중히 여기는 것은 바로 백성과 식량과 상사(喪事)와 제사였다. 관대하게 대하면 많은 사람들을 얻게 되고, 신의가 있으면 백성들이 믿고 따르게 된다. 힘써 일하면 성과를 이루게 되고, 공정하게 하면 사람들이 기뻐하게 된다.

마) 자로(子路) 13-4. 전문적인 일에는 전문가가 필요하다.
樊遲請學稼 子曰, 吾不如老農 請學爲圃 曰, 吾不如老圃
번지청학가 자왈, 오불여노농 청학위포 왈, 오불여노포
樊遲出 子曰, 小人哉樊須也 上好禮 則民莫敢不敬
번지출 자왈, 소인재번수야 상호례 즉민막감불경
上好義 則民莫敢不服 上好信 則民莫敢不用情 夫如是
상호의 즉민막감불복 상호신 즉민막감불용정 부여시
則四方之民襁負其子而至矣 焉用稼
즉사방지민강부기자이지의 언용가

번지가 농사짓는 법을 가르쳐 달라고 하자, 공자께서 말씀하셨다. "나는 늙은 농부만 못하다." 채소 기르는 법을 가르쳐 달라고 하자, "나는 늙은 채소 농부만 못하다."라고 하셨다.

번지가 나가자 공자께서 말씀하셨다. "번지는 소인이구나. 윗사람이 예(禮)를 좋아하면 백성들은 감히 공경하지 않을 수 없고, 윗사람이 의(義)를 좋아하면 백성들은 감히 복종하지 않을 수 없으며, 윗사람이 신의(信義)를 좋아하면 백성들이 감히 진실되게 행하지 않을 수 없다. 이렇게 하면 사방의 백성들이 자기 아이들을 등에 업고 모여 올 것인데, 농사짓는 법은 어디에 쓰겠느냐."

바) 자한(子罕) 9-14. 적당한 사람을 적절한 위치에 두어야 한다.
子曰, 吾自衛反魯 然後樂正 雅頌各得其所
자왈, 오자위반노 연후악정 아송각득기소

공자께서 말씀하셨다. "내가 위나라에서 노나라로 돌아온 뒤에야 음악이 바르게 되고, 아와 송이 각각 제자리를 찾았다."

사) 헌문(憲問) 14-9. 인재를 적재적소에 등용하여 활용하는 것이 중요하다.
子曰, 爲命 裨諶草創之 世叔討論之 行人子羽脩飾之
자왈, 위병 비심초창지 세숙토론지 행인자우수식지
東里子産潤色之
동리자산윤색지

공자께서 말씀하셨다. "정나라에서 사신이 지니고 갈 명(외교문서)을 만들 때는 비심이 초안을 작성하며, 세숙이 검토하고 논의하며, 행인인 자우가 문장을 다듬고, 동리의 자산이 문장을 다듬었다."

아) 헌문(憲問) 14-20. 인재를 적재적소에 배치하는 것이 중요하다.
子言衛靈公之無道也 康子曰, 夫如是 奚而不喪
자언위령공지무도야 강자왈, 부여시 해이불상

孔子曰, 仲叔圉治賓客 祝鮀治宗廟 王孫賈治軍旅
공자왈, 중숙어치빈객 축타치종묘 왕손가치군려

夫如是 奚其喪
부여시 해기상

공자께서 위나라 영공의 무도(無道)함을 말씀하시자, 계강자가 말하였다. "그런데도 어째서 패망하지 않습니까?"
공자께서 말씀하셨다. "중숙어가 나라의 손님 대접을 담당하고, 축타는 종묘의 제사를 담당하고, 왕손가는 군대를 맡고 있습니다. 이러한데 어찌 그가 망하겠습니까?"

○ ----------
중국 춘추시대 제나라의 군주(B.C.685~643 재위)인 환공이 정성을 다해 관중을 맞이한 후 관중이 요구하는 최고의 관직을 부여하고 그의 뜻을 마음껏 펼칠 수 있도록 배려한다. 그리고 환공이 관중에게 묻는다. "자신은 술과 여자, 사냥을 무척 좋아하는데 과연 패주가 될 수 있는가?" 그러자 관중은 문제없다고 대답하면서 다음과 같은 5단계 리더십을 이야기한다.

　첫째, 인재를 알아보아야 한다(지인).
　둘째, 인재를 알아보면 써야 한다(용인).
　셋째, 인재를 써야 한다면 소중하고 중하게 써야 한다(중용).
　넷째, 인재를 썼으면 믿고 맡겨야 된다(위임).
　다섯째, 소인배를 멀리해야 한다(원소인).

　이 중에서 다섯 번째가 제일 중요하다고 말했다. 환공이 "그러면 자신이 할 일은 무엇인가?"라고 묻자, 관중은 "가만히 있으면 된다."라고 답한다. 환공은 '다섯 인걸'인 습붕, 영월, 성보, 빈수무, 동곽아를 등용하여 정사를 맡긴다. 그리하여 그는 춘추시대의 첫 번째 패왕이 되었다.

　사람을 취하는 일로 잘 알려진 "삼고초려(三顧草廬)"란 성어가 있다. "오두막을 세 번 찾아간다."라는 말로 인재를 얻으려는 각별한 노력을 의미한다. 이 성어는 군사 전략가인 제갈량을 다룬 『삼국지』에 나오는 이야기이다. 유비는 자기보다 스무 살이나 어린 제갈량을 찾아갔는데 세 차례나 찾아간 후에야 비로소 그를 만날 수 있었다. 제갈량은 유비의 군사(軍師)가 되었고 적벽대전에서 조조의 100만 대군을 격파하는 등 수많은 전공을 세웠다. 유비가 죽은 뒤 유비의 아들 유선에게 올린 출사표(出師表)에서도 유비의 삼고초려를 다음과 같이 말했다. "신은 본래 남양 땅에서 밭을 갈며 지내던 미천한 백성이라 구차히 어지러운 세상에서 성명을 보존하고 제후에게 알려져 출세할 것을 원하지 않았는데, 선제께선 신을 비천하다 여기지 아니하시고 외람되게도 스스로 몸을 굽혀 세 번이나 소신의 초옥을 찾으시어 당세의 일을 물으셨습니다. 이 일로 감격하여 선제께서 계신 곳으로 달려갈 것을 허락했습니다." 인재를 구하기 위한 노력, 스무 살이나 어린 청년에게 몸을 굽혀 찾아가는 겸손한 자세 등을 교훈으로 삼을 만한 사건이다.

『정관정요』「숭유학편」에 의하면 당 태종은 "나라를 다스리는 관건 중 가장 중요한 것은 인재를 얻는 것이오. 만일 기용한 사람이 재능을 갖추지 못했다면 나라는 반드시 다스리는 일이 곤란해질 것이오. 현재 기용하려는 사람은 도덕과 재능, 학식 세 가지에 의거해야만 하오."라고 신하들에게 당부하였다.「택관편」에서는 "인물을 구하는 관건은 재능 있는 사람을 기용하는 데 있다."라고 하였다.

그러나 오직 능력만을 추천의 기준으로 보는 사례도 있다. "유재시거(唯才是擧)"라는 성어가 있다. '오직 재능만이 추천의 기준'이라 하는 조조(曹操)의 인재를 발탁하는 원칙이다. 『삼국지』「무제기(武帝紀)」에 인용된 「구현령(求賢令)」에 이런 글이 있다. "만일 반드시 청렴한 선비가 있어야만 기용할 수 있다면, 제나라 환공(桓公)은 어떻게 천하를 제패할 수 있었는가. 지금 천하에 진정한 학식이 있는데도 남루한 옷을 걸치고 여상(呂尙)처럼 위수의 물가에서 낚시질이나 일삼는 자가 어찌 없겠는가. 또 형수와 사통하고 뇌물을 받았다는 누명을 쓰는 바람에 위무지(魏無知)의 추천을 받지 못한 진평(陳平)과 같은 자가 어찌 없겠는

가. 여러분은 나를 도와 낮은 지위에 있는 사람들을 살펴 추천하라. 오직 재능만이 추천의 기준이다. 나는 재능 있는 사람을 기용할 것이다."라고 하였다.

통상 인재를 발탁하여 활용해야 한다고 말하지만 어떤 기준을 가지고 '인재'라고 평가할 것인가는 매우 어려운 문제이다. 때론 그 분야의 전문가라는 점을 내세워 인품이나 품성을 다소 무시하고 채용하는 경우도 있으며, 때론 전문성도 중요하지만 품성과 덕행, 평판을 가지고 채용하는 경우도 있다. 품성과 덕행을 평가하기 어려운 점도 있어 채용 평가에서 누락하는 경우도 있다. 당 태종은 정직하고 좋은 사람을 기용해야만 좋은 일을 하는 사람들을 위해 모두 선을 권하게 되며, 나쁜 사람을 잘못 기용하게 되면 선하지 못한 사람들이 다투어 나오게 되는 것을 우려하였다. 위증 또한 인물의 품성과 바름을 평가하기 어렵다는 것을 알면서도 재능과 덕행을 모두 갖춘 사람만이 기용될 수 있음을 강조하였다. 조조는 오직 능력만이 발탁의 기준이 되었다. 시대적 상황에 따라 인재를 추천하고 기용하는 기준이 달랐던 것 같다.

『순자』「왕패편」에서도 "스스로 무능한데도 두려워할 줄 모르고 유능한 자를 구하지 않으며, 아첨이나 하는 자기의 측근을 기용한다면 나라의 땅을 빼앗길 위험에 빠질 것이니 이것이 심하면 나라가 망하게 된다."라고 하였다. 또한 "농부는 밭을 나누어 경작하고 장사꾼은 재화를 나누어 팔며, 각종 기술자는 일을 나누어 공력을 들이고 사대부는 직위를 구분하여 정사를 보며, 제후는 땅을 나누어 지키고 삼공(三公)은 각 방면의 정사를 총괄하여 일을 논의해 나가면 천자는 단지 팔짱을 끼고

앉아 있기만 하면 된다."라고 하면서 각자 능력에 따라 일을 맡기고 맡은 일을 수행한다면 군주가 해야 할 일이 없다고 강조하였다. 『논어』에서 언급한 적절한 자리에 적절한 사람을 배치하고 전문적인 일에는 전문가가 필요하다는 의미와 같을 것이다.

또한 "임금은 어찌하여 자기와의 친근 관계와 상관없이 출신의 귀천을 따지지 않고 오직 성실하고 유능한 인재를 구하려 하지 않는가?"라고 질책하는 듯하면서 "임금이 현명한 신하를 멀리하고 가까이 믿는 자를 편애하여 쓰며, 신하는 직위와 봉록을 쟁탈하여 현자를 질투하니 이것이 서로 화합하지 못하는 이유이다."라고 하였다. "한 사람을 기용하여 능히 마땅함을 얻는다면 천하를 취할 수 있고 한 사람을 기용하여 그 마땅함을 잃는다면 사직은 위태로워지기 마련이니 한 사람의 마땅한 인사를 기용하지 못하고도 백 명, 천 명의 마땅한 관리들을 기용했다는 말은 일찍이 들어 본 바가 없다. 이미 마땅한 재상을 기용하였다면 그 자신이 무슨 수고를 할 일이 있으랴. 그저 옷을 늘어뜨리고 있어도 천하는 안정되는 것이다." 출신이나 친근 관계보다 성실하고 능력 있는 인재를 구하는 것이 중요하다는 의미이다. 공자도 출신보다 능력이 중요하며 자리에 맞는 인재를 적소에 배치하라 하셨다.

최근 고위직 공직자를 발탁하면서 국회 청문회 과정에서 항상 문제가 되고 있는 것은 품성과 덕행과 과거에 행한 말에 관련한 사례들이었다. 자녀의 학교폭력, 입시 부정, 부정청탁, 부동산 불법 매매, 논문 표절 등 덕행과 품성에 관한 것들이 많았다. 이것에 관련된 대상자를 한 번 발탁하게 되면 그다음의 대상자는 '과거에도 그러한 사례로 발탁이 되었으니 부끄러움을 잠시만 참으면 또 발탁이 되겠지!' 하는 안일한 생각을 가지고 접근하는 사람들이 많아질 것이다. 당 태종이나 그 신하인 위증이 우려한 것들이 이 순간에도 버젓이 일어나고 있는 것이다. 품성이 완전하고 결점이 전혀 없는 인사를 찾기란 참으로 어려운 일이다. 그렇다고 품성만을 고려하여 전문성이 부족한 인사를 발탁하다 보면 일이 제대로 되지 않을 것이다. 국민이 용납하고 수긍할 수 있는 수준의 능력과 품성을 가지고 있는 인사를 발탁하기 위한 기준과 원칙을 세우고 실천하는 것이 중요할 것이다.

다. 유혹에 빠지지 말라.

1) 옹야(雍也) 6-24. 유혹에 빠지지 말아라.

宰我問曰, 仁者雖告之曰, 井有仁焉 其從之也 子曰,
재아문왈, 인자수고지왈, 정유인언 기종지야 자왈,
何爲其然也 君子可逝也 不可陷也 可欺也 不可罔也
하위기연야 군자가서야 불가함야 가기야 불가망야

재아가 여쭈었다. "어떤 사람이 '우물 속에 사람이 빠졌다'고 알려 주면, 인자는 그 우물로 따라 들어가야 하겠습니까?" 공자께서 말씀하셨다. "어찌 그렇게 하겠느냐? 군자는 우물까지 가게 할 수는 있어도 우물에 빠지게 할 수는 없으며, 잠깐 속일 수는 있으나 언제까지 사리 판단조차 못 하게 할 수는 없다."

2) 위정(爲政) 2-16. 이단에 주력하지 마라.

子曰, 攻乎異端 斯害也已

자왈, 공호이단 사해야이

공자께서 말씀하셨다. "이단에 주력하는 것은 해로울 뿐이다."

3) 옹야(雍也) 6-7. 길이 아니면 가지 마라.

季氏使閔子騫爲費宰 閔子騫曰, 善爲我辭焉

계씨사민자건위비재 민자건왈, 선위아사언

如有復我者 則吾必在汶上矣

여유부아자 즉오필재문상의

계손씨가 민자건을 비의 읍장으로 삼으려 하자, 민자건이 찾아온 사신에게 말하였다. "저를 대신하여 잘 좀 사양해 주십시오. 만약 다시 저를 찾는 일이 있다면 저는 분명히 노나라를 떠나 문수의 북쪽(제나라)에 가 있을 것입니다."

◯ ----------

누구든지 살아가면서 유혹이 따르듯이 군주에게도 유혹이 있기 마련이다. 어렵고 힘들 때일수록 유혹은 더 은밀하게 찾아온다. 의지할 데가 없다 보면 이단에 빠지기도 한다. 변설자들은 이러한 때를 노리기도 한다. 그러한 때일수록 초심으로 돌아가고 정도를 걷는 지혜가 필요하다.

4. 정치를 잘하려면 어떻게 하여야 하는가?

　노자 『도덕경』의 중심 사상은 '무위(無爲)'라고 한다. 중국 자금성 교태전에 이 두 글자가 큼지막하게 쓰인 편액이 걸려 있는데, 60년 넘게 중국을 통치한 청나라 강희제가 직접 썼다고 한다. 그리고 강희제는 재임 기간 '무위지치(無爲之治)'의 리더십을 보인 걸로 평가된다. '무위(無爲)'란 아무것도 하지 않는다는 뜻이긴 하나 다른 용어와 같이 사용하면 그 의미가 확연히 달라진다. '무위지치(無爲之治)'란 별다른 행위를 하지 않는데도 잘 다스려지는 정치를 말한다. 『정관정요』 「군도편」에 위증이 태종에게 간언한 무위지치(無爲之治)의 열 가지 방법이 다음과 같이 기록되었다.

　첫째, 백성을 다스리는 군주는 자기가 좋아하는 것 앞에서 만족해 자신을 경계할 수 있어야 한다.

　둘째, 대규모의 토목공사를 할 때는 가능한 일만 하고, 그칠 때는 알아서 백성이 안락한 생활을 할 수 있도록 해야 한다.

　셋째, 높고 위태로운 일을 생각할 때는 겸손함과 온화함으로 자신을 경계할 생각을 해야 한다.

　넷째, 자만으로 가득 차는 것을 두려워할 때는 거대한 강과 바다가 사방의 물줄기를 모두 받아들이는 것을 생각해야 한다.

　다섯째, 유희와 사냥의 기쁨에 도취되었을 때는 고대 제왕과 제후들이 그것을 1년에 세 차례만 했던 것을 기억해야 한다.

　여섯째, 나태해지는 것을 두려워할 때는 시종 신중하게 처리할 것을 생각해야 한다.

　일곱째, 윗사람과 아랫사람 간의 신뢰가 단절되는 것을 걱정할 때는 마음을 비우고 아랫사람의 의견을 받아들이는 것을 생각해야 한다.

여덟째, 참언과 간사한 무리를 염려할 때는 자신의 언행을 단정히 해 간사함을 제거하려 해야 한다.

아홉째, 상을 시행할 때는 일시적인 기쁨으로 인해 아름다운 것을 장려하는 근거를 잃지 않도록 해야 한다.

열째, 처벌할 때는 일시적인 노여움으로 인해 징벌을 남용하는 일이 없도록 해야 한다.

이와 같은 일을 종합하여 말하면 '십사(十思)'는 각종 미덕을 떨치고 재능 있는 사람을 뽑아서 직무를 맡기며, 정확한 의견을 택해 일에 반영하는 것이다. 이와 같으면 지혜로운 사람은 전력을 다해 지혜로운 대책을 바칠 것이고 용감한 사람은 용맹을 떨쳐 나라를 지킬 것이며, 어질고 덕망 있는 선비는 어진 정치를 펼치려고 노력할 것이고 성실한 사람은 마음을 다해 나라에 충성할 것이다. 문인이나 무인, 백성이 모두 앞다투어 나라에 충성하므로 군주에게는 어떠한 일도 일어나지 않는 것이다.

가. 직무를 수행함에 정성을 다하고 백성의 신뢰를 얻어야 한다.

1) **안연(顔淵) 12-14. 직무를 수행함에 게을리하지 말고 정성을 다해야 한다.**

   子張問政 子曰, 居之無倦 行之以忠
   자장문정 자왈, 거지무권 행지이충

   자장이 정치에 대해서 여쭙자, 공자께서 말씀하셨다. "관직에 있을 때는 직무를 게을리하지 말고, 정사를 처리할 때는 정성을 다해야 한다."

2) 안연(顔淵) 12-7. 정치에서 백성의 신뢰가 가장 중요하다.
 子貢問政 子曰, 足食 足兵 民信之矣 子貢曰,
 자공문정 자왈, 족식 족병 민신지의 자공왈,
 必不得已而去 於斯三者何先 曰, 去兵 子貢曰,
 필부득이이거 어사삼자하선 왈, 거병 자공왈,
 必不得已而去 於斯二者何先 曰, 去食 自古皆有死
 필부득이이거 어사이자하선 왈, 거식 자고개유사
 民無信不立
 민무신불립

자공이 정치에 대해서 여쭙자, 공자께서 말씀하셨다. "식량을 풍족하게 비축하고, 군사와 무기를 충분히 갖추고, 백성들의 신뢰를 얻는 것이다." 자공이 말하였다. "어쩔 수 없이 세 가지 가운데 한 가지를 버려야 한다면 어느 것을 먼저 버려야 합니까?" "군사와 무기를 버린다." 자공이 여쭈었다. "어쩔 수 없어서 남은 두 가지 중에서 한 가지를 버려야 한다면 어느 것을 먼저 버려야 합니까?" "식량을 버린다. 예로부터 모두에게 죽음은 있는 것이지만, 백성들에게 신뢰를 잃으면 나라는 존립하지 못한다."

◯ ----------

『정관정요』「성신편(誠信篇)」에 위증이 당 태종에게 상소를 올린 이야기가 나온다. "신은 나라를 다스리는 기본은 반드시 덕행과 예의에 기대야 하고 군주를 보장하는 것은 단지 성실과 신의에 있다고 들었습니다. 성실과 신의가 확립되면 신하들은 두 마음을 가질 수 없고 도덕과 예의가 형성되면 먼 곳에 살고 있는 사람들이 바른 데로 돌아올 것입니다. 도덕, 예의, 성실, 신의는 나라를 다스리는 강령이며, 군주는 군주답고 신하는 신하다우며, 아버지는 아버지답고 아들은 아들다운 윤리강령을 결정지으므로 한순간이라도 그것을 버릴 수가 없습니다. 또 옛날부터 사람은 누구든지 죽는데 백성들의 신임을 잃는다면 나라는 존립하지 못한다고 했습니다." 당 태종이 공자의 말씀을 인용하여 말하기를 "경전에 먹을 것을 버리고 신의를 지키라고 하는 말이 있소. 공자는 믿음이 없으면 나라는 존립하지 못한다고 했소." 이에 방현령이 말하기를 "인, 의, 예, 지, 신을 오상(五常)이라고 하는데 그중 하나라도 버리면 모두 할 수 없습니다. 그것을 분별하여 실천할 수 있으면 나라를 다스리는 데 이익이 있을 것입니다."라고 답하였다.

당 태종이 항시 강조했던 말로서 "흐르는 물은 맑든 흐리든 간에 모두 그 근원이 있기 마련이다. 군주는 정치의 근원이요, 백성은 흐르는 물과 같다. 군주는 배이고 백성은 물이다. 물은 배를 띄울 수도 있지만 또한 배를 엎을 수도 있다(君舟人水 水能載舟 亦能覆舟)."라고 하였다. 군주가 바르면 백성도 바르게 되며, 군주가 성실하고 믿음이 가도록 노력하고 실천하면 그 믿음이 백성에게서 돌아올 것이다. 교묘한 말재주나 거짓 선전으로 국민을 잠시 속일 수는 있으나 결국은 신뢰가 무너지면 다시는 회복하기 어렵다는 사실을 깊이 새길 필요가 있을 것이다.

『순자』의「왕패편」에서는 "윗사람이 아랫사람을 극진히 사랑하고 예로써 이를 절제하며, 윗사람이 아랫사람을 대하는 태도가 갓난아이를 돌보듯 하고 법령과 제도가 백성들 사이에 시행되며, 무리한 일은 조금도 없어서 고아나 과부나 홀아비에게까지 일이 가해지는 일이 없어야 한다."라고 하였다. 또한 "국가를 운영하는 자로서 백성의 힘을 얻는 자는 부유해지고 백성의 희생을 얻는 자는 강해지며, 백성의 칭찬을 얻는 자는 영화로워지는데 이 세 가지를 잃으면 천하는 가 버린다." 하였다. 『맹자』「이루상편」에서는 "자신의 백성을 잃는다는 것은 그들의 마음을 잃는 것이다. 천하를 얻는 데는 방법이 있으니 그 마음을 얻으면 백성을 얻는 것이다."라고 하였다. "정치를 잘한다."라고 하는 것은 백성이 원하는 것을 실천하는 것이며, 이는 백성의 마음과 신뢰를 얻어야만 실천이 가능한 것이다.

나. 안연(顔淵) 12-9. 백성이 어려울 때 과다한 징세를 해서는 아니 된다.

> 哀公問於有若曰, 年饑 用不足 如之何 有若對曰, 盍徹乎
> 애공문어유약왈, 연기 용부족 여지하 유약대왈, 함철호
> 曰, 二吾猶不足 如之何其徹也 對曰, 百姓足 君孰與不足
> 왈, 이오유부족 여지하기철야 대왈, 백성족 군숙여부족
> 百姓不足 君孰與足
> 백성부족 군숙여족

애공이 유약에게 물었다. "기근이 들어 국가의 재정이 부족하면 어떻게 합니까?" 유약이 대답하였다. "어찌 철법을 쓰지 않으십니까?" 이에 애공이 대답하였다. "나는 오히려 10분의 2도 부족한데, 어떻게 그 10분의 1 과세법을 쓰겠습니까?" 유약이 대답하였다. "백성이 풍족하다면 군주 혼자 궁핍할 리가 없고 백성이 궁핍하다면 군주 혼자 풍족할 리가 없습니다."

○ ----------

『예기』는 『시경·서경·역경·춘추』와 더불어 5경 중 하나로, 고대 중국의 예(禮)에 관한 기록과 해설을 정리한 유교 경전이다. 『예기』「단궁하편(檀弓下篇)」에 춘추시대 말, 노나라 조정의 실세였던 대부 계손자의 가혹한 정치로 세금을 심하게 거둬 백성을 못살게 하였다. 이 모습을 보고 폭정을 비판하는 비유로 공자는 다음과 같이 "가정맹어호(苛政猛於虎)"라는 말을 하게 되었다.

공자(孔子)가 제자들과 태산 기슭을 넘을 무렵, 어떤 부인이 무덤들 앞에서 슬피 울고 있었다. 공자가 이 소리를 듣고 제자인 자로(子路)에게 그 사연을 물어보라고 했다. 자로가 묻기를, "무슨 큰 근심이 있길래 그리 울고 계십니까?" 이에 부인이 대답하기를, "예, 제 시아버님이 몇 년 전 호랑이에게 물려 돌아가시고 몇 달 전에는 지아비가 호랑이에게 당해 가셨는데, 이번에는 아들까지 호랑이에 물려 죽고 말았습니다." 자로에게 사연을 들은 공자께서 물으시길, "그렇습니까? 그런데도 왜 이곳을 떠나지 않으시는 겁니까?" 부인이 말하기를 "이곳에는

(혹독한 세금을 징수당하거나 못된 벼슬아치에게 재물을 뺏기는) 가혹한 정치가 없기 때문입니다." 이를 듣고 공자께서 제자들에게 말씀하셨다. "모두 이것을 기억해 두거라. 가혹한 정치는 호랑이보다 무서운 것이니라."

孔子過泰山側 有婦人哭於墓者而哀 夫子 式而聽之 使子路問之曰 子之哭也 壹似重有憂者 而曰 然 昔者 吾舅死於虎 吾夫又死焉 今吾子又死焉 夫子曰, 何爲不去也 曰, 無苛政 夫子曰, 小子識之 **苛政猛於虎也**

『논어』에서는 "백성이 어려울 때 과다한 징세를 해서는 아니 된다."라고 했다. 가혹한 정치, 곧 어려울 때 혹독한 세금을 징수하는 것은 죽는 것보다 더 무서울 수 있다는 것이다.

다. 정치는 시대에 맞게 변해야 하며, 역사를 통해 미래를 예측해야 한다.

1) 옹야(雍也) 6-22. 변해야 한다.

子曰, 齊一變 至於魯 魯一變 至於道
자왈, 제일변 지어로 노일변 지어도

공자께서 말씀하셨다. "제나라가 한 번 변하면 노나라의 수준에 이를 것이고, 노나라가 한 번 변하면 도(道)에 이를 것이다."

2) 위정(爲政) 2-23. 역사를 통해 미래를 예측해야 한다.

子張問, 十世可知也 子曰, 殷因於夏禮 所損益 可知也
자장문, 십세가지야 자왈, 은인어하례 소손익 가지야
周因於殷禮 所損益 可知也 其或繼周者 雖百世 可知也
주인어은례 소손익 가지야 기혹계주자 수백세 가지야

자장이 여쭈었다. "열 왕조(세대) 이후의 일을 알 수 있습니까?" 공자께서 말씀하셨다. "은나라는 하나라의 예를 따랐으니 거기에서 보태거나 뺀 것을 알 수 있고, 주나라는 은나라의 예를 따랐으니 거기에서 보태거나 뺀 것을 알 수 있다. 만약 누군가 주나라를 계승하는 자가 있다면 백 왕조(세대) 뒤의 일이라 할지라도 알 수 있을 것이다."

3) 자로(子路) 13-5. 상황에 맞게 잘 대처하는 것이 중요하다.

子曰, 誦詩三百 授之以政 不達 使於四方 不能專對
자왈, 송시삼백 수지이정 부달 사어사방 불능전대
雖多 亦奚以爲
수다 역해이위

공자께서 말씀하셨다. "『시경』의 시 삼백 편을 외운다 해도 정치를 맡기면 잘 해내지 못하고, 사방(외국)에 사신으로 가서도 독자적으로 대응을 할 수 없다면, 비록 시를 많이 외운다고 하더라도 또한 그것이 무슨 소용이 있겠는가?"

◯ ----------

진나라의 여불위가 편찬한 『여씨춘추(呂氏春秋)』의 『신대람(慎大覽)』 「찰금편(察今篇)」에 "각주구검(刻舟求劍)"이라는 성어가 나온다. 그 내용은 이렇다. 전국시대 초(楚)나라의 어떤 사람이 배를 타고 강을 건너다가 그가 가지고 있던 칼을 강에 떨어뜨리고 말았다. 그는 급히 다른 칼을 꺼내더니 칼이 떨어진 곳의 위치를 배에 표시하였다. 그리고 배가 멈추자 그는 칼이 떨어진 곳의 위치를 표시한 곳에서 물로 뛰어들어 칼을 찾기 시작하였다. 배는 이미 칼이 떨어진 곳에서 움직였고 칼은 떨어진 곳에서 움직이지 아니하였는데, 이와 같이 칼을 찾는다면 이것도 또한 정신을 못 차리는 것이 아니겠는가?

楚人有涉江者 其劍自舟中墜於水 遽契其舟曰 是吾劍之所從墜 舟止 從其所契者 入水求之 舟已行矣而劍不行 求劍若此 不亦惑乎

이렇게 구습과 전례를 고집하며 나라를 다스리는 것은 이 어리석은 초나라 사람이 검을 찾는 것과 다르지 않다. 시대의 변천도 모르고 낡은 것만 고집하는 것은 미련하고 어리석음을 비유적으로 이르는 말이다. 노나라의 정치와 교육이 주나라의 그것을 부흥시키기를 염원하며 한 말이다. 시대가 바뀌면 생각도 바뀌고 법률도 바뀌어야 한다. 변하지 않고 구습에만 젖어 있다면 결국은 후퇴하게 되는 것이다.

라. 백성의 소리에 귀 기울여야 한다.

1) 위정(爲政) 2-18. 경청하되 말을 줄여라.

子張 學干祿 子曰, 多聞闕疑 愼言其餘則寡尤 多見闕殆

자장 학간록 자왈, 다문궐의 신언기여즉과우 다견궐태

愼行其餘則寡悔 言寡尤 行寡悔 祿在其中矣

신행기여즉과회 언과우 행과회 녹재기중의

자장이 녹봉을 구하는 방법(출세하는 방법)을 배우려고 하자 공자께서 말씀하셨다. "많이 듣되 의심스러운 부분은 빼놓고 그 나머지를 조심스럽게 말하면 실수가 적다. 또한 많이 보되 의심스러운 것을 빼놓고 그 나머지를 조심스럽게 행하면 후회하는 일이 적을 것이다. 말이 적고 행동에 후회가 적으면 녹봉은 그 가운데 있다."

2) 학이(學而) 1-10. 정치에 귀 기울여라.

子禽 問於子貢曰, 夫子至於是邦也 必聞其政 求之與

자금 문어자공왈, 부자지어시방야 필문기정 구지여

抑與之與

억여지여

子貢曰, 夫子溫良恭儉讓以得之 夫子之求之也

자공왈, 부자온양공검양이득지 부자지구지야

其諸異乎人之求之與

기제이호인지구지여

자금이 자공에게 물었다. "선생님(공자)께서는 어떤 나라든지 그 나라에 가시면 반드시 그 나라의 정치에 관한 얘기를 듣게 되시는데, 이는 선생님께서 요청하신 것입니까? 그렇지 않으면 그 나라에서 스스로 자문을 구하는 것입니까?"

자공이 말하였다. "공자께서는 온화하고 어질고 공손하고 검소하고 겸양함으로써 (그 나라의 정치에 관한 이야기를) 얻어듣게 된 것이다. 이처럼 선생님께서 필요한 것을 구하는 것은, 그것은 다른 사람들이 필요한 것을 구하는 방법과 다른 것이다."

3) 위정(爲政) 2-17. 아는 것을 안다고 하고 모르는 것을 모른다고 해라.

子曰, 由 誨女知之乎 知之爲知之 不知爲不知 是知

자왈, 유 회여지지호 지이위지지 부지위부지 시지

공자께서 말씀하셨다. "유야, (너에게) 안다는 것에 대해 가르쳐 주겠다. 아는 것을 안다고 하고, 모르는 것을 모른다고 하는 것, 이것이 아는 것이다."

○ ----------

『정관정요』에 의하면 정관 2년에 당나라 태종이 위징에게 이런 질문을 한다. "무엇을 기준으로 현명한 군주라 하고 또 어리석은 군주라고 하오?" 위증이 말했다. "군주가 영명한 건 널리 듣기 때문이며, 군주가 어리석은 것은 편협하게 한 부분만을 믿기 때문입니다. 『시경』 「대아편」에 '선현들이 말씀하시길 풀을 베고 나무를 하는 사람에게도 물어보라 하셨네.'라는 구절이 있습니다. 옛날 요임금과 순임금이 다스릴 때에는 방의 문을 활짝 열어 천하의 현명하고 덕망 있는 선비를 초빙하고 시야를 넓혀 백성의 소리를 들었으며, 민심을 살펴 정치를 맑게 했습니다. 이와 같이 했기 때문에 현명한 군주는 무슨 일이든 분명하지 않은 것이 없었습니다(君之所以明者 兼聽也 其所謂暗者 偏信也)."라고 말하였다. 또한 "군주 된 자는 여러 의견을 듣고 아랫사람들의 합리적인 건의를 받아들여야 한다."라고 하였다. 군주가 현명해지는 것은 두루 듣기 때문이며, 아둔해지는 것은 한쪽으로 치우쳐 몇 사람의 말을 듣기 때문이니 군주 된 자는 다양한 의견을 경청하는 것이 중요하다는 뜻이다.

진(晉)나라의 황보밀(皇甫謐)이 쓴 『고사전(高士傳)』에 "세이공청"이라는 성어가 나오는데, 허유가 귀를 씻었다는 고사에서 '세이(洗耳)'가 유래했다. 관한경(關漢卿)의 『단도회(單刀會)』에 "군후께서는 말씀하십시오. 소관은 귀를 씻고 경청하겠습니다(請君侯試說一遍 不官洗耳恭聽)."라는 대사가 있고, 정정옥(鄭廷玉)의 『초소공(楚昭公)』에도 "대왕께서는 말씀하십시오. 소관 귀를 씻고 경청하겠습니다(請大王試說一遍 容小官洗耳恭聽)."라는 대사가 있다. 다른 사람의 말을 듣기 싫어 귀를 씻었다는 뜻으로도 사용되었으나, 오늘날에는 이 말이 "귀를 씻고 공손히 듣는다."라는 말로 다른 사람의 말을 공경스럽고 진지하게 듣는다는 뜻으로 쓰인다.

『정관정요』「구간편(求諫篇, 간언을 장려하라)」에서는 신하들이 간언하지 않고 침묵하는 이유를 태종은 이렇게 말했다. "신하들이 간언하려고 해도 군주의 노여움을 사서 죽게 될까 두려워하는 것이오. 그것은 간언하다가 솥에 던져져 삶아 죽이는 일을 당하거나 적의 시퍼런 칼에 내던져지는 것과 무엇이 다르겠소. 그러므로 충직한 신하가 군주에게 충성을 다해 간언하려 하지 않는 것이오. 그러니 우임금이 이치에 맞는 말을 들으면 경의를 표해 감사한 것은 이 때문이 아니겠소. 나는 지금 가슴을 크게 열고 신하의 원대한 생각과 간언을 받아들일 것이오. 여러분은 지나치게 긴장하거나 두려워해 자기의 말을 진실되게 펼치지 못하는 일이 없도록 하시오."라고 말하였다.

또한 「규간태자편」에서는 듣기 싫은 말은 명약이라 하면서 "『춘추』에서는 면전에서 상대방이 듣기 싫어하는 말을 하는 것을 잘못을 치료하는 명약이라 하였다."라고 하면서 간사하고 아첨하는 소인을 물리치기를 바란다고 간언하였다. 간언을 하기 전에 결과가 어떠할까 걱정부터 한다면 진심 어린 간언이 있을 수가 없다. 비록 제시한 정책이나 대책이 완전하고 흡족한 답이 아니라 할지라도 그것을 진심 어리게 듣고 받아들이는 분위기가 되어야만 간언이 가능할 것이다.

『논어』에서는 특별히 나라를 다스리는 일에 대하여 "많이 듣되 의심스러운 부분은 빼놓고 그 나머지를 조심스럽게 말하면 실수가 적다고 하였으며, 백성의 소리를 경청하라 하셨다. 그리고 아는 것을 안다고 하고, 모르는 것을 모른다고 하는 것, 이것이 아는 것이다."라고 하였다. 많이 듣고 끝까지 경청해야 한다. 그래야 말하고자 하는 이의 의도를 정확하게 파악할 수 있다. 먼저 말하는 것보다 경청하는 것이 우선이며, 가능한 한 본인의 생각을 먼저 얘기하지 않아야 한다. 정치 지도자가 먼저 말한다든지 잘 알지 못하면서 강력한 주장을 하게 되면 더 이상의 좋은 의견들이 제시되지 않기 때문이다.

마. 위정(爲政) 2-9. 근본 원칙을 잘 실천해야 한다.

子曰, 吾與回 言終日 不違如愚 退而省其私 亦足以發
자왈, 오여회 언종일 불위여우 퇴이성기사 역족이발
回也不愚
회야불우

공자께서 말씀하셨다. "내가 안회(顔回)와 함께 하루 종일 이야기를 해도 멀리하지 않아 어리석은 사람처럼 보였다. 그런데 그가 물러난 후 그의 사사로운 일들을 살펴보니, 또한 그 근본을 실천하고 떠났다. 안회는 어리석은 사람이 아니다."

○ ----------

『정관정요』「군도편」에 의하면 당태종과 신하들이 수나라의 멸망이 주는 교훈을 논하는 자리에서 위징이 다음과 같이 말한다. "나뭇가지와 뿌리가 튼튼하면 백 년까지 전혀 문제없이 보존할 수 있습니다. 그러나 뿌리를 지탱할 수 있는 사람이 적고 패망이 끊임없이 이어지는 까닭은 무엇이겠습니까? 그 원인은 나라를 다스리는 근본 원칙을 잃었기 때문입니다." 또한 "모든 일을 자기 욕심대로 처리하고 소유하고 있던 재물을 전부 소진하면서 향락을 누렸으며, 천하의 미녀를 선발해 궁궐로 불러들이고 화려한 장식과 정자와 누각의 장관을 추구하기 위해 징발과 부역은 끝이 없었으며, 자주 전쟁을 일으켜 백성을 동원하는 게 끝이 없었습니다. 사악한 일을 일삼는 자는 복을 받고 충성스럽고 정직한 자는 목숨을 부지할 수가 없었으며, 군주는 군주답지 못하고 신하는 신하답지 못하였으며, 백성은 이런 포악한 정치를 견딜 수가 없었으므로 나라 안이 나뉘고 결국의 무너진 것입니다."라고 말하였다.

뿌리를 튼튼하게 하는 방법에 대해서는 덕으로써 나라를 다스려야 하며, 안락할 때 위험을 생각하고 검소한 생활을 통해 사치를 경계해야 하는 등 무위지치(無爲之治, 별다른 행위를 하지 않았는데도 다스려짐)의 열 가지 방법(십사, 十思)을 말하였다. 정치란 근본 원칙이 잘되어 뿌리가 튼튼해야만 나라가 안정되게 유지될 수 있다는 것이다.

『맹자』「진심상편」에서는 이렇게 말하였다. "백성을 편안하게 해 주려는 근원적인 방식(佚道)으로 백성에게 일을 시킨다면 비록 힘들지라도 원망하지 않을 것이며, 백성을 살려 주기 위한 방식(生道)으로 백성을 죽인다면 비록 죽더라도 죽이는 자를 원망하지 않을 것이다(孟子曰 以佚道使民 雖勞不怨 以生道殺民 雖死不怨殺者)."라고 하였다. '생도(生道)'의 원칙이 있다면 죽이는 것도 가하다는 의미로 원칙을 잘 지켜야 한다는 말이다.

바. 아첨하는 사람을 멀리하라.

1) 위정(爲政) 2-24. 아첨과 용기의 차이를 잘 구분해야 한다.

子曰, 非其鬼而祭之 諂也 見義不爲 無勇也

자왈, 비기귀이제지 첨야 견의불위 무용야

공자께서 말씀하셨다. "자기가 모셔야 할 귀신이 아닌데도 이를 제사 지내는 것은 아첨이다. 의로운 일을 보고도 행하지 않는 것은 용기가 없는 것이다."

2) 위령공(衛靈公) 15-10. 아첨하는 사람을 멀리하라.

顔淵問爲邦 子曰, 行夏之時 乘殷之輅 服周之冕 樂則韶舞

안영문위방 자왈, 행하지시 승은지로 복주지면 악즉소무

放鄭聲 遠佞人 鄭聲淫 佞人殆

방정성 원녕인 정성음 녕인태

안연이 나라를 다스리는 것에 대하여 여쭙자, 공자께서 말씀하셨다. "하나라의 역법을 사용하고, 은나라의 수레를 타며, 주나라의 의관을 쓰고, 음악은 순임금의 것을 따르며, 정나라의 음악을 몰아내고, 아첨하는 사람은 멀리해야 한다. 정나라의 음악은 음란하고, 아첨하는 사람은 위험하기 때문이다."

○ ----------

『한비자』의 「팔간편(八姦篇)」에 신하가 군주에게 저지르는 여덟 가지 간사한 행동으로 동상(同床), 재방(在旁), 부형(父兄), 양앙(養殃), 민맹(民萌), 유행(流行), 위강(威强), 사방(四方)이 있다고 하였다.

- '동상(同床)'이란 잠자리를 같이하는 정실부인과 총애받는 후궁들이 군주를 현혹시키고, 군주가 편안히 쉬려고 할 때나 만취했을 때를 틈타 원하고자 하는 일을 얻어 내려는 것이다.
- '재방(在旁)'은 군주의 측근들로 군주를 가까이 모시는 자들이 입에 발린 소리로 군주의 마음을 움직이는 것을 말한다.
- '부형(父兄)'은 친인척들로서 군주가 사랑하는 자식들이 혈연관계를 내세워 군주를 이용하는 것을 말한다.
- '양앙(養殃)'은 군주가 좋아하는 것으로서 궁궐과 누각 등을 꾸미기를 좋아하거나 미녀나 개나 말을 좋아함으로써 초래되는 재앙이다.
- '민맹(民萌)'은 신하가 공적인 재물로 백성들의 환심을 사면서 자신의 목적을 달성하는 행동을 말한다.
- '유행(流行)'은 교묘한 말로 군주의 마음을 허물고 판단을 흐리게 하는 것을 말한다.
- '위강(威强)'은 신하들이 협객이나 무사 등의 위세를 빌려 군주를 위협하고 권력을 휘두르는 것을 말한다.
- '사방(四方)'은 주변국들의 위세를 이용해 군주가 큰 나라를 섬기도록 하면서 군주를 좌지우지하는 것을 말한다.

지금으로부터 2,200여 년 전에 살았던 한비자라는 사상가는 사회를 혼란스럽게 하고, 불행하게 만드는 간사한 행동들은 늘 존재하기 때문에 경계를 해야 한다고 말했다. 경계해야 할 대상은 잠자리를 같이하는 사람, 군주를 가까이 모시는 자, 친인척들이라고 했다. 간사한 행동은 군주를 현혹시켜 원하고자 하는 일을 얻어 내려는 것, 입에 발린 소리로 군주의 마음을 움직이는 것, 혈연관계를 내세워 군주를 이용하는 것, 군주가 좋아하는 것에 빠져 재앙을 초래하게 하는 것, 공적인 재물로 백성들의 환심을 사서 자신의 목적을 달성하는 것, 교묘한 말로 군주의 마음을 허물고 판단을 흐리게 하는 것, 무사 등의 힘을 빌려 군주를 위협하고 권력을 휘두르는 것, 주변국들의 위세를 이용해 군주가 큰 나라를 섬기도록 하면서 군주를 좌지우지하는 것 등이다.

2,200여 년 전의 가르침과 지금 일어나고 있는 현실의 정치를 대조해 본다면, 현대 정치사에서도 '팔간'과 거의 유사한 일들이 어느 지도자를 구분하지 않고 빈번하게 일어나고 있다. 팔간에 휘둘린 정치 지도자는 때로는 곤욕을 치루기도 하고, 구설수에 시달리게 되며, 협박을 받기도 하고, 법적인 책임을 지기도 하며, 결국에는 국민의 신뢰를 잃게 됨으로써 자신의 권세와 지위의 근간이 흔들리고 자멸하게 되는 경우마저 있다. 이러한 결과의 최종적인 피해자는 결국 백성이 될 것이다.

사. 남의 잘못이나 지나간 일은 염두에 두지 마라.

1) 공야장(公冶長) 5-22. 남의 잘못을 염두에 두지 않으면 원망을 사는 일도 없다.

子曰, 伯夷叔齊 不念舊惡 怨是用希

자왈, 백이숙제 불념구악 원시용희

공자께서 말씀하셨다. "백이와 숙제는 남의 옛 잘못을 염두에 두지 않았고, 이 때문에 이들을 원망하는 사람도 드물었다."

2) **팔일(八佾) 3-21. 지나간 일을 탓하지 말아라.**
   哀公 問社於宰我 宰我對曰, 夏后氏以松 殷人以栢
   애공 문사어재아 재아대왈, 하후씨이송 은인이백
   周人以栗 曰使民戰栗 子聞之曰, 成事不說 遂事不諫
   주인이율 왈사민전율 자문지왈, 성사불설 수사불간
   旣往不咎
   기왕불구

애공이 재아(宰我)에게 사(社, 지신의 신주)에 대하여 묻자 재아(宰我)가 대답하였다. "하나라 왕조는 소나무를 심었고, 은나라 사람들은 측백나무를 심었으며, 주나라 사람들은 밤나무(栗)를 심었는데, 백성들을 전율(戰栗)케 하려는 것이었다고 합니다." 공자께서 이를 듣고 말씀하셨다. "이루어진 일은 논하지 말고, 끝난 일은 따지지 말며, 이미 지나간 일은 탓하지 않는 것이다."

○ ----------

"엎지른 물은 다시 담을 수 없다."라는 말로 "복수불반(覆水不返)"이란 성어가 있다. 동진의 왕가가 지은 『습유기(拾遺記)』에 나오는 말이다. 이 성어의 어원은 주(周)나라의 제상인 강여상(姜呂尙)이 가난할 때 집을 나간 아내 마씨(馬氏)가 돌아와 용서를 비는 과정에서 "한번 쏟아진 물은 주워 담을 수 없고 한번 집과 남편을 떠난 여자는 다시 돌아올 수 없다."라고 하는 데서 유래되었다. 한번 뱉은 말과 행동은 다시는 주워 담을 수 없으니 언행에 유의해야 한다는 교훈을 얘기할 때 흔히 사용한다. 『논어』에서 말하는 "남의 잘못을 염두에 두거나 지나간 일을 탓하지 말아라."라는 위에서 말한 성어의 뜻과는 다른 의미를 가지고 있다. 한 번 엎어진 물을 다시 담을 수는 없으나 정사를 논하고 실천할 때는 누구든지 과오나 실수가 있을 수 있기 때문에 오히려 과오나 잘못을 염두에 두지 않고 탓하지 않음으로 인해 원망도 사지 않을뿐더러 더 나은 결과를 도출할 수 있다는 뜻으로 해석하는 것이 온당할 것이다.

아. 말을 엄정하게 하라.

1) 자로(子路) 13-15. 말 한마디로 나라를 흥하게 할 수도, 망하게 할 수도 있다.

定公問, 一言而可以興邦 有諸 孔子對曰, 言不可以若是

정공문, 일언이가이흥방 유제 공자대왈, 언불가이약시

其幾也 人之言曰, 爲君難 爲臣不易 如知爲君之難也

기기야 인지언왈, 위군난 위신불이 여지위군지난야

不幾乎一言而興邦乎

불기호일언이흥방호

曰, 一言而喪邦 有諸 孔子對曰, 言不可以若是其幾也

왈, 일언이상방 유제 공자대왈, 언불가이약시기기야

人之言曰 予無樂乎爲君 唯其言而莫予違也

인지언왈, 여무낙호위군 유기언이막여위야

如其善而莫之違也 不亦善乎 如不善而莫之違也

여기선이막지위야 불역선호 여불선이막지위야

不幾乎一言而喪邦乎

불기호일언이상방호

정공이 여쭈었다. "말 한마디로 나라를 흥하게 할 수 있는 그런 말이 있습니까?" 공자께서 말씀하셨다. "말이란 그와 같이 결과를 기약할 수는 없는 것입니다. 그러나 사람들이 말하기를 '임금 노릇 하기도 어렵고 신하 노릇 하기도 쉽지 않다.'라고 합니다. 만일 임금 노릇 하기가 어렵다는 것을 알 정도라면, 한마디 말로 나라를 흥하게 할 수 있지 않겠습니까?"

정공이 다시 여쭈었다. "한마디로 나라를 잃을 수 있는 그런 말이 있습니까?" 공자께서 말씀하셨다. "말이란 그와 같이 결과를 기약할 수는 없는 것입니다. 그러나 사람들이 말하기를 '나는 임금 노릇 하는 것이 즐거움이 없고, 다만 내가 말을 하면 내 뜻을 어기지는 않는다.'라고 합니다. 만일 그 말이 선하여 그것을 어기지 않는다면 또한 선하게 되지 않겠습니까? 만일 그 말이 선하지 않은데 그것을 거역하는 사람이 없다면, 한마디 말로 나라를 망치게 되기를 기약할 수 있지 않겠습니까?"

2) 헌문(憲問) 14-4. 난세에 따라 말과 행동을 엄정하게 하라.

子曰, 邦有道 危言危行 邦無道 危行言孫

자왈, 방유도 위언위행 방무도 위행언손

공자께서 말씀하셨다. "나라에 도(道)가 행해지고 있으면 말과 행동을 엄정하게 하고, 나라에 도가 행해지지 않으면 행동은 엄정하게 하되 말은 공손하게 해야 한다."

3) 자로(子路) 13-3. 군자는 명분을 말해야 하며, 말을 했으면 반드시 실천을 해야 한다.

子路曰, 衛君待子而爲政 子將奚先 子曰, 必也正名乎

자로왈, 위군대자이위정 자장해선 자왈, 필야정명호

子路曰, 有是哉 子之迂也 奚其正

자로왈, 유시재 자지우야 해기정

子曰, 野哉 由也 君子於其所不知 蓋闕如也 名不正

자왈, 야재 유야 군자어기소부지 개궐여야 명부정

則言不順 言不順 則事不成 事不成 則禮樂不興 禮樂不興

즉언불순 언불순 즉사불성 사불성 즉예악부흥 예악부흥

則刑罰不中 刑罰不中 則民無所措手足

즉형벌부중 형벌부중 즉민무소조수족

故 君子名之必可言也 言之必可行也 君子於其言

고 군자명지필가언야 언지필가행야 군자어기언

無所苟而已矣

무소구이이의

자로가 여쭈었다. "위나라 임금이 선생님을 모시고 정치를 한다면, 선생님께서는 장차 무엇을 먼저 하시겠습니까?" 공자께서 말씀하셨다. "반드시 명분을 바로잡겠다." 자로가 말하였다. "그런 것도 있습니까? 선생님께서는 세상 물정에 어두우십니다. 어째서 그것을 바로잡겠다고 하십니까?"

공자께서 말씀하셨다. "어리숙하구나, 유(자로)야. 군자는 자기가 알지 못하는 것에 대해서는 대체로 덮어 버린다(잠자코 있다). 명분이 바르지 못하면 말이 사리에 맞지 않고, **말이 사리에 맞지 않으면 일이 이루어지지 않고**, 일이 이루어지지 않으면 예와 음악이 흥성하지 못하며, 예와 음악이 흥성하지 못하면 형벌이 공정하지 않고, 형벌이 공정하지 않으면 백성들은 손발을 어디에 두어야 할지 불안하게 된다.

그러므로 군자는 반드시 명분을 말해야 하고, 말을 했으면 실천을 해야 한다. **군자는 그 말에 대하여 구차히 하는 일이 없어야 한다.**"

4) 헌문(憲問) 14-23. 군주를 속이지 말고, 군주 앞에서 바른말을 해야 한다.
子路問事君 子曰, 勿欺也 而犯之
자로문사군 자왈, 물기야 이범지

자로가 군주를 섬기는 방도에 대해 여쭙자, 공자께서 말씀하셨다. "(군주를) 속이지 말고, (군주의 앞에서) 바른말을 해야 한다."

○ ----------

『순자』「권학편」에 "입으로 하는 말은 화를 부를 수가 있고 행동에 치욕을 초래하는 수가 있으니, 군자는 그 살아가는 입장에 신중해야 한다(故言有召禍也 行有招辱也 君子愼其所立乎)."라고 하였다.

노자의 『도덕경(道德經)』에 "다언삭궁(多言數窮)"이란 성어가 있다. "말이 많으면 곤궁(困窮)에 처하는 경우가 많으니, 가슴에 품고 있음만 못하다(多言數窮 不如守中)."라는 뜻이다. 「장인」 81장에서는 "믿음직스러운 말은 아름답지 않고 번지르르한 말은 믿음직스럽지 않다. 선한 사람은 말을 잘하지 못하고 말을 잘하는 사람은 선하지 않다(信言不美 美言不信 善者不辯 辯者不善)."라고 하였다. 말을 많이 하면 실수를 많이 하게 되고 미사여구로 현혹하는 말은 신뢰할 수 없으니 말수를 줄이고 엄정하게 하라는 뜻일 것이다.

공자 또한 군자는 위엄 있고 온화하며, 옳고 그름이 분명해야 하고, 신중하고 위엄이 있어야 한다고 하였다. 또한 말에는 명분이 있어야 하며 말한 것은 반드시 실천하라 하였다. 『논어』 「안연편」에서도 "임금은 임금다워야 하고 신하는 신하다워야 하며, 아버지는 아버지다워야 하고 자식은 자식다워야 한다."라고 하였다. 그 존재 자체가 명분이 있어야 하고 모든 사물이나 사람이 명분에 맞게 움직이고 존재하면 모든 일이 제대로 된다고 하였다. 정치의 근본도 명분을 바로 세우는 것에서 이루어진다고 보았던 것이다.

자. 눈앞의 이익에 현혹되지 말고 욕심을 부리지 마라.

1) 자로(子路) 13-17. 조급하여 성과를 내려 하지 말고, 눈앞의 작은 이익에 현혹되지 말라.

   子夏爲莒父宰 問政 子曰, 無欲速 無見小利 欲速
   자하위거보재 문정 자왈, 무욕속 무견소리 욕속

   則不達 見小利 則大事不成
   즉부달 견소리 즉대사불성

   자하가 거보의 읍재(邑宰)가 되어 정치에 대해서 여쭙자, 공자께서 말씀하셨다. "조급하여 성과를 내려 하지 말고 작은 이익에 현혹되지 말아라. 서둘러 성과를 보려 하면 제대로 성과를 달성하지 못하고, 작은 이익에 현혹되면 큰일을 해낼 수 없다."

2) 위령공(衛靈公) 15-11. 멀리 내다보고 깊이 생각하지 않으면 반드시 근심이 있게 된다.

   子曰, 人無遠慮 必有近憂
   자왈, 인무원려 필유근우

   공자께서 말씀하셨다. "사람이 멀리 내다보고 깊이 생각하지 않으면, 반드시 가까운 곳에 근심이 있게 된다."

3) 안연(顔淵) 12-18. 욕심을 부리지 마라.

季康子患盜 問於孔子 孔子對曰, 苟子之不欲 雖賞之不竊

계강자환도 문어공자 공자대왈, 구자지불욕 수상지부절

계강자가 도둑이 많은 것을 걱정하여 공자에게 조언을 구하자, 공자께서 말씀하셨다. "진실로 선생께서 욕심을 부리지 않으시면 비록 상을 준다 하더라도 백성들은 도둑질을 하지 않을 것입니다."

◯ ----------

『열자(列子)』[9] 「설부편」에 "도견상부(道見桑婦)"라는 성어가 나온다. "길에서 뽕 따는 여자를 만난다."라는 말로, 눈앞에 보이는 일시적인 이익을 좇다가 가지고 있는 것까지 다 놓치는 것을 비유하여 하는 말이다.

진(晉)나라 문공(文公)이 나라 밖으로 나가 위(衛)나라를 치려고 하자 공자(公子) 서(鋤)가 하늘을 우러러보며 크게 웃었다. 문공이 그 까닭을 묻자 서가 대답했다. "이웃 사람 중에 그 아내가 사가(私家)로 가는 것을 배웅하는 자가 있었는데, 길에서 뽕잎을 따는 여자를 보고 즐겁게 이야기하다가 자신의 아내를 돌아보니 그 아내 역시 손짓하여 부르는 남자가 있었습니다. 신은 이 일을 생각하고 웃은 것입니다." 문공은 그 말의 뜻을 깨닫고 위나라를 정벌하려는 계획을 멈추고 군사를 이끌고 돌아왔다.

---

9) 성은 열(列), 이름은 어구(禦寇)이며, 기원전 4세기 전국시대에 살았던 사람으로 노자, 장자와 함께 3대 도가(道家) 사상가이다.

문공이 미처 돌아오지 않은 상황에서 진나라의 북쪽 변경을 침략하는 자가 있었다. 눈앞의 작은 이익에 현혹되어서도 아니 되며 눈앞에 보이는 것이 전부가 아닐 수 있다. 매사에 신중하게 결정해야 한다는 뜻이다.

차. 공과 사를 구분하되 나라 걱정이 우선이다.

 1) 자로(子路) 13-14. 공과 사를 혼동하지 마라.

冉子退朝 子曰, 何晏也 對曰, 有政 子曰, 其事也 如有政
염자퇴조 자왈, 하안야 대왈, 유정 자왈, 기사야 여유정

雖不吾以 吾其與聞之
수불오이 오기여문지

염자가 조정에서 돌아오자, 공자께서 말씀하셨다. "어찌하여 늦었느냐?" 염자가 대답하기를, "정사(政事)가 있었습니다." 공자께서 말씀하셨다. "그 집안의 일이겠지. 만약 정사가 있었다면, 비록 내가 관직에 임용되지는 않았어도 그 일에 관하여 들었을 것이다."

 2) 계씨(季氏) 16-1. 집안 걱정보다 나라 걱정이 우선이다.

冉有曰, 今夫顓臾 固而近於費 今不取 後世必爲子孫憂
염유왈, 금부전유 고이근어비 금불취 후세필위자손우

孔子曰, 求 君子疾夫舍曰欲之而必爲之辭 丘也聞
공자왈, 구 군자질부사왈욕지이필위지사 구야문

有國有家者 不患寡而患不均 不患貧而患不安 蓋均無貧
유국유가자 불환과이환불균 불환빈이환불안 개균무빈
和無寡 安無傾 夫如是 故遠人不服 則脩文德以來之
화무과 안무경 부여시 고원인불복 즉수문덕이래지
旣來之 則安之
기래지 즉안지

염유가 말하였다. "지금의 전유는 성곽이 견고하고, (계시의 관할인) 비읍에 가까이 있어서, 지금 빼앗지 않으면 후세에 반드시 자손들의 근심거리가 될 것입니다."
공자께서 말씀하셨다. "구야. 군자는 자기가 원한다고 솔직하게 말하지 않고 그것을 위하여 말을 꾸며 대는 것을 미워한다. 내가 듣건대, 국가를 다스리는 사람은 (토지가) 적은 것을 걱정하지 말고 분배가 균등하지 못한 것을 걱정하며, 가난한 것을 걱정하지 말고 평안하지 못한 것을 걱정하라고 했다. 대개 분배가 균등하면 가난이 없고 서로가 화합을 이루면 적은 것이 문제가 되지 않으며, 평안하면 나라가 기울어질 일이 없다. 그렇기 때문에 먼 곳에 있는 사람들이 복종하지 않으면 문화와 덕망을 닦아서 그들이 따라오도록 하고, 온 다음에는 그들을 평안하게 해 주는 것이다.

今由與求也 相夫子 遠人不服 而不能來也 邦分崩離析
금유여구야 상부자 원인불복 이불능래야 방분붕리석
而不能守也 而謀動干戈 於邦內 吾恐季孫之憂
이불능수야 이모동간과 어방내 오공계손지우

不在顓臾 而在蕭牆之內也
부재전유 이재소장지내야

그런데 지금 유(자로)와 구는 계시를 돕는다면서도, 먼 곳의 사람들이 복종하지 않는데 따라오게 하지도 못하고, 나라가 조각조각 떨어져 나가는데도 지키지 못하며, 나라 안에서 군사를 동원하려 꾀하고 있구나. 내가 걱정되는 것은 계손씨의 근심이 전유 땅에 있는 것이 아니라, 그 집안에 있다는 것이다."

○ ----------

『정관정요』「태자제왕정분편(太子諸王定分篇, 태자와 제왕들의 서열 정하기)」에 의하면 아들 오왕(오왕) 이각(이각)을 제주도독으로 임명하면서 신하들에게 다음과 같은 말을 한다. "부자지간의 정으로 말하면 어찌 항상 보고 싶지 않겠소. 그러나 나랏일과 집안일은 별개요. 그들은 지방 관리로 부임하여 조정의 병풍 역할을 할 것이오."라고 말했다. 집안일과 나랏일을 구분할 줄 알아야 하며, 나랏일이 우선이 되어야 한다는 뜻이다.

제6편
젊은이들에게 하고 싶은 말과 바라는 자세

1. 젊은이가 가져야 할 품성
2. 매일매일 반성하고 경계해야 할 일들
3. 무슨 일을 어떻게 할 것인가?
4. 일하는 자세
5. 대인관계

제6편
젊은이들에게 하고 싶은 말과 바라는 자세

『논어』에 '젊은이들에게 들려주고 싶은 말'이라는 주제로 언급되거나 표현된 내용들을 분명하게 한 것은 없다. 그러나 『논어』를 계속해서 읽다 보면 공자가 우리에게 말하고자 하는 내용을 유추할 수 있다. 공자가 배움에 대한 것을 중요하게 여긴 것은 군자를 양성하기 위한 것이었다. 군자를 만들기 위한 대상은 당연히 젊은이가 될 것이다. 저자는 군자도 중요하지만 젊은이에게 더 관심이 간다. 젊은이는 사회와 국가의 희망이다. 따라서 저자는 공자가 『논어』를 통해 젊은이들에게 말하고자 하는 교훈이라는 주제로 정리를 해 보았다. 내용의 일부는 앞에서 언급한 내용들과 중복될 수도 있으며 앞에서 충분한 해설이 있었으므로 별도의 상세한 해설은 가능한 한 줄일 예정이다.

1. 젊은이가 가져야 할 품성

가. 학이(學而) 1-6. 부모님께 효도하고 어른을 공경하며, 언행이 공손하고 신의가 있어야 한다.

子曰, 弟子入則孝 出則悌 謹而信 汎愛衆 而親仁
자왈, 제자입즉효 출즉제 근이신 범애중 이친인

行有餘力 則以學文
행유여력 즉이학문

공자께서 말씀하셨다. "젊은이들은 집에 들어가서는 (부모님께) 효도하고 나가서는 (어른들을) 공경하며, (언행이) 공손하고 신의가 있어야 하며, 널리 사람들을 사랑하고 어진 사람과 가까이 지내야 한다. 이렇게 행하고도 여력이 있으면 곧 글을 배워야 한다."

나. 자한(子罕) 9-15. 공자께서 강조하신 덕목(섬김, 과음 금지)

子曰, 出則事公卿 入則事父兄 喪事不敢不勉 不爲酒困
자왈, 출즉사공경 입즉사부형 상사불감불면 불위주곤

何有於我哉
하유어아재

공자께서 말씀하셨다. "조정에 나가서는 벼슬 높은 이를 섬기고, 들어와서는 어른들을 섬기며, 장례를 치를 때는 함부로 하지 않고 강요하지 않으며, 술 마시고 실수를 하지 않는다. 이런 일이 나에게 무슨 어려움이 있겠는가?"

다. 학이(學而) 1-2. 효(孝)와 우애(友愛)는 인(仁)을 실천하는 근본이다.

有子曰, 其爲人也 孝弟 而好犯上者 鮮矣 不好犯上
유자왈, 기위인야 효제 이호범상자 선의 불호범상
而好作亂者 未之有也 君子務本 本立而道生
이호작란자 미지유야 군자무본 본립이도생
孝弟也者 其爲仁之本與
효제야자 기위인지본여

유자가 말하였다. "그 사람됨이 효성스럽고 우애가 있으면서 윗사람을 범하기를 좋아하는 사람은 드물다. 윗사람을 범하기를 좋아하지 않으면서 그리고 질서를 어지럽히기를 좋아하는 그런 자는 아직까지는 있지 않았다.
군자는 근본에 힘쓰고 근본이 서면 그러면 바른 도(道)가 생긴다. 효와 우애란 아마도 인을 실천하는 근본일 것이다."

라. 자한(子罕) 9-17. 덕(德)을 쌓기를 힘쓰라.

子曰, 吾未見好德如好色者也

자왈, 오미견호덕여호색자야

공자께서 말씀하셨다. "나는 아직 아름다운 여인을 좋아하듯이 덕(德)을 쌓기를 좋아하는 사람을 보지 못했다."

마. 자한(子罕) 9-24. 충심과 신의를 지키며, 잘못이 있으면 반드시 고쳐라.

子曰, 主忠信 無友不如己者 過則勿憚改

자왈, 주충신 무우불여기자 과즉물탄개

공자께서 말씀하셨다. "충심과 신의를 지키며, 자기만 못한 사람과 벗하지 말고, 잘못이 있으면 고치기를 주저하지 말아라."

바. 겸손하라.

1) 술이(述而) 7-35. 겸손을 잃지 마라.

子曰, 奢則不孫 儉則固 與其不孫也 寧固

자왈, 사즉불손 검즉고 여기불손야 영고

공자께서 말씀하셨다. "사치스럽게 하다 보면 겸손함이 없고, 검소하게 하다 보면 고루하게 되지만, 겸손함이 없는 것보다는 차라리 고루한 것이 낫다."

2) 태백(泰伯) 8-5. 자만심을 버리고 겸손하라.

曾子曰, 以能問於不能 以多問於寡 有若無 實若虛
증자왈, 이능문어불능 이다문어과 유약무 실약허

犯而不校 昔者吾友嘗從事於斯矣
범이불교 석자오우상종사어사의

증자가 말하였다. "능력이 있으면서도 능력 없는 사람에게 묻고, 많이 알면서도 적게 아는 사람에게 물었으며, 있으면서도 없는 듯하고, 꽉 차 있으면서도 텅 빈 듯하고, 남이 자기에게 잘못을 범해도 잘잘못을 따지며 다투지 않았다. 예전에 친구들과 더불어 이를 실천하며 살았다."

3) 태백(泰伯) 8-11. 교만하고 인색하지 마라.

子曰, 如有周公之才之美 使驕且吝 其餘不足觀也已
자왈, 여유주공지재지미 사교차인 기여부족관야이

공자께서 말씀하셨다. "만약 주공처럼 훌륭한 재능을 가지고 있다 하더라도 교만하고 인색하다면, 그 나머지는 볼 것이 없다."

사. 자한(子罕) 9-11. 법도에 어긋난 일을 해서는 안 된다.

子疾病 子路使門人爲臣 病間 曰, 久矣哉 由之行詐也
자질병 자로사문인위신 병간 왈, 구의재 유지행사야

無臣而爲有臣 吾誰欺 欺天乎 且予與其死於臣之手也
무신이위유신 오수기 기천호 차여여기사어신지수야
無寧死於二三子之手乎 且予縱不得大葬 予死於道路乎
무녕사어이삼자지수호 차여종부득대장 여사어도로호

공자께서 병이 심해지시자 자로가 장례를 치를 사람(臣)을 조직하게 했다. 병이 조금 나아지시자 공자께서 말씀하셨다. "오래되었구나. 또 자로가 잔꾀를 부려 나를 속였구나. 나는 본래 사람들을 불러 장례 조직을 만들어서는 안 되는데도 오히려 사람들을 불러 장례 조직을 만들다니, 내가 누구를 속이겠느냐. 하늘을 속이겠느냐. 또한 내가 장례를 치를 사람들 손에서 죽기보다는 오히려 자네들의 손에 죽는 것이 낫지 않겠느냐. 또 내가 비록 성대한 장례는 치러질 수 없다 하더라도, 길바닥에서 죽기야 하겠느냐."

아. 태백(泰伯) 8-13. 도(道)가 우선이다.

子曰, 篤信好學 守死善道 危邦不入 亂邦不居 天下有道則見
자왈, 독신호학 수사선도 위방불입 난방불거 천하유도즉현
無道則隱 邦有道 貧且賤焉 恥也 邦無道 富且貴焉 恥也
무도즉은 방유도 빈차천언 치야 방무도 부차귀언 치야

공자께서 말씀하셨다. "(성현들의 가르침에 대한) 두터운 믿음을 가지고 배우기를 좋아하며, 목숨을 걸고 선한 도(道)를 지켜

야 한다. 위태로운 나라에는 들어가지 않고 어지러운 나라에는 머물지 말아야 한다. 천하에 도가 행해지면 세상에 모습을 드러내고, 도가 행해지지 않으면 조용히 숨어 살아야 한다.

나라에 도가 행해지는데 가난하고 천하게 산다면 부끄러운 일이며, 나라에 도가 행해지지 않는데 부귀를 누린다면 이 또한 부끄러운 일이다."

자. 태백(泰伯) 8-3. 자신의 몸을 소중히 하라.

曾子有疾 召門弟子曰, 啓予足 啓予手 詩云 戰戰兢兢
증자유병 소문제자왈, 계여족 계여수 시운 전전긍긍
如臨深淵 如履薄氷 而今而後 吾知免夫 小子
여림심연 여리박빙 이금이후 오지면부 소자

증자가 병이 들자 문하의 제자들을 불러 놓고 말하였다. "(부모님께서 주신 몸에 손상된 데가 없는지) 내 발을 펴 보아라. 내 손을 펴 보아라. 『시경』에 (몸을 소중히 하려면) '늘 두려워하기를 깊은 연못을 굽어볼 때처럼 하고, 살얼음 위를 걸을 때처럼 하라.'라는 말이 있다. 제자들아, 이제야 나는 그런 걱정을 벗어나게 되었음을 알겠구나."

차. 헌문(憲問) 14-13. 완성된 인간(成人)이 되기 위해 갖추어야 할 것들

子路問成人 子曰, 若臧武仲之知 公綽之不欲 卞莊子之勇
자로문성인 자왈, 약장무중지지 공작지불욕 변장자지용

冉求之藝 文之以禮樂 亦可以爲成人矣
염구지예 문지이예락 역가이위성인의

曰, 今之成人者何必然 見利思義 見危授命 久要不忘
왈, 금지성인자하필연 견리사의 견위수명 구요불망

平生之言 亦可以爲成人矣
평생지언 역가이위성인의

자로가 완성된 인간에 대해서 여쭙자, 공자께서 말씀하셨다. "장무중의 지식과 공작의 욕심 없음과 변장자의 용기와 염구의 예를 가지고, 예절과 음악을 보태어 다듬는다면 완성된 인간이 될 수 있다."

그러고는 다시 말씀하셨다. "오늘날의 완성된 인간이야 어찌 반드시 그러하겠느냐. 이로운 일을 보면 의로운가를 생각하고, 위태로운 것을 보면 목숨을 바칠 각오가 되어 있으며, 오래된 약속일지라도 그 말을 잊지 않는다면, 또한 완성된 인간이 될 수 있다."

카. 헌문(憲問) 14-36. 은덕은 은덕으로 갚고, 원한은 그릇된 것을 바로잡는 마음으로 갚아라.

或曰, 以德報怨 何如 子曰, 何以報德 以直報怨 以德報德

혹왈, 이덕보원 하여 자왈, 하이보덕 이직보원 이덕보덕

어떤 사람이 여쭈었다. "원한을 은덕으로 갚으면 어떻습니까?" 공자께서 말씀하셨다. "그러면 은덕은 무엇으로 갚겠는가? 원한은 그릇된 것을 바로잡는 마음으로 갚고, 은덕은 은덕으로 갚는 것이다."

○ ----------

『순자』「수신편(修身篇)」에 의하면 훌륭한 젊은이와 나쁜 젊은이를 이렇게 규정하였다. "단정하고 성실하고 겸손하고 우애가 있으면 훌륭한 젊은이라고 할 수 있다. 거기에 배우기를 좋아하고 공손하며 민첩하면서도 남의 위로 올라가려는 마음만 가지고 있지 않다면 군자라고 할 수 있다. 게으르고 일하기 싫어하며 염치가 없고 먹고 마시는 일이나 좋아한다면 나쁜 젊은이라고 할 수 있다. 거기에 방탕하고 사나우며 남의 말은 따르지 않으면서 음험하고 잔악해 우애가 없다면 불량한 젊은이라고 할 것이니, 비록 사형에 처한다 해도 괜찮을 것이다." 훌륭한 젊은이가 배움과 겸손을 더 추가하면 군자라 하였으니 훌륭한 젊은이는 군자로 가는 길목에 있는 듯하다.

端愨順弟 則可謂善少者矣, 加好學遜敏焉 則有鈞無上 可以爲君子者矣, 偸儒憚事 無廉恥而嗜乎飮食, 則可謂惡少者矣 加惕悍而不順 險賊而不弟

焉 則可謂不詳少者矣, 雖陷刑戮可也

  공자는 젊은이가 가져야 할 품성으로 부모님께 효도하고 어른들을 공경하며, 언행이 공손하고 믿음이 있어야 하며, 널리 사람들을 사랑하고 어진 사람과 가까이 지내야 한다고 하였다. 그리고 여력이 있으면 곧 글을 배워야 한다고 하였다. 충심과 신의를 지키며, 자기만 못한 사람과 벗하지 말고 잘못이 있으면 고치기를 주저하지 말라고 하였으며, 자만심을 버리고 겸손하라고 하였다. 완성된 인간이 되기 위하여 이로운 일을 보면 의로운가를 생각하고, 위태로운 것을 보면 목숨을 바칠 각오가 되어 있으며, 오래된 약속일지라도 그 말을 잊지 않아야 한다고 하였다. 또한 술 마시고 실수를 하지 않아야 한다고 하였다. 군자가 갖추어야 할 인과 의, 예, 지, 신의 덕목과 그 덕목의 산물인 충과 효와 (우)애 등을 실천하고 배움을 게을리해서는 안 된다고 강조하신 것이다.

2. 매일매일 반성하고 경계해야 할 일들

가. 학이(學而) 1-4. 매일매일 반성해야 할 세 가지 항목(정성, 신의, 익힘)

曾子曰, 吾日三省吾身 爲人謀而不忠乎 與朋友交而不信乎
증자왈, 오일삼성오신 위인모이불충호 여붕우교이불신호
傳不習乎
전불습호

증자가 말하였다. "나는 날마다 세 가지 점에 대해 나 자신을 반성한다. 남을 위하여 일을 꾀하면서 정성을 다하지 못한 점은 없는지, 벗과 사귀면서 신의를 지키지 못한 일은 없는지, 배운 것을 제대로 익히지 못한 것은 없는지…"

나. 학이(學而) 1-16. 남이 나를 알아주지 못함을 걱정하지 말고, 내가 남을 알지 못함을 걱정하라.

子曰, 不患人之不己知 患不知人也
자왈, 불환인지불기지 환불지인야

공자께서 말씀하셨다. "남이 자신을 알아주지 못할까 걱정하지 말고, 내가 남을 알지 못함을 걱정해야 한다."

다. 태백(泰伯) 8-16. 정직하지 않고 성실하지도 않으며, 신의가 없는 사람은 상대하기 곤란한 사람이다.

子曰, 狂而不直 侗而不愿 悾悾而不信 吾不知之矣
자왈, 광이부직 동이불원 공공이불신 오부지지의

공자께서 말씀하셨다. "뜻은 크면서 정직하지도 않고 미련하면서 성실하지도 않으며, 무능하면서 신의도 없다면, 그런 사람은 내가 어찌해야 할지 모르겠다."

라. 향당(鄕黨) 11-15. 지나친 것은 부족한 것에 미치지 못한다.

子貢問, 師與商也孰賢 子曰, 師也過 商也不及 曰,
자공문, 사여상야숙현 자왈, 사야과 상야불급 왈,

然則師愈與 子曰, 過猶不及
연즉사유여 자왈, 과유불급

자공이 여쭈었다. "사(자장)와 상(자하) 중 누가 더 현명합니까?" 공자께서 말씀하셨다. "사는 지나치고 상은 부족하다." "그러면 사가 낫습니까?" 공자께서 말씀하셨다. "지나친 것은 부족한 것에 미치지 못한다."

마. 말조심하고, 말 잘하는 사람을 경계하라.

1) 헌문(憲問) 14-21. 말조심하고 자신이 한 말에 책임을 지라.

子曰, 其言之不怍 則爲之也難

자왈, 기언지부작 즉위지야난

공자께서 말씀하셨다. "자신의 말에 대해 부끄러움을 가지지 않는다면, 그것을 실천하기도 어렵다."

2) 위령공(衛靈公) 15-5. 말은 진실되고 믿음직스럽게 하라.

子張問行 子曰, 言忠信 行篤敬 雖蠻貊之邦 行矣

자장문행 자왈, 언충신 행독경 수만맥지방 행의

言不忠信 行不篤敬 雖州里 行乎哉

언불충신 행부독경 수주리 행호재

立則見其參於前也 在輿則見其倚於衡也 夫然後行

입즉견기참어전야 재여즉견기의어형야 부연후행

子張書諸紳

자장서제신

자장이 어떻게 처세하면 세상에서 뜻을 펼칠 수 있는가에 대하여 여쭙자, 공자께서 말씀하셨다. "말이 진실되고 믿음직스러우며, 행동이 신실하고 공경스러우면 비록 오랑캐의 나라에서라도 뜻을 펼칠 수 있다. 그러나 말이 진실되지 않고 미덥지 않으며, 행실이 신실하지 않고 공경스럽지 않으면, 비록 자기 마을에서인들 뜻을 펼칠 수 있겠는가?

서 있을 때는 그러한 덕목이 눈앞에 늘어서 있는 듯하고, 수레에 타고 있을 때는 그것들이 멍에에 기대어 있는 듯이 눈에 보인 다음에야 세상에 통할 것이다." 자장은 이 말씀(言忠信 行篤敬)을 예복의 띠에 적어 두었다.

3) 헌문(憲問) 14-39. 그릇된 말을 피하라.

子曰, 賢者辟世 其次辟地 其次辟色 其次辟言
자왈, 현자피세 기차피지 기차피색 기차피언

공자께서 말씀하셨다. "현명한 사람은 어지러운 세상을 피하고, 그다음은 어지러운 지역을 피하고, 그다음은 여색을 피하고, 그다음은 그릇된 말을 피한다."

4) 향당(鄕黨) 11-24. 말 잘하는 사람을 경계하라.

子路使子羔爲費宰 子曰, 賊夫人之子 子路曰, 有民人焉
자로사자고위비재 자왈, 적부인지자 자로왈, 유민인언
有社禝焉 何必讀書 然後爲學 子曰, 是故惡夫佞者
유사직언 하필독서 연후위학 자왈, 시고오부녕자

자로가 자고를 비 땅의 읍재로 삼자, 공자께서 말씀하셨다. "남의 자식을 망치는구나." 자로가 말씀드렸다. "다스릴 백성이 있고 받들 사직이 있는데, 하필 글을 읽은 다음에야 공부를 한다고 하겠습니까?" 공자께서 말씀하셨다. "이래서 말 잘하는 사람을 미워하는 것이다."

바. 헌문(憲問) 14-32. 내 능력 없음을 먼저 걱정하라.
子曰, 不患人之不己知 患其不能也
자왈, 불환인지불기지 환기불능야

공자께서 말씀하셨다. "남이 나를 알아주지 않음을 걱정하지 말고, 자신의 능력이 없음을 걱정하라."

사. 헌문(憲問) 14-33. 남이 나를 속이지 않을까 미리 의심하지 않고, 남이 나를 믿지 않을까 미리 생각하지 마라.
子曰, 不逆詐 不億不信 抑亦先覺者 是賢乎
자왈, 불역사 불억불신 억역선각자 시현호

공자께서 말씀하셨다. "남이 나를 속이지 않을까를 미리 의심하지 않고, 남이 나를 믿지 않을까를 미리 생각하지 마라. 도리어 그것을 미리 깨닫는 사람이 현명한 사람이다."

아. 헌문(憲問) 14-39. 현명한 사람이 피해야 할 네 가지(어지러운 세상, 어지러운 지역, 여색, 그릇된 말)

子曰, 賢者辟世 其次辟地 其次辟色 其次辟言

자왈, 현자피세 기차피지 기차피색 기차피언

공자께서 말씀하셨다. "현명한 사람은 어지러운 세상을 피하고, 그다음은 어지러운 지역을 피하고, 그다음은 여색을 피하고, 그다음은 그릇된 말을 피한다."

자. 위령공(衛靈公) 15-26. 작은 일을 참지 못하면 큰일을 그르친다.

子曰, 巧言亂德 小不忍則亂大謀

자왈, 교언난덕 소불인즉란대모

공자께서 말씀하셨다. "교묘하게 꾸민 말은 덕(德)을 어지럽히고, 작은 일을 참지 못하면 큰일을 그르친다."

차. 위령공(衛靈公) 15-29. 잘못을 고치지 않는 것, 그것이 잘못이다.

子曰, 過而不改 是謂過矣

자왈, 과이불개 시위과의

공자께서 말씀하셨다. "잘못이 있어도 고치지 않는 것, 이것이 바로 잘못이다."

카. 자한(子罕) 9-18. 실패한 것도 성공한 것도 다 내 몫이다.

子曰, 譬如爲山 未成一簣 止 吾止也 譬如平地

자왈, 비여위산 미성일궤 지 오지야 비여평지

雖覆一簣 進吾往也

수복일궤 진오왕야

공자께서 말씀하셨다. "비유하자면 산을 쌓다가 한 삼태기의 흙이 모자라는 상황에서 그만두었다 하더라도 그것은 내가 그만둔 것이다. 또한 비유하자면 땅을 평평하게 하기 위해 한 삼태기의 흙을 갖다 부었어도 일이 진전되었다면 그것은 내가 진보한 것이다."

타. 자장(子張) 19-4. 무엇이든 깊이 빠져서는 안 된다.

子夏曰, 雖小道 必有可觀者焉 致遠恐泥 是以君子不爲也

자하왈, 수소도 필유가관자언 치원공이 시이군자불위야

자하가 말하였다. "비록 작은 기예(갈고 닦은 기술과 재주)라 할지라도 반드시 볼만한 것은 있지만, 깊이 들어가면 거기에 빠질 염려가 있기에 군자는 그런 것들을 하지 않는 것이다."

파. 계씨(季氏) 16-5. 교만하게 즐기기를 좋아하고, 방탕하게 노는 데 빠지기를 좋아하며, 주색에 싸여 음란하게 놀기를 좋아하면 해롭다.

孔子曰, 益者三樂 損者三樂 樂節禮樂 樂道人之善

공자왈, 익자삼락 손자삼락 락절례락 락도인지선

樂多賢友 益矣 樂驕樂 樂佚遊 樂晏樂 損矣

락다현우 익의 락교락 락일유 락연락 손의

공자께서 말씀하셨다. "유익한 즐거움이 세 가지가 있고, 해로운 즐거움이 세 가지가 있다. 예악(禮樂)의 절도를 즐거워하고, 남의 좋은 점을 말하기를 좋아하고, 현명한 벗을 많이 사귀기를 좋아하면 유익하다. 교만하게 즐기기를 좋아하고, 방탕하게 노는 데 빠지기를 좋아하고, 주색에 싸여 음란하게 놀기를 좋아하면 해롭다."

하. 양화(陽貨) 17-25. 여자와 소인을 가까이하지 마라.

子曰, 唯女子與小人 爲難養也 近之則不孫 遠之則怨

자왈, 유녀자여소인 위난양야 근지즉불손 원지즉원

공자께서 말씀하셨다. "오직 여자와 소인은 다루기가 어렵다. 가까이하면 불손해지고 멀리하면 원망을 한다."

거. 태백(泰伯) 8-12. 출세와 명리를 지나치게 탐내지 마라.

子曰, 三年學 不至於穀 不易得也

자왈, 삼년학 부지어곡 불이득야

공자께서 말씀하셨다. "삼 년을 공부하고도 벼슬에 나아가겠다는 생각을 하지 않기는 쉽지 않은 일이다."

○ ----------

『순자』 「비십이자편(非十二子篇)」에서는 일부 학자들과 벼슬하는 자들에 대해 다음과 같이 비판하였다. "지금 세상에는 사악한 학설을 꾸미고 간사한 말을 꾸며 온 세상을 어지럽히며, 지나친 거짓말과 매우 간사한 행동으로 온 세상을 혼란하게 만들어, 옳고 그름과 다스려지고 혼란한 것이 어디에 있는지조차 모르게 하는 사람들이 있다. 감정과 성질에 따라 움직이고 방자하게 뽐내며 짐승처럼 행동하니, 예문에 합치되고 다스림에 통할 수가 없다. 그러나 그의 주장에는 일리가 있고 그의 말은 조리가 있어, 어리석은 대중을 속여 미혹시키기에 충분하다."라고 하였다.

假今之世 飾邪說 文奸言 以梟亂天下 矞宇嵬瑣 使天下混然不知是非治亂之所存者有人矣 縱情性 安恣睢 禽獸行 不足以合文通治 然而其持之有故, 其言之成理, 足以欺惑愚衆

또한 "말로는 법을 존중한다지만 사실은 법도를 무시하고, 수양을 가벼이 여기면서도 자기의 주장을 글로 짓기를 좋아하며, 위로는 임금에게 순종하려 하면서 아래로는 세속을 따르기를 바란다. 하루 종일 하는 말이 글로 쓴 법전으로 만들어지지만, 반복하여 검토해 보면 소원하여 논지가 없으니, 그것으로 나라를 다스리고 법도를 정할 수가 없다. 그러나 그의 주장에는 일리가 있고 그의 말은 조리가 있어, 어리석은 대중을 속여 미혹시키기에 충분하다."라고 하였다.

 尙法而無法 下脩而好作 上則取聽於上 下則取從於俗 終日言成文典 反紃察之 則偶然無所歸宿 不可以經國定分 然而其持之有故 其言之成理 足以欺惑愚衆

"옛 임금들을 본받지 않고 예의를 옳지 않다고 하며, 괴상한 학설을 익히고 이상한 말장난을 좋아해서 매우 잘 살피지만 소용이 없고 말을 잘하지만 쓸데가 없으며, 일은 많이 하지만 성과가 적으니, 정치를 하는 기강으로 삼을 수가 없다. 그러나 그의 주장에는 일리가 있고 그의 말은 조리가 있어, 어리석은 대중을 속여 미혹시키기에 충분하다."

 不法先王 不是禮義 而好治怪說 玩琦辭 甚察而不急 辯而無用 多事而寡功 不可以爲治綱紀 然而其持之有故 其言之成理 足以欺惑愚衆

"이에 방법과 책략을 아우르고 말과 행동을 같게 하며, 여러 가지 규범을 통일하고, 온 천하의 영웅호걸들을 모아 아주 옛날의 사정을 얘기해 주며, 그들을 가르쳐 지순한 도리를 깨우친다면, 방 안 구석에서나 대자리 위에서까지 성왕들의 예법과 제도가 갖추어지고 평화로운 세상의 풍속이 일어날 것이다."라고 말하였다.

 若夫總方略 齊言行 壹統類 而群天下之英傑而告之以大古 教之以至順 奧窔之間 簟席之上 斂然聖王之文章具焉 佛然平世之俗起焉

3. 무슨 일을 어떻게 할 것인가?

가. 젊은 시절 열심히 공부하고, 서른에는 뜻을 확고히 해야 한다.
 1) 자한(子罕) 9-16. 세월이 강물처럼 흘러간다.
　　子在川上曰, 逝者如斯夫 不舍晝夜
　　자재천상왈, 서자여사부 불사주야

　　공자께서 냇가에서 말씀하셨다. "(세월이) 흘러가는 것이 이 물과 같으니 밤낮을 가리지 않고 머물지 않고 흘러가는구나."

 2) 공야장(公冶長) 5-21. 고향의 젊은이들에 대한 걱정
　　子在陳 曰, 歸與 歸與 吾黨之小子狂簡 斐然成章
　　자재진 왈, 귀여 귀여 오당지소자광간 비연성장
　　不知所以裁之
　　부지소이재지

　　공자께서 진나라에 계실 때 말씀하셨다. "돌아가리라, 돌아가리라. 내 고향의 젊은이들은 (뜻은 크지만 일을 처리하는 데는) 미숙하고, 글을 이루기 위해 오락가락하며, 재량하는 방법을 알지 못한다."

3) 위정(爲政) 2-4. 서른에는 뜻을 확고히 해야 한다.

子曰, 吾十有五而志于學 三十而立 四十而不惑
자왈, 오십유오이지우학 삼십이립 사십이불혹
五十而知天命 六十而耳順 七十而從心所欲 不踰矩
오십이지천명 육십이이순 칠십이종심소욕 불유구

공자께서 말씀하셨다. "나는 열다섯 살에 학문에 뜻을 두었고, 서른 살에 뜻을 확고히 정하였으며, 마흔 살에는 무엇에 흔들림(미혹)이 없게 되었고, 쉰 살에는 하늘의 뜻을 알게 되었으며, 예순 살에는 무슨 말을 들어도 그 이치를 알게 되었고, 일흔 살에는 마음 가는 대로 행동을 해도 법도에 어긋나지 않았다."

나. 열심히 배워 재능을 소중하게 간직하되 숨기지 말고 널리 알려라.
1) 태백(泰伯) 8-17. 열심히 배워 소중하게 간직하라.

子曰, 學如不及 猶恐失之
자왈, 학여불급 유공실지

공자께서 말씀하셨다. "배울 때는 능력이 미치지 못할까 안타까워하며 열심히 배우고, 배운 것은 그것을 잃어버릴까 두려워하며 간직해야 한다."

2) 자한(子罕) 9-12. 재능을 숨기지 말고 널리 알려라.

子貢曰, 有美玉於斯 韞匵而藏諸 求善賈而沽諸

자공왈, 유미옥어사 온독이장제 구선가이고제

子曰, 沽之哉 沽之哉 我待賈者也

자왈, 고지재 고지재 아대가자야

자공이 말하였다. "여기에 아름다운 옥이 있다면 궤 속에 넣어서 보관해 두시겠습니까, 좋은 상인을 구하여 파시겠습니까?" 공자께서 말씀하셨다. "팔아야지. 팔아야지. 나는 (물건을 볼 줄 아는) 상인을 기다리고 있다."

다. 좋아하는 일을 즐기면서 하라.

1) 술이(述而) 7-11. 내가 좋아하는 가치 있는 일을 하라.

子曰, 富而可求也 雖執鞭之士 吾亦爲之 如不可求

자왈, 부이가구이 수집편지사 오역위지 여불가구

從吾所好

종오소호

공자께서 말씀하셨다. "부가 만약 추구할 만한 가치 있는 것이라면, 비록 채찍을 드는 천한 일이라도 나는 하겠다. 그러나 추구할 만한 것이 아니라면 내가 좋아하는 일을 하겠다."

2) 옹야(雍也) 6-18. 즐기며 하는 것이 가장 좋다.

子曰, 知之者不如好之者 好之者不如樂之者

자왈, 지지자불여호지자 호지자불여락지자

공자께서 말씀하셨다. "무언가를 아는 사람은 그것을 좋아하는 사람만 못하고, 좋아하는 사람은 즐기는 사람만 못하다."

○ ----------

공자는 젊은 시절 열심히 공부하고, 서른에는 뜻을 확고히 해야 한다고 하였다. 그리고 공부에 열중하지 않는 고향의 젊은이들에 대한 걱정도 하였다. 공자는 열다섯에 학문에 뜻을 두었고, 서른 살에 뜻을 확고히 정하였다고 하였으니 젊은이의 개념을 열다섯에서 서른 살 이내로 본 듯하다.

마흔 살에는 무엇에 흔들림(미혹)이 없게 되었고, 쉰 살에는 하늘의 뜻을 알게 되었다고 하시면서, 재능을 숨기지 말고 널리 알리라 하셨고, 추구할 만한 가치 있는 일을 하든지 좋아하는 일을 하라 하셨다. 그리고 좋아하는 일을 하는 것보다도 즐기면서 하는 것이 최선이라고 말씀하셨다. 지금의 교육 현장에서 가르치는 방법들과 별반 다르지 않게 느껴진다.

4. 일하는 자세

가. 향당(鄕黨) 11-21. 때로는 적극적이어야 하고, 때로는 물러서기도 하여야 한다.

子路問, 聞斯行諸 子曰, 有父兄在 如之何 其聞斯行之
자로문, 문사행제 자왈, 유부형재 여지하 기문사행지

冉有問, 聞斯行諸 子曰, 聞斯行之
염유문, 문사행제 자왈, 문사행지

公西華曰, 由也問 聞斯行諸 子曰, 有父兄在 求也問
공서화왈, 유야문 문사행제 자왈, 유부형재 구야문

聞斯行諸 子曰, 聞斯行之 赤也惑 敢問 子曰, 求也退
문사행제 자왈, 문사행지 적야혹 감문 자왈, 구야퇴

故進之 由也兼人 故退之
고진지 유야겸인 고퇴지

자로가 "좋은 말을 들으면 곧 실천해야 합니까?" 하고 여쭙자, 공자께서 말씀하셨다. "부형이 계시는데 어찌 듣는 대로 곧 행하겠느냐?" 염유가 "좋은 말을 들으면 실천해야 합니까?" 하고 여쭙자, 공자께서 말씀하셨다. "들으면 곧 행해야 한다."
공서화가 여쭈었다. "유(자로)가 여쭐 때는 부형이 살아 계심을 생각하라 하시고, 구(염유)가 여쭐 때는 들으면 곧 행하라 하셨습니다. 저는 의아하여 감히 여쭙고자 합니다." 공자께서 말씀하셨다. "구(염유)는 소극적이어서 적극적으로 나서게 한 것이고, 유(자로)는 지나치게 나서기를 좋아하기 때문에 물러서도록 한 것이다."

나. 헌문(憲問) 14-37. 나를 알아주지 않는다고 탓하지 마라.

子曰, 莫我知也夫 子貢曰, 何爲其莫知子也
자왈, 막아지야부 자공왈, 하위기막지자야

子曰, 不怨天 不尤人 下學而上達 知我者其天乎
자왈, 불원천 불우인 하학이상달 지아자기천호

공자께서 말씀하셨다. "나를 알아주는 사람이 없구나." 자공이 말하였다. "어찌 선생님을 알아주는 사람이 없겠습니까?" 공자께서 말씀하셨다. "하늘을 원망하지 않고, 다른 사람을 탓하지 않는다. 일상적인 일들을 배워서 심오한 이치에까지 도달하였으니, 나를 알아주는 것은 저 하늘이로다."

다. 자한(子罕) 9-24. 잘못이 있으면 고치기를 주저하지 말아라.

子曰, 主忠信 無友不如己者 過則勿憚改
자왈, 주충신 무우불여기자 과즉물탄개

공자께서 말씀하셨다. "충심과 신의를 지키며, 자기만 못한 사람과 벗하지 말고, 잘못이 있으면 고치기를 주저하지 말아라."

라. 헌문(憲問) 14-42. 과감하게 하라.

子擊磬於衛 有荷蕢而過孔氏之門者 曰, 有心哉 擊磬乎
자격경어위 유하괴이과공씨지문자 왈, 유심재 격경호

旣而曰, 鄙哉 硜硜乎 莫己知也 斯己而已矣 深則厲
기이왈, 비재 갱갱호 막기지야 사기이이의 심즉려
淺則揭 子曰, 果哉 末之難矣
천즉게 자왈, 과재 말지난의

공자께서 위나라에서 머무를 때 경쇠를 연주하고 있었는데, 삼태기를 메고 공자의 집 문 앞을 지나가던 사람이 말하였다. "마음에 미련이 남아 있구나. 경쇠를 두드리는 모습이여!" 조금 있다가 다시 말하였다. "비루하구나. 땡땡거리는 소리여! 자기를 알아주지 않으면 그만둘 뿐이로다. 물이 깊으면 아래옷을 벗고 건너고, 물이 얕으면 옷을 걷어 올리고 건널 일이다." 공자께서 말씀하셨다. "과감하구나. 그런 일이야 어려울 게 없겠구나."

마. 위령공(衛靈公) 15-11. 멀리 내다보고 깊이 생각하지 않으면 반드시 근심이 있게 된다.

子曰, 人無遠慮 必有近憂
자왈, 인무원려 필유근우

공자께서 말씀하셨다. "사람이 멀리 내다보며 깊이 생각하지 않으면, 반드시 가까운 곳에 근심이 있게 된다."

바. 위령공(衛靈公) 15-23. 자기가 원하지 않는 일은 남에게 시키지 마라.

子貢問曰, 有一言而可以終身行之者乎 子曰, 其恕乎
자공문왈, 유일언이가이종신행지자호 자왈, 기서호
己所不欲 勿施於人
기소불욕 물시어인

자공이 여쭈었다. "평생토록 실천할 만한 한마디 말이 있습니까?" 공자께서 말씀하셨다. "그것은 '서(恕)'로다. 자기가 원하지 않는 일을 남에게 시키지 않는 것이다."

사. 양화(陽貨) 17-22. 배부르게 먹고 종일 마음 쓰는 데가 없다면 곤란하다.

子曰, 飽食終日 無所用心 難矣哉 不有博奕者乎
자왈, 포식종일 무소용심 난의재 불유박혁자호
爲之猶賢乎已
위지유현호이

공자께서 말씀하셨다. "배부르게 먹고 종일 마음 쓰는 데가 없다면 곤란하도다. 장기나 바둑이라도 있지 않은가? 그런 것이라도 하는 것이 그래도 하지 않는 것보다는 낫다."

아. 헌문(憲問) 14-47. 너무 빨리 이루려고 서두르지 마라.

闕黨童子將命 或問之曰, 益者與 子曰, 吾見其居於位也
궐당동자장명 혹문지왈, 익자여 자왈, 오견기거어위야
見其與先生並行也 非求益者也 欲速成者也
견기여선생병행야 비구익자야 욕속성자야

(공자가 사는 마을) 궐당의 동자가 어른들의 심부름을 하고 있었는데, 어떤 사람이 여쭈었다. "유익한 아이입니까?" 공자께서 말씀하셨다. "내가 보니, 저 아이는 어른과 같이 자리에 앉아 있고, 어른과 나란히 걸어 다니는 것을 보니, 그는 정진하기를 구하는 것이 아니라 무언가를 빨리 이루려고 하는 아이인 모양입니다."

자. 남의 일에 참견하지 말아라.

1) 헌문(憲問) 14-27. 남의 일에 참견하지 말아라.

子曰, 不在其位 不謀其政
자왈, 부재기위 불모기정

공자께서 말씀하셨다. "그 직위에 있지 않다면 그 직위에서 담당해야 할 일을 꾀하지 말아야 한다."

2) 태백(泰伯) 8-14. 남의 일에 참견하지 말아라.

子曰, 不在其位 不謀其政

자왈, 부재기위 불모기정

공자께서 말씀하셨다. "그 직위에 있지 않다면, 그 직위에서 담당해야 할 일을 꾀하지 말아야 한다."

차. 끊임없이 정진해라.

1) 자한(子罕) 9-19. 배움에 정진하는 제자 '안회'

子曰, 語之而不惰者 其回也與

자왈, 어지이불타자 기회야여

공자께서 말씀하셨다. "배우는 동안 조금도 게을리하지 않은 사람이 바로 안회였다."

2) 자한(子罕) 9-20. 제자 '안연'의 끊임없이 정진하는 자세

子謂顔淵曰, 惜乎 吾見其進也 未見其止也

자위안연왈, 석호 오견기진야 미견기지야

공자께서 안연에 대하여 말씀하셨다. "애석하구나. 나는 그가 나아가는 것을 보았지, 그가 멈추어 있는 것을 본 적이 없었다."

카. 자한(子罕) 9-21. 결과에 너무 연연하지 마라.

子曰, 苗而不秀者有矣夫 秀而不實者有矣夫
자왈, 묘이불수자유의부 수이불실자유의부

공자께서 말씀하셨다. "싹은 솟았어도 꽃을 피우지 못하는 것도 있고, 꽃은 피어도 열매를 맺지 못하는 것도 있다."

타. 스승과 선배들의 가르침을 대하는 자세
1) 자한(子罕) 9-10. 온 힘을 다하여 스승의 가르침을 따르라.

顔淵喟然歎曰, 仰之彌高 鑽之彌堅 瞻之在前 忽焉在後
안연위연탄왈, 앙지미고 찬지미견 첨지재전 홀언제후
夫子循循然善誘人 博我以文 約我以禮 欲罷不能
부자순순연선유인 박아이문 약아이례 욕파불능
旣竭吾才 如有所立卓爾 雖欲從之 末由也已
기갈오재 여유소립탁이 수욕종지 말유야이

안연이 크게 탄식하며 말하였다. "옛말에 이런 말이 있다. 우러러볼수록 더욱 높고, 파고 들어갈수록 더욱 견고하며, 앞에 계신 듯하다가 어느새 뒤에 와 계신다. 선생님께서는 차근차근 우리를 이끌어 주시어서 학문으로 넓혀 주시고, 예로써 우리의 행동을 절제해 주셨다. 그만두고 싶어도 그만둘 수 없으니 이미 나의 재주를 다하여도 선생님께서 세워 놓으신 가르침은 우뚝 서 있는 듯하다. 비록 그것을 따르고자 해도 따라갈 수가 없다."

2) 자한(子罕) 9-23. 가르침을 따르는 것보다 그 참뜻을 알고 실천하는 것이 더 중요하다.

子曰, 法語之言 能無從乎 改之爲貴 巽與之言 能無說乎

자왈, 법어지언 능무종호 개지위귀 손여지언 능무열호

繹之爲貴 說而不繹 從而不改 吾末如之何也已矣

역지위귀 열이불역 종이불개 오말여지하야이의

공자께서 말씀하셨다. "올바른 말로 가르쳐 주는 것을 따르지 않을 수 있겠는가. 그러나 중요한 것은 실제로 잘못을 고치는 것이다. 완곡하게 타이르는 말에 기뻐하지 않을 수 있겠는가. 그러나 중요한 것은 그 참뜻을 찾아 실천하는 것이다. 기뻐하기만 하고 참뜻을 찾지 않고 말로만 따르기만 하고, 실제로 잘못을 고치지 않는다면, 나도 그런 사람은 끝내 어찌할 수가 없다."

파. 후배들에 대한 가르침

1) 자한(子罕) 9-22. 후배들을 두려워하라.

子曰, 後生可畏 焉知來者之不如今也 四十五十而無聞焉

자왈, 후생가외 언지래자지불여금야 사십오십이무문언

斯亦不足畏也已

사역부족외야이

공자께서 말씀하셨다. "후배들을 두려워하라. 그들이 지금의 우리만 못하리란 것을 어찌 알 수 있겠는가? 사십, 오십이 되어서도 이름이 알려지지 않는다 해도, 그 또한 두려워할 게 못 된다."

2) 안연(顏淵) 12-23. 진실된 마음으로 조언하고 선하게 인도하되 모욕을 당하지는 말아라.
子貢問友 子曰, 忠告而善道之 不可則止 毋自辱焉
자공문우 자왈, 충고이선도지 불가즉지 무자욕언

자공이 벗에 대하여 여쭙자, 공자께서 말씀하셨다. "진실된 마음으로 조언을 해 주고 선하게 인도하되, 그래도 할 수 없다면 그만둘 일이지, 스스로 모욕을 당하지는 말아라."

3) 헌문(憲問) 14-8. 사랑한다면 깨우쳐 주도록 하여라.
子曰, 愛之 能勿勞乎 忠焉 能勿誨乎
자왈, 애지 능물로호 충언 능물회호

공자께서 말씀하셨다. "그를 사랑한다면 노력하지 않게 할 수 있겠는가? 그를 진심으로 대한다면서 깨우쳐 주지 않을 수 있겠는가?"

5. 대인관계

가. 계씨(季氏) 16-5. 현명한 벗을 많이 사귀기를 좋아하면 유익하다.

孔子曰, 益者三樂 損者三樂 樂節禮樂 樂道人之善

공자왈, 익자삼요 손자삼요 요절례락 요도인지선

樂多賢友 益矣 樂驕樂 樂佚遊 樂晏樂 損矣

요다현우 익의 요교락 요일유 요연락 손의

공자께서 말씀하셨다. "유익한 즐거움이 세 가지가 있고, 해로운 즐거움이 세 가지가 있다. 예악(禮樂)의 절도를 즐거워하고, 남의 좋은 점을 말하기를 좋아하고, **현명한 벗을 많이 사귀기를 좋아하면 유익하다.** 교만하게 즐기기를 좋아하고, 방탕하게 노는 데 빠지기를 좋아하고, 주색에 싸여 음란하게 놀기를 좋아하면 해롭다."

나. 계씨(季氏) 16-4. 유익한 사람과 벗하면 이롭고, 해로운 사람과 벗하면 해롭다.

孔子曰, 益者三友 損者三友 友直 友諒 友多聞 益矣

공자왈, 익자삼우 손자삼우 우직 우량 우다문 익의

友便辟 友善柔 友便佞 損矣

우편벽 우선유 우편녕 손의

공자께서 말씀하셨다. "유익한 벗이 셋이 있고 해로운 벗이 셋이 있다. 정직한 사람, 신의가 있는 사람, 견문이 많은 사람을 벗 하면 유익하다. 편벽(마음이나 생각이 공정하지 못하고 한쪽으로 치우치거나 남의 비위를 잘 맞추며 알랑거림)한 사람, 선하고 유순한 듯하면서 아첨을 잘하는 사람, 편녕(말로는 모든 일을 잘할 것 같으나 실속이 없는)한 사람을 벗하면 해롭다."

다. 자장(子張) 19-3. 좋은 사람은 사귀고 좋지 않은 사람은 상대하지 말라.

子夏之門人問交於子張 子張曰, 子夏云何 對曰, 子夏曰,
자하지문인문교어자장 자장왈, 자하운하 대왈, 자하왈,

可者與之 其不可者拒之
가자여지 기불가자거지

자하의 문인이 자장에게 사람과의 교제에 대해서 물었다. 자장이 말하였다. "자하께서는 무엇이라고 말씀하시던가?" 그가 대답했다. "자하께서는 '좋은 사람은 사귀고 좋지 않은 사람은 상대하지 말라.'라고 하셨습니다."

라. 자장(子張) 19-3. 현명한 사람을 존경하고 많은 사람을 포용하라.

子張曰, 異乎吾所聞 君子尊賢而容衆 嘉善而矜不能
자장왈, 이호오소문 군자존현이용중 가선이긍불능

我之大賢與 於人何所不容 我之不賢與 人將拒我
아지대현여 어인하소불용 아지불현여 입장거아

如之何其拒人也
여지하기거인야

자장이 말하였다. "내가 들은 것과는 다르구나. 군자는 현명한 사람을 존경하고 많은 사람을 포용하며, 선한 사람을 칭찬하되 능력이 없는 사람도 동정한다. 내가 크게 현명한 사람이라면 사람들을 어찌 포용하지 못하겠느냐? 내가 만일 현명하지 못하다면 남들이 나를 멀리할 것인데 어찌 남을 멀리하겠느냐?"

마. 학이(學而) 1-6. 어진 사람과 가까이 지내야 한다.

子曰, 弟子入則孝 出則悌 謹而信 汎愛衆 而親仁
자왈, 제자입즉효 출즉제 근이신 범애중 이친인

行有餘力 則以學文
행유여력 즉이학문

공자께서 말씀하셨다. "젊은이들은 집에 들어가서는 (부모님께) 효도하고 나가서는 (어른들을) 공경하며, (언행이) 공손하고 믿음이 있어야 하며, 널리 사람들을 사랑하고 **어진 사람과 가까이 지내야 한다.** 이렇게 행하고도 여력이 있으면 곧 글을 배워야 한다."

바. 위령공(衛靈公) 15-9. 현명한 사람을 섬기고 어진 사람과 벗하라.

子貢問爲仁 子曰, 工欲善其事 必先利其器 居是邦也
자공문위인 자왈, 공욕선기사 필선리기기 거시방야

事其大夫之賢者 友其士之仁者
사기대부지현자 우기사지인자

자공이 인(仁)을 행하는 방법에 대하여 여쭙자, 공자께서 말씀하셨다. "장인(기술자)이 그 일을 잘하려면 반드시 먼저 연장을 잘 손질해 놓아야 한다. 마찬가지로 어떤 나라에 살든 바르게 살려고 하면, 그 나라의 대부 중 **현명한 사람을 섬기고, 그 나라의 선비 중 어진 사람과 벗해야 한다.**"

사. 자로(子路) 13-21. 열성적인 사람과 절의를 지켜 뜻을 굽히지 않는 사람과 어울려라.

子曰, 不得中行而與之 必也狂狷乎 狂者進取 狷者
자왈, 부득중행이여지 필야광견호 광자진취 견자

有所不爲也
유소불위야

공자께서 말씀하셨다. "중용의 도(中道)를 실천하는 사람과 함께할 수 없다면, 반드시 **열광적으로 정신을 쏟는 사람이나 절의를 지켜 뜻을 굽히지 않는 사람과 어울릴 것이다.** 열광적으로 정신을 쏟는 사람은 진취적이고, 절의(節義)를 지켜 뜻을 굽히지 않는 사람은 (무슨 일이 있어도) 하지 않는 일이 없기 때문이다."

아. 양화(陽貨) 17-15. 인색한 사람과 함께하지 마라.

子曰, 鄙夫可與事君也與哉 其未得之也 患得之
자왈, 비부가여사군야여재 기미득지야 환득지

旣得之 患失之 苟患失之 無所不至矣
기득지 환실지 구환실지 무소부지의

공자께서 말씀하셨다. "인색한 사람과 함께 임금을 섬길 수 있겠는가? (원하는 것을) 아직 얻지 못했을 때는 얻으려고 근심하고, 이미 얻고 나서는 잃을까 근심을 한다. 진실로 잃을까 근심하게 되면 못 하는 짓이 없게 된다."

자. 자한(子罕) 9-24. 자기보다 못한 사람과 벗하지 마라.

子曰, 主忠信 無友不如己者 過則勿憚改
자왈, 주충신 무우불여기자 과즉물탄개

공자께서 말씀하셨다. "충심과 신의를 지키며, **자기만 못한 사람과 벗하지 말고**, 잘못이 있으면 고치기를 주저하지 말아라."

차. 위령공(衛靈公) 15-27. 많은 사람이 미워하든 좋아하든 반드시 직접 잘 살펴보아야 한다.

子曰, 衆惡之 必察焉 衆好之 必察焉
자왈, 중오지 필찰언 중호지 필찰언

공자께서 말씀하셨다. "많은 사람이 미워한다 해도 반드시 잘 살펴보아야 하며, 많은 사람이 좋아한다 해도 반드시 잘 살펴보아야 한다."

카. 술이(述而) 7-21. 어느 곳에서든 나의 스승이 될 만한 사람이 있다.

子曰, 三人行 必有我師焉 擇其善者而從之
자왈, 삼인행 필유아사언 택기선자이종지

其不善者而改之
기불선자이개지

공자께서 말씀하셨다. "세 사람이 길을 걸어간다면, 그중에는 반드시 나의 스승이 될 만한 사람이 있다. 그들에게서 좋은 점은 가리어 본받고, 그들의 좋지 않은 점은 바로잡는 것이다."

타. 양화(陽貨) 17-26. 남에게 미움받지 않아야 한다.

子曰, 年四十而見惡焉 其終也已
자왈, 연사십이견오언 기종야이

공자께서 말씀하셨다. "나이 사십이 되어도 남에게 미움을 받는다면, 그런 사람은 끝난 것이다."

○ ----------

『순자』「권학편」에 "『시경(小雅, 小明)』에 이르기를, 아아, 군자여. 편안한 곳에서 쉬지 말라. 너의 지위를 공경하고 **바르고 정직한 이들과 함께하라.** 천지신명이 들으시면, 그대에게 큰 복을 내릴 것이리라 하였는데 천지신명도 교화의 도만 못하고, 큰 복도 화를 입지 않는 것보다 나은 것이 없다(詩曰, 嗟爾君子 無恒安息 靖共爾位 好是正直 神之聽之 介爾景福 神莫大於化道 福莫長於無禍)."라고 하였다. 또한 "군자가 머물 때는 반드시 마을을 가려 살고, **어울릴 때는 반드시 선비와 사귀어야 한다.** 이렇게 함으로써 사악하고 비뚤어진 것을 막아 올바른 가운데로 가까이 갈 수 있다(故君子居必擇鄕, 游必就士, 所以防邪僻而近中正也)."라고 하였다. 천명도 배움만 못하다고 강조하면서 **바르고 정직한 이들과 함께하기를 권하였고 사는 곳도 가려 살고, 어울릴 때는 반드시 어진 이들과 함께하기를 권하였다.** 그것이 교화와 가르침에 큰 도움이 되기 때문이다.

공자는 "유익한 사람과 벗하면 이롭고 해로운 사람과 벗하면 해로우며, 현명한 벗을 많이 사귀기를 좋아하면 유익하니, 좋은 사람은 사귀고 바르지 않은 사람은 상대하지 말며, 현명한 사람을 섬기고 존경하고 어진 사람과 벗하라. 열성적인 사람과 절의를 지켜 뜻을 굽히지 않는 사람과 어울리라. 대신 인색한 사람과 자기보다 못한 사람과 벗하지 말라."라고 하였다.